Prova Indiciária no âmbito do Processo Penal
Admissibilidade e Valoração

Prova Indiciária no âmbito do Processo Penal Admissibilidade e Valoração

2016

Patrícia Silva Pereira
Mestre

PROVA INDICIÁRIA NO ÂMBITO DO PROCESSO PENAL
ADMISSIBILIDADE E VALORAÇÃO
AUTOR
Patrícia Silva Pereira
EDITOR
EDIÇÕES ALMEDINA, S.A.
Rua Fernandes Tomás, nºs 76-80
3000-167 Coimbra
Tel.: 239 851 904 · Fax: 239 851 901
www.almedina.net · editora@almedina.net
DESIGN DE CAPA
FBA.
PRÉ-IMPRESSÃO
EDIÇÕES ALMEDINA, SA
IMPRESSÃO E ACABAMENTO

Janeiro, 2016
DEPÓSITO LEGAL

Apesar do cuidado e rigor colocados na elaboração da presente obra, devem os diplomas legais dela constantes ser sempre objeto de confirmação com as publicações oficiais.
Toda a reprodução desta obra, por fotocópia ou outro qualquer processo, sem prévia autorização escrita do Editor, é ilícita e passível de procedimento judicial contra o infrator.

 GRUPOALMEDINA

BIBLIOTECA NACIONAL DE PORTUGAL – CATALOGAÇÃO NA PUBLICAÇÃO

PEREIRA, Patrícia Silva

Prova indiciária no âmbito do processo
penal : admissibilidade e valoração. – (Monografias)
ISBN 978-972-40-6105-4

CDU   343

AGRADECIMENTOS

À minha família pela inexorável crença nas minhas capacidades, pelo apoio de todas as horas e pela inspiração.

Àquelas pessoas (e crianças) que são as minhas, saiba eu manter sempre os laços de tão preciosas amizades.

A todos aqueles que me ensinaram a pensar Direito, pois me mostraram um mundo sem o qual já não conheceria os outros.

Por fim, uma especial palavra à minha orientadora, a Professora Doutora Maria Clara Calheiros de Carvalho, pelo inestimável auxílio que me prestou na tentativa de alcançar ordem no meio do caos que antecedeu a criação destas páginas.

RESUMO

**Prova Indiciária no âmbito do Processo Penal
Admissibilidade e Valoração**

O objeto do nosso estudo será a prova indiciária, concretamente o modo como é admitida e valorada no processo penal.

Prova indiciária (circunstancial, na terminologia anglo-saxónica) é, por contraste com a prova direta, um tipo de prova no qual uma inferência é necessária para alcançar algum conhecimento sobre o facto a provar. A partir dos conceitos de verdade, facto, prova, presunção e as restrições impostas pela lei à busca da verdade (o mesmo é dizer das provas) o objetivo é aferir como os tribunais portugueses usam este tipo de prova para alcançar uma convicção para além da dúvida razoável.

Para alcançar este objetivo é necessário estudar as decisões dos tribunais superiores, as quais fornecem uma perspetiva dos critérios usados para admitir, ou não, a prova dos factos essenciais a uma condenação através da chamada prova circunstancial, indireta, artifical ou lógica.

Os tribunais portugueses inspiram-se nas soluções apresentadas pela lei, doutrina e jurisprudência italiana e espanhola, o que torna a sua análise indispensável. A partir destes dados, o passo seguinte é analisar como os tribunais portugueses aplicam e valoram a prova indiciária, especialmente o valor probatório reconhecido à prova indireta e as limitações à sua admissão.

ABSTRACT

Circunstancial Evidence in the criminal procedure
Admissibility and Assessment

Circunstancial evidence (indiciary is the term closest to the Portuguese one) will be the subject of our study, more precisely the means by which it is admitted and assessed in the criminal procedure.

Circunstancial evidence (the revealing yet not so accurate English term) is, by contrast to direct evidence, one kind of evidence in which an inference is required to actually accomplish some knowledge about the fact to be proved. From the concept of truth, fact, evidence, presumption and the restrictions imposed by law in the search for the truth (the same is to say for the evidence) the goal is to ascertain how the Portuguese courts use this kind of evidence to come to a belief of guilt beyond reasonable doubt.

To achieve that goal one must study the decisions from the superior courts which can provide full perspective of the criteria used to admit, or not, the proof of the facts essential to the conviction by means of the so-called circunstancial, indirect, artificial or logical evidence.

Portuguese courts find inspiration in the solutions presented by Italian and Spanish law, doctrine and jurisprudence, which renders their analysis indispensable. From that standing point, the next step is to see how the Portuguese courts aply and value the indiciary evidence, specially the probatory value acknowledge to the indirect evidence and the limitations to its admission.

INTRODUÇÃO

Propomo-nos, nas páginas que se seguem, estudar a prova indiciária.

Em primeiro lugar, o estudo do direito probatório é de suma relevância no direito penal. Nele se reflectem as forças em conflito nesse ramo de direito, nomeadamente a busca da verdade, que se diz material, os direitos fundamentais de um arguido, que se diz inocente, e as garantias de verdade indispensáveis a qualquer procedimento cuja finalidade seja epistémica. Nessa dialética de forças conflituantes, a prova ressalta como único meio de garantir que a decisão a ser proferida não condenará outro que não aquele que cometeu o crime. Razão pela qual a prova, sob as mais diversas formas, tipologias e perspetivas, inspira o seu estudo, a escrita e ocupa o pensamento e o tempo de juristas por todo o mundo.

A prova indiciária, enquanto prova indireta, conectada com os vários elementos do crime, mas não imediatamente a eles se referindo, é um valioso recurso no processo penal. É, até, defensável que, porquanto a prova tem um caráter demonstrativo, representativo ou persuasivo sob a veracidade de um dado facto mas nele não se consubstancia, toda a prova é indireta, porque mediata. Deixando à parte estas considerações, a prova de que nos ocuparemos é a prova de factos conexos ao *thema probandum* que apenas sobre ele permite algum conhecimento através de um "salto" de lógica.

Salvo raras exceções, tendencialmente, quem comete um crime tudo faz para o encobrir. As preocupações de prevenção geral na previsão e aplicação de sanções não resultam apenas no desencorajamento da prática de ilícitos, incentivam, também, quem os comete a melhor ocultá-los. E, assim, são eliminadas as provas imediatas.

Existem certos tipos de ilícitos que se esgotam no ato sem deixar qualquer prova da sua ocorrência que não aquela que quem o comete presenciou. Outros, ainda, são, dada a sua natureza, completamente impossíveis de demonstram a partir de prova direta.

Os exemplos serão muitos, até porque o que possa servir de base à prova indiciária é também incomensurável. A prova indiciária é, ainda assim, utilizada com grande frequência para aferir da existência de uma organização por trás de um dado ato ilícito, nomeadamente (exemplo que usaremos várias vezes) como meio de prova da intenção de tráfico. Com igual frequência, é utilizada para a prova de factos interiores, como a culpa e o dolo, que se podem indiciar de outros comportamentos do arguido mas não são conhecidos através de prova direta.

Cremos que a utilidade da prova indiciária é indiscutível. Convicção, aliás, unânime, mesmo entre aqueles que defendem algumas reservas no seu uso.

No entanto, pelo seu caráter, dito incerto, a prova indiciária poderá suscitar algumas preocupações à admissibilidade da mesma no garantístico processo penal. Não obstante, teremos oportunidade de notar que o seu uso nos tribunais portugueses é extenso, como tal, tratar as questões que tal uso possa levantar é essencial para aferir – e garantir – que o mesmo se harmoniza com o sistema processual penal.

Devemos, *a priori*, reconhecer que todas essas questões já foram levantadas inúmeras vezes em ordenamentos jurídicos próximos e receberam respostas mais ou menos atendíveis. Aliás, veremos que as questões com que se depara a jurisprudência portuguesa são as mesmas que as colocadas nos processos penais italiano e espanhol. Por essa razão, são estes tantas vezes invocados como fonte de resposta e inspiração. Como tal, focaremos essas respostas de modo a aferir se as dificuldades tantas vezes associadas à prova indiciária são ou não superáveis.

Não descurando os imprescindíveis conceitos de facto, verdade, prova, o que se pretende estudar é o seu efetivo uso na prática judicial portuguesa. Assim, todas as temáticas abordadas, sê-lo-ão com a finalidade de melhor iluminar o caminho para esse nosso fim.

O uso da prova é aferível pelas decisões proferidas, que sabemos devem ser fundamentadas. E, no que respeita à prova indiciária, é pela análise de tais decisões que poderemos enumerar as condições sob as quais os tribunais admitem a prova indiciária. Mais ainda, as características que esta deverá observar de modo a possibilitar um valor probatório suficiente para ilidir a presunção de inocência, ou, em melhorar temas, afastar a dúvida razoável quanto à culpa, da qual goza o arguido.

A estrutura adotada neste trabalho acompanha o percurso de criação doutrinária e jurisprudencial que leva à imposição, mais ou menos uniforme, de limitações no uso da prova indiciária como motivadora de uma sentença condenatória.

Nas páginas que se seguem começaremos a análise deste tema de forma compartimentada, procurando avançar desde os mais elementares e indispensáveis conceitos de verdade, facto e prova até ao tratamento legal das presunções judiciais. Embora conceitos difundidos na cultura geral, a verdade é que apresentam especificidades na sua vertente jurídica que poderão elucidar, não apenas o tratamento da prova no processo penal, mas que a insegurança que costuma ser associada à prova indiciária poderá ser meramente aparente, pois esta sofre das mesmas limitações que restringem a prova direta.

Sublinharemos ainda que certos factos simplesmente não são passíveis de prova direta. São estes os temas que trataremos no primeiro capítulo de modo a definir o conceito de prova indiciária e a sua familiaridade no direito processual português. No essencial, procuramos neste primeiro capítulo aferir se existe qualquer limitação essencial de caráter legal ou lógico à admissibilidade da prova indiciária.

No capítulo seguinte, procuramos estudar, com o necessário cuidado, o direito italiano e espanhol. Nestes ordenamentos jurídicos a prova indiciária é utilizada com frequência e os requisitos para a sua admissão, assim como para a sua avaliação, estão bem definidos. Definição que comporta algumas divergências que, inevitavelmente, se espelham na sua transposição para o direito processual penal português.

Por fim, estaremos numa posição que nos permitirá analisar o tratamento que a jurisprudência portuguesa prescreve à prova indiciária. Tal análise terá por base a jurisprudência dos tribunais superiores, em particular o Supremo Tribunal de Justiça, e procurará, de forma pragmática, elencar os requisitos que eventualmente sejam invocados com maior frequência.

A jurisprudência que será utilizada como referência é recente, como o é o uso da prova indiciária enquanto tal, e, não apenas, como resultado da avaliação da prova através das regras de experiência, questão que, a seu tempo, aprofundaremos.

I. Capítulo

1. Verdade, facto e prova

O processo penal, enquanto direito adjetivo, visa disciplinar todo o procedimento necessário para a aplicabilidade do direito penal. Trata-se de um processo compósito e complexo, com elementos cognoscitivos e valorativos que deverão ser reunidos e conciliados de modo a aferir qual o tratamento jurídico a aplicar aos factos. O processo ganha em complexidade quando se refere que o processo penal, à semelhança do direito penal, tem um impacto particularmente gravoso no tratamento do arguido.

A aplicação da sanção, de uma qualquer consequência jurídica, exige a existência de uma norma que criminalize um dado comportamento, e que o arguido tenha apresentado tal comportamento. Pelo que a aplicação da norma compreende, antes de tudo o mais, a verificação da hipótese de facto prevista[1].

Soa relativamente simples. Todavia, apurar a ocorrência dos factos significa depurar os que sejam relevantes, transportá-los para o processo por meios de prova admissíveis de modo a ficarem fixados para além da dúvida razoável. Assim, desde a notícia do crime à decisão que estabeleça

---

[1] Isto ensinava já FERREIRA, Manuel Cavaleiro de, no seu *Curso de Processo Penal II*, Lisboa, 1955-1958, pág. 279, acrescentando que a decisão judicial, enquanto meta do processo, contém duas fases distintas: uma de verificação dos factos que condicionam a aplicação da lei e a outra que será a da aplicação da referida lei.

a tal consequência vai um longo – nem sempre claro – e densamente normatizado percurso.

Uma das dificuldades consiste na circunstância do processo não tratar diretamente com os factos *sub iudice*, mas com o que sobre eles é dito, e com as provas produzidas com a finalidade de tornar verosímil essas afirmações. Isto é, trata com elementos demonstrativos de uma realidade que, geralmente, não consegue ser conhecida diretamente.

Se a prova visa demonstrar o que efetivamente sucedeu relativamente a um determinado facto, *rectius*, a veracidade do que se diz sobre os factos; antes mesmo de se analisar o conceito de prova, impõe-se começar pelos pressupostos que a precedem: logicamente, a verdade, e historicamente, os factos.

1.1. A verdade

A cognoscibilidade da verdade, ou do mundo real no geral, é um tema que a filosofia estuda desde o seu início. E que, como não poderia deixar de ser, tem particular relevo no mundo do direito, pelo que a filosofia do direito se dedica extensamente ao assunto. Extensão, que não é o cerne deste estudo, e, portanto, será tratada de modo a possibilitar um quadro genérico dos desafios colocados à cognoscibilidade na ciência do direito.

A necessidade de apuramento da verdade no processo penal (quando esta é aceite como tal) decorre, tão-só, da existência de uma norma penal que pune determinado agente pela prática de dado comportamento. No processo penal, sustentar-se-ão posições que pretendem demonstrar a imputação dos factos típicos e, outras tantas, que afastam tal juízo. De modo a superar esta antagónica relação, impõe-se que se determine qual das narrativas sobre os factos corresponde à verdade. A verdade surge, então, como uma "noção operatória da sua aplicação"[2].

---

[2] A expressão é de COSTA, José de Faria, *Linhas de Direito Penal e de Filosofia: alguns cruzamentos reflexivos*, Coimbra, Coimbra Editora, 2005, pág. 98 e 99, o Autor, utilizando como exemplo a simples proposição "A é acusado de ter morto B", especifica que o que no processo penal se procurará apurar é exactamente se a norma que o incrimina é aplicável. Neste contexto, "a verdade que se alcança no momento de aplicação da norma de homicídio é tão-só uma verdade intra-sistemática processualmente válida. Não é a verdade ontológica. Não é a verdade do juízo existencial. Não é a verdade sequer do juízo histórico. É a verdade que as regras processuais permitem e que a decisão jurisidicional legitima. O que mostra ou, pelo menos, indicia de maneira inequívoca que na concreta aplicação do direito entra um irrecusável ou indesmentível momento de verdade".

Como se viu, a constatação dos factos e o seu estabelecimento judicial são essenciais para o processo penal, e as conceções de verdade que vão sendo dominantes nos vários ordenamentos são, no fundo, o aspeto que melhor molda o rosto do processo no que respeita à decisão que lhe porá cobro.

Assim, não podemos deixar de referir, ainda que compelidos pela brevidade, que a verdade em causa é uma verdade jurídica amplamente limitada pelo direito probatório. Pelo que, note-se desde logo, a verdade que o processo visa estabelecer não é uma verdade puramente ôntica[3]. É, aliás, facto aceite, nas culturas filosófica e científica contemporâneas, que o contexto da investigação, a sua finalidade própria e a metodologia utilizada condicionam o resultado[4].

A estas limitações juntam-se aquelas atinentes à possibilidade de conhecer a verdade e, posteriormente, transpor tal conhecimento para o processo. O relevo reconhecido a estas limitaçõs exacerbou-se uma vez ultrapassada a convicção segundo a qual o método científico, através da observação científica, eliminaria tais dificuldades de conhecimento, alcançando uma verdadeira certeza.

Os modelos que os vários ordenamentos jurídicos vão seguindo podem ser vários, mas, sublinham, quase sempre, o caráter imprescindível da verdade.

Segundo o modelo de constatação mais claro e simplista, poder-se-ia afirmar: "na medida em que o ser humano pode prová-lo, eis a verdade". Ao modelo de convicção da verdade junta-se ainda o modelo de controlo por terceiros. Um modelo que frisa a vertente racional e narrativa da sentença, na medida em que exige que seja possível que outras pessoas possam mentalmente reconstruir o processo lógico que levou àquela decisão. Por fim, o modelo da verosimilhança, que considerando a extrema dificuldade – em algumas variantes, até a impossibilidade – de obter o

---

[3] Refere Mesquita, Paulo Dá, *Processo Penal, Prova e Sistema Judiciário*, Coimbra, Coimbra Editora, 2010, pág. 443 que "[a]quela verdade judiciária embora seja a única relevante para o fim do concreto processo é assim apenas uma verdade que nem sempre é a epistemicamente mais forte (não só porque, como se sublinhou, o juízo judiciário é, ainda, essencialmente fundado nas formas de cognição comuns mas também porque muitas vezes por razões jurídico-políticas relacionadas com o fim do processo existir material informativo com valor epistémico que não pode ser utilizado)".

[4] Ubertis, Giulio, dir. colab. Alfredo Avanzini [et al.], *La conoscenza del fatto nel processo penale*, Milão, Giuffrè, 1992, pág. 1.

conhecimento dos factos, assume que alguns, pela sua tipologia, não são passíveis de ser inteiramente conhecidos e, portanto, todo o resultado probatório é questionável e inseguro.

Tentando o enquadramento necessário a este trabalho, dir-se-ia que o conceito de verdade parte de uma distinção essencial das diversas perspetivas sobre o assunto, conforme se enunciam *supra* sobre os modelos de fixação dos factos. A diferença fulcral consiste na orientação jurídica de que a verdade serve uma função no processo, enquanto pressuposto para o restabelecimento da paz jurídica, ou, em sentido oposto, negando-lhe tal função, defendendo que a verdade é secundária no processo e meramente incidental.

É uma crença comum que a função da prova é descobrir a verdade, confirmá-la. Mas, de facto, aquela é uma afirmação controvertida em diversos setores. A questão do conhecimento da verdade é contendida entre as correntes irracionalistas, que defendem que o conhecimento tem um caráter essencialmente intuitivo; as correntes de idealismo extremo, que negam a possibilidade de adquirir qualquer conhecimento sobre objectos externos; e, no sentido oposto, as correntes de realismo extremo.

O ceticismo filosófico ataca, desde logo, a possibilidade de um conhecimento que permita alcançar um juízo de verdade. Isto com base na premissa de que o real e o irreal são apreendidos pelo intelecto de um modo similar e, como tal, não é possível discerni-los. A aceitação de tal posição deixaria a busca da verdade material, consagrada nos diversos ordenamentos jurídicos, numa posição de absoluta inutilidade.

Numa conceção menos niilista, entre as correntes que defendem a verdade como fim do processo judicial podemos identificar três principais: aquelas que consideram a verdade como adequação à realidade[5], chamadas teorias da verdade como correspondência; aquelas que assumem o enunciado como verdadeiro se este se integrar num coerente conjunto de enunciados, chamadas teorias da verdade como coerência[6]; e, ainda,

---

[5] A chamada conceção clássica, de formulação aristotélica, baseada na tese correspondentista do "realismo ontológico", pelo menos na sua formulação ingénua, a verdade mais não é que a *adaequatio rei et intellectus*, ou seja, a adequação, enquanto conformidade, entre o pensamento formulado e a realidade.

[6] Há também quem defenda que a verdade é uma narração (essencialmente nos *adversary systems*), esperando que os juízes escolham uma dessas histórias apresentadas pelas partes.

as teorias ditas pragmatistas que consideram verdadeiro ora o que serve um fim, ora o que o auditório aceita[7]. O pressuposto de tais correntes é o modelo racionalista que defende que a perceção do mundo físico, cuja existência aceita, é possível através dos sentidos humanos[8]. Já nas correntes anti-realistas nega-se a possibilidade de "conhecer" o mundo real, ou mesmo a sua existência, e, portanto, a prova não poderia servir para estabelecer a veracidade dos factos.

Existem também concepções que substituem verdade pelo conceito de verosimilhança[9], considerando, de modo geral, que o conhecimento humano limita-se à aparência da verdade e nunca a uma cognoscibilidade objetiva da mesma. A verosimilhança seria, então, probabilidade. Estas teorias ganham força ao ser considerado que, no que refere ao comportamento humano do qual tanto é interior, este seria o único grau de verdade alcançável. Considerações relevantes quando se pensa na prova indiciária como a prova de uma elevada probabilidade.

Considerar a conceção semântica da verdade como a teoria da verdade mais adequada ao processo judicial parece ser o caminho mais recentemente privilegiado nos estudos jurídicos. Pelo menos, na medida em que tal conceção encara a função da sentença como fundamentação – explicativa – do poder jurisdicional ao todo da comunidade e, assim, o legitima.

Na conceção semântica da verdade o que se verifica é a verdade das proposições, isto é, o objeto da prova são as afirmações formuladas sobre dado facto. A própria existência de tais afirmações significa que o facto não chega "intacto", na sua realidade, ao processo, mas é rececionado já com uma interpretação resultante do tratamento que lhe é dado por cada um dos participantes processuais[10].

Este é o entendimento utilizado nos tribunais norte-americanos. No entanto, uma narração pode ser, simultaneamente, coerente e ser falsa, tal como o depoimento de uma testemunha pode ser coerente e falso. O inverso também acontece: nem sempre a verdade é verosímil. Nem sempre o que veste o traje da verdade o é.
[7] Para um aprofundamento deste tema, GASCÓN ABELLÁN, Marina, *Los hechos en el derecho – Bases argumentales de la prueba»*, Madrid, Marcial Pons, 1999.
[8] CALHEIROS, Maria Clara, *Prova e Verdade no Processo Judicial, Aspecto Epistemológicos e Metodológicos*, in Revista do Ministério Público, nº 114, Ano 29, 2008, pág. 73.
[9] "Considera-se verosímil aquilo que corresponde à normalidade de um certo tipo de comportamentos ou de acontecimentos" segundo, TARUFFO, Michele, *La Semplice Verità: il giudice e la costruzione dei fatti*, Bari, Laterza, 2009, pág. 88, numa tentativa de simplificação.
[10] Segundo a máxima civilista *processua est actus trium personarum*.

Neste sentido, esta conceção de verdade faz com que se refira, frequentemente, uma conceção dialética da prova. O que, consequentemente, resulta na moderna superação da contraposição entre a conceção "clássica" da prova como *argomentum* e a concepção "moderna" da prova como indução, o que enriquece consideravelmente a problemática no âmbito epistemológico e se revela de grande utilidade no âmbito judiciário[11].

Ora, uma apreciação do mérito de tais teorias não é o objecto deste estudo, embora da breve análise se comece a descortinar o porquê da crescente relevância com que é tratada a prova indiciária. Assim, limitar-nos-emos a concluir que na base do ordenamento jurídico português se encontra a admissão de que não só é possível conhecer a verdade dos factos passados, ainda que limitadamente, como é possível estabelecer tal conhecimento judicialmente[12].

Esta consideração é imperativa no direito penal. Embora se discuta, legitimamente, o mérito da já antiga distinção entre a verdade formal estabelecida no processo civil e a verdade material[13], enquanto nobre e alcançável fim do processo penal, é incontornável que, perdida esta ideia de correspondência entre a verdade dos factos e a aplicação de uma sanção, se perde, irremediável e inaceitavelmente, a ideia de justiça[14]. O processo penal orienta-se pela procura da verdade histórica,

---

[11] UBERTIS, Giulio, *La prova penale: profili giuridici ed epistemologici*, Turim, UTET, 1999, pág. 16.
[12] Uma boa definição de trabalho teria como base a afirmação de UBERTIS, Giulio, *La prova penale...*, pág. 5 de que o conhecimento é relativo, isto, pois, também a verdade o é. Todas as verdades, incluindo as extra-processuais, são relativas, a particularidade da verdade judicial é que esta ordenada-se a tornar possível (enquanto condição necessária mas não suficiente) um processo visto como meio de obter uma decisão justa, legal e não arbitrária, processo que so é realizável na prática, segundo as concretas regras de produção de prova existentes em cada ordenamento.
[13] Frisemos, tais distinções, entre a verdade formal e a material, foram surgindo como modo de justificar o aceitamento, no âmbito processual, de uma verdade incompleta e, por vezes, distorcida pelas limitações legais à sua admissibilidade. Pretendia-se, igualmente, sublinhar que a verdade penal deveria ser mais "certa" que a civil, isto em observância dos diferentes propósitos de cada um destes processos. De notar que, com a aprovação do novo Código de Processo Civil, pela Lei nº 41/2013 de 26/06, o processo civil vem, também, aproximar-se de uma verdade material em detrimento do formalismo que a conformava.
[14] "[E]ncarar a verdade como possível (com todas as limitações inerentes) afigura-se ainda a única forma de ver na produção de prova algo que possui no processo função própria e

Assim, e embora arriscando um certo *innocent realism*, é imperativo, proceder ao "acto definitivo de limpeza filosófica"[15] e considerar a verdade como correspondência com a realidade. O que vai de encontro, como veremos, ao estatuído, relativamente à prova, no art. 341º do Código Civil.

Note-se que a conceção da verdade processualmente válida está intimamente ligada com a narração que dela se faz, ou como veremos *infra*, com o juízo de veracidade sobre o que se diz dos factos. O que sublinha que a visão do direito enquanto narrativa transcende a função legitimidora da sentença como explicitação de uma certa conceção sobre os factos provados perante a comunidade jurídica[16].

Feitas estas considerações, torna-se compreensível como, hodiernamente, se fala de uma "conceção demonstrativa da verdade", associando a lógica jurídica à lógica do tipo indutivo, pelo que no fundo a prova direta de que falaremos adiante seria, sempre, prova indireta[17]. O mesmo é dizer, que se funda na mesma certeza alcançável.

1.2. Os factos

Diz o conhecimento comum que "facto" será um qualquer ato humano ou evento natural. Intuitivamente, o que seja um facto não apresenta grandes dificuldades, mas já a construção doutrinal sobre a tipologia com que surgem no processo é prolixa, complexa e, por vezes, pouca clara[18]. Mas a sua análise é incontornável, o facto, antes da prova e das

---

sentido autónomo, enquanto se revela assim.", CALHEIROS, Maria Clara, *Prova e Verdade no Processo Judicial...*, pág. 85.

[15] Que menciona Searle, citado por TARUFFO, Michele, *Consideraciones sobre prueba y verdad. Derechos y Libertades*, in *Revista del Instituto Bartolomé de las Casas*, Universidad Carlos III de Madrid, ano VII, jan.-dez. 2002, pág. 124.

[16] Aliás, como refere COSTA, José de Faria, *Direito Penal e Globalização – Reflexões ão locais e pouco globais*, Coimbra, Coimbra Editora, 2010, pág. 22, "[a] narrativa do direito, a narrativa jurídica abre-se em três grandes segmentos ou, se se quiser, em três grandes territórios narrativos: o legislativo, o jurisprudencial e o doutrinal."

[17] UBERTIS, Giulio, *La Conoscenza del Fatto nel Processo Penale...*, pág. 7.

[18] Em rigor, o próprio substrato do conceito de facto é amplamente discutido pelos juristas das mais diversas áreas, nacionalidades e épocas. Sublinha, LINHARES, José Manuel Aroso, *Regras de experiência e liberdade objectiva do juízo de prova*, in *Boletim da Faculdade de Direito*, Suplemento 31, Coimbra, 1988, pág. 34 e ss, que o facto compreende um ponto de referência possível na sua dimensão externa pré-processual, referência que a reconstrução que o processo dele fará pressupõe, mas, deixa intocada. Nisto se consubstancia o facto afirmativo

considerações da verdade sobre o que deles se diga, é formal e logicamente, condição necessária para estabelecer uma consequência jurídica. E esta ligação com a sanção jurídica ou, antes disso, com a determinação das normas jurídicas aplicáveis limitará a investigação.

Como tal, a reconstrução factual que o processo visa elaborar, de modo a confirmar a verificação de factos passíveis de sanção – e que culminará com a sentença – necessita de se pautar por uma "plausibilidade explicativa"[19]. Tal plausibilidade resulta de uma coerente narrativa dos factos que a lei sanciona. É esta narrativa coerente, verosímil e fundamentada em provas validamente produzidas, que tornará uma determinada narração resultante dos factos preferível a qualquer outra, tornando-a, assim, mais provavelmente próxima à realidade. É de referir que a fixação dos factos, a determinação da norma jurídica e o relacionamento entre ambos não são operações separadas, ou separáveis[20]. Por isso, a tipologia dos factos, no âmbito judicial, se conduz pela sua relação não apenas com a realidade, mas, também, com as normas jurídicas aplicáveis.

Na imensidão da tipologia de factos que poderíamos mencionar, mais uma vez, focaremos aqueles que melhor ilustram certos pontos atinentes à prova indiciária.

Vejamos, os factos notórios. O seu conhecimento é apreensível pelo próprio senso comum, e pelos conhecimentos do homem médio, estando, por isso, dispensados de alegação e da admissão de um outro meio de prova[21]. Não devem ser confundidos com regras de experiência, para já bastemo-nos em dizer que, enquanto os factos notórios se referem a um facto preciso, concretamente individualizável, as máximas de experiência referem-se a regras gerais e abstratas, sendo por isso conceitos diferentes.

---

ou negativo, físico ou psicológico, sempre existente num dado tempo e lugar. Esta alusão dominante foca a mediação "correspondencial" que nele vem implícita, nomeadamente, ao nível imediato da experiência perceptiva, e, no plano mediato e objetivante da proposição (na medida em que tudo o que pode ser enunciado por uma dada proposição é um facto).
[19] UBERTIS, Giulio, *La prova penale...*, pág. 10.
[20] " (...) a busca dos factos é orientada pelas normas potencialmente aplicáveis, muitas vezes o sentido das normas não é concretizável a não ser por relação a certos factos e a decisão em si mesma é obviamente uma relação entre factos e Direito", DUARTE, Rui Pinto, *"Convicções Crenças" nas Decisões Judiciais*, Themis, ano IV, nº 6, 2005, pág. 123.
[21] Note-se que a prova requerida deve ser rejeitada se, como se lê no artigo 340º, nº 4 do Código de Processo Penal, for "supérflua". E supérflua será, também, quando for excessiva relativamente à prova de um facto que já está estabelecido.

Ainda assim, adiantemos que a jurisprudência portuguesa sublinha que a notoriedade que caracteriza a dispensa de prova dos factos notórios é a mesma que dispensa a prova sobre as regras de experiência.

Processualmente, ainda que não ontologicamente, podemos falar de factos positivos que confirmam a ocorrência de uma proposição de dado enunciado, ou, negativos caso neguem tal proposição[22]. Exatamente por esta razão se fala da prova positiva e negativa. Certo é que a prova de tais factos, dos negativos, pode ser bem mais lesiva para as partes no direito civil onde o ónus da prova se encontra repartido, que no processo penal, onde a prova está essencialmente a cargo do Ministério Público sendo discutível se consubstancia um autêntico ónus. Aliás, ainda que ao Ministério Público incumba proceder à acusação se forem reunidos os indícios suficientes exigidos pela lei, nos crimes públicos e semi-públicos, a verdade é que a sua primeira obrigação deve ser a de apurar a verdade[23].

As dificuldades probatórias também decorrem da existência de factos complexos por contraposição aos factos simples. Estes últimos constituem-se de um só elemento e esvaziam-se em si mesmos. Já os factos complexos são constituídos de uma série de elementos que só no seu conjunto apresenta significado e relevância jurídica, o que dificulta a sua prova. E, de certo modo, o conjunto dos factos simples, num sentido restrito, constitui os enunciados representativos dos factos primários[24] ou principais.

Acrescendo a estas distinções, os factos são, ainda, fáceis ou difíceis de acordo com os meios de prova disponíveis para se alcançar algum conhecimento sobre eles. Certos elementos existem que pela sua própria natureza serão sempre de prova difícil, ou, pelo menos, não poderão ser

---

[22] MUÑOZ SABATÉ, Lluís, *Fundamentos de Prueba Judicial Civil L.E.C. 1/2000*, Barcelona, J.M Bosch Editor, 2001, pág. 103 e ss.

[23] Assim, defende DIAS, José Figueiredo, *Sobre os Sujeitos Processuais no Novo Código de Processo Penal*, in *Jornadas de direito processual penal: o novo código de processo penal*, Coimbra, Almedina, 1988, reimp. 1997, pág. 31, que, de acordo com a configuração do Código de Processo Penal de 1987, o processo português não é um processo de partes. O Ministério Público não tem interesse na condenação, mas, apenas, na decisão justa, partilhando com o juiz um dever de intervenção estritamente objetiva. O que se verifica pelo dever do Ministério Público de, a par de assegurar a acusação, igualmente, defender o arguido, não apenas apresentando as provas que o ilibem de qualquer modo, mas, também, interpondo recurso em seu favor quando considere justificável.

[24] UBERTIS, Giulio, *La prova penale...*, pág. 9.

objecto de prova direta, assim, a intenção, o estado emocional e outros elementos internos são sempre factos difíceis[25].

Os factos podem ser principais, estes são os factos que permitem a aplicação da norma jurídica, ou secundários se tem caráter acessório. Para estes factos de caráter acessórios não se determina qualquer consequência jurídica mas, ainda assim, contribuem para aferir a existência ou inexistência do facto principal ou, ainda, trazem nova informação sobre um outro meio de prova. A doutrina anglo-saxónica menciona ainda a existência destes factos que, não tendo qualquer relevância direta na decisão a tomar, relevam, pois, acrescentam algo não sobre os factos mas sobre uma prova apresentada, como colaterais ou subordinados[26].

Esta ideia de facto principal coincide com a que é também designada por facto relevante, este último respeita ao referente histórico que integra a *fattispecie* abstrata relativa a determinado tipo de ilícito, realizando os elementos de facto que o ordenamento jurídico considera puníveis.[27] O facto secundário não entra na representação do facto juridicamente relevante, o que o distingue dos factos principais ou primários.

São irrelevantes os factos acessórios, colaterais ou meramente argumentativos, essencialmente, quando, impertinentes, nada digam sobre os factos que integram o *thema probandum*. O mesmo se diga daqueles factos que, sendo relacionados, não terão qualquer influência na decisão a ser tomada pelo que mais não são que factos indeterminantes, adventícios ou acidentais[28]. São factos relevantes aqueles dos quais dependem a exis-

---

[25] CALHEIROS, Maria Clara, *Prova e Verdade no Processo Judicial...*, pág. 82, menciona ainda que são difíceis os factos "valorativos que implicam a aplicação de padrões normativos", os factos futuros, ante futuros e ex-futuros, (consoante estejam por suceder, se refiram a medidas preventivas ou cautelares, ou, ainda, se refiram a um futuro frustrado) e os factos difusos, referindo sobre estes últimos que tornam relevante a ideia de coerência narrativa, não como definição de verdade, mas, na linha de MacCormick, como "teste de verdade".

[26] Identificam-se três tipos distintos de factos colaterais: aqueles factos que afectam a competência (física e mental) de uma testemunha para prestar prova; aqueles que afectam a sua credibilidade (envolvimento, por exemplo) e aqueles que podem ser condição para a admissibilidade de certos tipos de prova, como seja a prova da autenticidade de um documento. – Cfr. MARTIN, Hanibal, MOUNTFORD, Lisa, *The law of criminal and civil evidence: principles and practice*, Harlow, Longman, 2002, pág. 7.

[27] UBERTIS, Giulio, *La prova penale...*, pág. 9.

[28] LEAL-HENRIQUES, Manuel, e SANTOS, Manuel Simas, *Código de Processo Penal Anotado: doutrina, legislação, jurisprudência*, Vol I, 3ª edição, Lisboa, Editora Rei dos Livros, 2008, pág. 820 e 821.

tência do crime, a punibilidade do arguido e a determinação da medida de pena, assim como todos aqueles que contribuam para que não se conclua pela existência de tais factos[29].

Serão estes critérios que selecionarão o *thema probandum*, considerando, não apenas a relevância jurídica, mas, igualmente, a relevância lógica. A relevância jurídica deriva da qualificação do facto segundo a norma que se considera aplicável para a decisão, esta formulação permitirá, então, falar de factos jurídicos, constitutivos, materiais, etc. Já a relevância lógica caracteriza aqueles factos que não são relevantes em função da norma aplicável, mas que, não obstante, podem ser incluídos no processo, na medida em que do seu conhecimento pode derivar alguma conclusão útil para a determinação da verdade, ou falsidade, de um facto juridicamente qualificado. Neste caso, o critério de relevância é o conteúdo do enunciado a que se refere o facto (definido como secundário, simples, indiciário ou "circunstancial") e consiste na formulação de uma inferência (a qual explica a natureza lógica deste conceito de relevância) que permite conectar o facto secundário com algum facto principal, configurando o primeiro como premissa menor de uma conclusão atinente ao segundo.[30] De um modo simplista, podemos afirmar que estes são factos que, não contendo em si mesmos uma consequência jurídica, fundamentam inferências lógicas úteis sobre os factos juridicamente relevantes. Serão, por esta razão, factos complexos.

Calvo Gonzalez menciona ainda a existência de factos difusos[31], definindo-os como aqueles que não sendo relevantes têm um papel instrumental ao permitir um raciocínio esclarecedor que recai sobre o facto a provar. O conceito não parece afastar-se do de factos secundários,

---

[29] Diga-se que "[o]s tipos legais de crime são constituídos por signos linguísticos que comportam referências a factos empiricamente existentes e a factos normatológicos. Frequentemente (senão quase sempre) há lugar a um entrelaçar destas duas realidades. Os factos empíricos valem enquanto expressões de decisões axiologicamente tomadas desde logo no plano do sistema jurídico-penal e nesta medida são realidades normatológicas. Por outro lado, também factos normatológicos comportam, por vezes, realidade empíricas, nomeadamente quando se alude à existência de sentimentos ou acções dos respectivos sujeitos a serem valorados em sentido positivo ou negativo" – cfr. MONTEIRO, Fernando Conde, *Algumas reflexões epistemológicas sobre o direito penal*, in *Estudos em homenagem ao Prof. Doutor Jorge de Figueiredo Dias*, vol. 2, 2009, pág. 328 e 329.

[30] TARUFFO, Michele, *Consideraciones sobre prueba y verdad...*, pág. 103.

[31] Tradução de CALHEIROS, Maria Clara, *Prova e Verdade no Processo Judicial...*, pág. 78.

sublinha-se, apenas, a possibilidade de formular uma inferência. É, exactamente, a potencialidade que estes factos encerram, para trazer ao processo um certo conhecimento sobre os factos juridicamente relevantes, que origina a dita prova indiciária que nos propomos estudar.

Dito isto, após tratar, ainda que não de modo exaustivo, a tipologia dos factos com que nos podemos deparar (em particular ao tratar da prova indiciária) devemos regressar a uma questão que já aflorámos anteriormente: no processo, provam-se os factos ou os enunciados sobre os factos?

No caso do processo penal, há-de provar-se o que alega a acusação ou a defesa. Ou ainda, numa terceira hipótese, as conclusões que as provas ditem e sejam, narrativamente, criadas pelo juiz na sentença. A prova jurídica tem esta peculiaridade de versar sobre um facto passado, ou, em algumas circunstâncias, mesmo sobre um futuro ou até eventual, que dita que o processo judicial acontece sempre *ex post factum*.

Os factos em bruto, tal como sucederam na realidade, tanto quanto são factos passados[32], não podem ser objecto de contemplação direta ou imediata no momento (tendencialmente posterior ao momento em que foi praticado o crime) em que se inicia a investigação, ou no momento ainda mais longínquo de proceder à produção de prova[33]. Consequentemente, tão pouco são passíveis de apreciação imediata e direta pelo julgador, pois, não são por ele empiricamente conhecidos.

Como tal, as provas trazidas a juízo, tem um caráter demonstrativo ou representativo. E, se os factos não são reproduzíveis, apenas se pode pro-

---

[32] MONTEIRO, Fernando Conde, *Ob. Cit.*, pág. 327 e 328 frisa este aspecto, referindo que a investigação em processo penal se centra em factos acontecidos no passado, levantando a questão, prévia e geral, de saber se existe a possibilidade de os conhecer. O ponto de partida seria a existência de uma realidade externa ao observador e o acesso a tal realidade seria, ainda que em termos gnosiológicos, limitado.

[33] A produção de prova terá lugar, na íntegra, na audiência de julgamento e observará os princípios da publicidade, da oralidade, da concentração e da investigação atinentes à produção de prova e, ainda, os princípios da livre apreciação da prova, da imediação, da presunção de inocência e do *in dubio pro reo* quanto à decisão da questão de facto. Todas as provas relevantes devem, portanto, ser apresentadas até ao final da audiência de julgamento, em cumprimento do princípio da investigação estabelecido no art. 340º do Código de Processo Penal. Esta norma visa permitir a produção de toda a prova que se figure necessária à descoberta da verdade e à boa decisão da causa, mas não pode ignorar a limitação temporal do processo, designadamente, o encerramento da audiência de julgamento.

var a narrativa que foi construída tendo-os como objeto. Efetivamente, apenas podemos estabelecer se é verdade o que se diz sobre o facto, o facto em si sucedeu ou não, é ou não é. Pela sua própria natureza, um facto *qua tale* não é verdadeiro ou falso.

Fora do processo, o que se investiga são factos que confirmem a ocorrência de uma hipótese que se equaciona ter sucedido e para a qual estão estabelecidas consequências jurídicas. Processualmente, esses factos transfigurar-se-ão em afirmações sobre os mesmos e são essas afirmações que estão sujeitas a prova[34].

Assim, prova dos factos é, no fundo, a prova da verdade da afirmação da existência, ou inexistência, de um facto. Toda a ciência do direito se dedica a falar sobre a realidade, a racionalizá-la, tornando-se tais afirmações o material da ciência jurídica. É, precisamente, devido a este processo de verbalização que tradicionalmente é atribuída à prova uma finalidade persuasiva. No que respeita ao processo, o seu material é a fixação dos factos pela prova da veracidade dos enunciados que os sujeitos processuais nele produzem.

Adotando a terminologia de Beltran, designaremos tais enunciados factuais, que mais não são que recursos linguísticos que contêm a descrição dos factos, como enunciados probatórios[35], a serem valorados segundo se avaliem como verdadeiros ou falsos[36].

No entanto, provar afirmações sobre factos e não factos também apresenta as suas dificuldades. Primeiramente porque, a nível probatório, e parafraseando Ubertis, o horizonte das proposições verdadeiras é bem mais amplo que aquele das proposições demonstráveis[37]. Consideração aplicável ao todo da realidade e que impõe mais uma limitação ao conhecimento da realidade dos factos no âmbito processual.

---

[34] "*O objecto da investigação é o facto; o objecto da prova, a afirmação*" escreve MUÑOZ SABATÉ, Lluís, *Ob. Cit.*, pág. 102.
[35] FERRER BELTRAN, Jordi, *Prova e verità nel diritto*, Bolonha, Il Mulino, 2004, pág. 19 e ss., especificando que denomina com tal termo os enunciados com a forma "*p está provado*", ou que a esta sejam reconduzíveis, dedicando-se, ainda, à análise de saber se tais termos terão efeitos constitutivos ou normativos.
[36] "*Todas as proposições contidas nos enunciados são apofânticas: podem ser verdadeiras ou falsas.*" diz TARUFFO, Michele, *Consideraciones sobre prueba y verdad...*, pág. 103.
[37] UBERTIS, Giulio, *La conoscenza del fatto...*, pág. 3.

Outra limitação, relativa aos enunciados probatórios, contende com a própria formulação do enunciado sobre o facto[38], pois esta constrói o facto, determinando-lhe a forma e o conteúdo que pode ser bastante variável conforme quem o cria. Portanto, à ideia de funcionalidade, atribuída ao procedimento probatório pela existência de uma norma aplicável, acresce a funcionalidade que lhe será atribuída pelo lado da defesa, e pelo lado da acusação, aquando da construção das suas narrativas sobre a verdade dos enunciados fácticos.

2. Prova

2.1. Direito à prova

Falar de direito processual penal é necessariamente falar de direito probatório, na medida em que não há aplicação da norma sem factos a ela subsumíveis e os factos devem ser demonstrados por meio da prova[39]. Pelo que o direito probatório se compõe de um conjunto de normas que visa regular toda a atividade probatória. Ou, por outra, todos os actos destinados a, de acordo com os condicionalismos legais, fixar como verdade uma representação dos factos.

Considerando a posição garantística como o próprio ordenamento jurídico olha o direito penal, devido à sua capacidade de ferir os direitos fundamentais do arguido, antes de nos dedicarmos ao conceito jurídico de prova, haverá que investigar a sua natureza enquanto garantia. Isto porque, independentemente de como seja ela definida, a prova não só é essencial ao processo[40] como servirá para fundamentar uma decisão, pois, de outro modo, esta seria nula.

---

[38] Sobre a relação entre narração e factos, veja-se TARUFFO, Michele, *La Semplice Verità...*, 2009, pág. 40 e ss.

[39] "*[A] prova apresenta-se como a própria essência ontológica do processo penal, em virtude de um valor funcional fortíssimo, estranho a outros sistemas*", Oliveira, Francisco da Costa, *Defesa criminal activa: guia da sua prática forense*, Coimbra, Almedina, 2006, pág. 53, exemplificando com a inexistência de efeitos cominatórios no que respeita à prova.

[40] Em igual medida resulta a insuficiência da prova, circunstância que não impede uma decisão, dada a proibição de *non liquet*, mas que impede uma decisão "material", problema típico da ciência do direito. Enquanto no processo civil, a ausência de prova que sustente a *causa petendi* resulta na aplicação do princípio em *dubio pro reo* em desfavor daquele que sustentava o ónus da prova; no processo penal a ausência de prova é, *ab initio*, fundamento para que não prossiga o processo. Isto porque é necessário que sejam reunidos indícios

I. CAPÍTULO

Tal estatuto é tão vincado que chega mesmo a consubstanciar-se um direito à prova, enquanto decorrência necessária do direito constitucional à tutelar jurisdicional efetiva, ou seja, um direito com dignidade constitucional.

O direito à prova é uma emanação dos direitos, liberdades e garantias do cidadão que assegura e efetiva o seu direito de ação e de defesa[41]. Este direito assegura que a sua eventual condenação resultará da confirmação de uma conduta criminosa.

Aliás, denotam-se na Constituição portuguesa as aspirações normativas à verdade, veja-se a consagração do *due process* no nº 4 do seu art. 20º. No entanto, e na já longa tradição jurídica portuguesa de relativizar, mitigar e (tentar) conciliar, a verdade não surge como meta, última e absoluta, na atividade jurisdicional, nem poderia ser. O direito trata de princípios, valores e bens jurídicos que não são subordináveis entre si, pelo que a fixação dos factos, pela valoração da prova devidamente apresentada perante o tribunal, não é o fim último do processo, mas o necessário pressuposto, ainda que não suficiente, para uma decisão adequada[42].

O contraditório, princípio estruturante do direito português, fica apenas assegurado quando se garanta que o sujeito processual participa efetivamente em todo o iter processual. O que só se realiza mediante uma igualdade de armas, por vezes questionável no direito processual penal,

---

suficientes da prática do ilícito para que o Ministério Público possa proferir despacho de acusação e, assim, iniciar-se a fase processual que permite uma decisão de fundo.

[41] Sousa, Miguel Teixeira de, *Estudos sobre o Novo Processo Civil*, 2ª Edição, Lisboa, Lex, 1997, pág. 56 a 58, sublinha que o direito à prova é uma decorrência da Convenção Europeia que no seu art. 6º, nº 3, alínea a), garante o direito a interrogar ou fazer interrogar as testemunhas de acusação assim como sejam ouvidas as que o arguido indique nas mesmas condições. Ilustrativamente afirma Silva, Germano Marques da, *Sobre a Liberdade no Processo Penal*, in *Liber discipulorum para Jorge de Figueiredo Dias*, Coimbra, Coimbra Editora, 2003, pág. 1365 *"[s] e à ideia de democracia pertence como seu elemento fundamental e imprescindível o culto da liberdade, da liberdade dos outros sobretudo, e especialmente de todos os que de algum modo são perseguidos, ao Direito cumpre dispor adequadamente dos meios para prevenir que as suas limitações, justificadas pela tutela de outros valores também relevantes e consentidos pela lei, não sejam ampliados pelos erros ou abusos de quem tem o poder funcional de a decretar"*

[42] Assim ainda que a verdade venha, por determinação estatal, a ser considerada essencial e, mesmo, decorrência do princípio democrático, não é absoluta. A dignidade humana é considerada o valor constitucional superior, com o amplo apoio de vários instrumentos de direito internacional, e, como tal, o melhor exemplo deste caráter não absoluto da verdade são as proibições de prova constitucionalmente impostas, pense-se na proibição da tortura.

que implicará oferecer provas e pronunciar-se sobre as provas ministradas pelos outros intervenientes. Para efetivar este direito à prova é garantido que os intervenientes[43] têm o direito a propor prova, obrigando a entidade responsável pelo processo a diligenciar para a sua obtenção, e a produzir prova, apresentando-a por si mesmas e devendo esta ser admitida se observadas as normas probatórias quanto à admissibilidade da prova[44].

Obviamente, tal não significa a admissibilidade de todos os meios de prova possíveis, ou que não sejam impostas limitações quantitativas, apenas exige que todas as limitações sejam proporcionais e não arbitrárias. Pelo que o direito à prova é o direito à prova relevante.

Do que brevemente se expôs resulta que o direito à prova, nos moldes mais amplos e considerando as muitas limitações de admissibilidade, tem a mesma natureza de direito fundamental consagrada à garantia da tutela efetiva. Esta relevância reconhecida à prova é generalizada nos ordenamentos jurídicos ocidentais. A título exemplificativo, tanto o direito espanhol como o italiano reconhecem um direito fundamental à prova.

2.2. A prova na legislação portuguesa

Depois de delinearmos, em pinceladas gerais, o que diz a Constituição portuguesa sobre a prova[45], cumpre referenciar o que vai dizendo a sua

---

[43] No caso do processo penal, a questão prende-se com a presunção de inocência, tema a que regressaremos mais tarde. Esta garantia visa, essencialmente, o arguido, mas é aplicável ao assistente e às partes civis com as devidas adaptações, e, sempre, considerando o direito probatório aplicável. No caso das partes civeis, limitado à questão da compensação.

[44] MIRANDA, Jorge e MEDEIROS, Rui, *Constituição Portuguesa Anotada*, Tomo I, 2ª Edição, Coimbra, Coimbra Editora, 2010, pág. 443, nas pág. 415 e ss. da mesma obra, explicam os Autores que este direito complementa mas não se confunde com o direito de defesa do arguido previsto no art. 10º, nº 8 da Constituição portuguesa, que assegura os direitos de audiência, presença, assistência do defensor e ainda o direito à interposição de recurso.

[45] O termo compreende uma certa polissemia, e, vai sendo usado, por vezes, indistintamente querendo referenciar três realidades distintas: 1) meio de prova, leia-se, tudo quanto possibilite o conhecimento de factos relevantes referindo-se, por isso, a qualquer elemento que permita formular um enunciado fáctico, verificá-lo, demonstrá-lo ou, ainda, controlar a sua regularidade, afirmando ou negando a sua existência. São instrumentos que permitem trazer informação para o processo, alguns deles estão tipificados. Embora vigore no sistema processual penal português um princípio da atipicidade dos meios de prova. Deste modo, meio de prova pode referenciar a prova documental enquanto meio de prova abstractamente considerado ou prova documental concretamente considerado como o documento

legislação sobre o referido conceito. Nos termos do art. 341º do Código Civil *"as provas têm por função a demonstração da realidade dos factos"*[46], uma estatuição funcional, que encara a prova como demonstração. Desta norma não se pode obter uma definição, de modo bem mais modesto, e coibindo-se das funções reservadas à doutrina, o legislador limita-se a indicar qual a função da prova. Dada a natureza subsidiária do direito civil[47] esta norma é de aplicação transversal a todos os ramos do direito. No direito processual penal existem inúmeras normas de direito probatório materiais e formais, mas nenhuma sobre o conceito ou finalidade da prova.

apresentado. 2) Prova enquanto procedimento probatório: as atividades cognitivas que se desenvolvem dentro e fora do processo, quando se passam no seu âmbito, designam-se produção de prova. Este é o passo que permite chegar a um resultado probatório com base nos meios de prova e tem, portanto, uma função cognoscitiva. 3) E, por fim, prova como resultado probatório, o resultado alcançado através dos meios de prova, será, basicamente, o conhecimento resultante do meio de prova e terá como resultado um facto provado que poderá servir de fundamento à decisão. Numa última referência, e como o diz FERRER BELTRAN, Ferrer, *Ob. Cit.*, pág. 29, há ainda quem mencione o termo *"fonte de prova"* para referir o sujeito ou objecto do qual se pode levar ao processo um elemento de prova. Como indica TARUFFO, Michele, *La prueba de los hechos*...pág. 449 e 450, nos sistemas anglo-saxónicos não existe esta inexactidão de terminologia, com o termo *proof* (conclusão) designa-se o conhecimento alcançado sobre o facto com base na *evidence* (premissa) disponível e usa-se em todas as locuções (por exemplo *burden of proof*) que aludem ao conhecimento, ou à demonstração judicial, do facto e não aos elementos potencialmente úteis para alcançá-los.
46 O conceito dado pelo Código Civil de 1867 era diferente, definindo prova como *"demonstração da verdade dos factos alegados em juízo"*, - cfr. RANGEL, Rui Manuel Freitas, *O ónus da Prova no Processo Civil*, 2ª ed. rev. ampl., Coimbra, Almedina, 2002, pág. 200. Esta era uma aproximação bem mais adequada ao direito processual civil.
[47] Apesar desta aplicação subsidiária, a verdade é que o direito processual civil e penal tem peculiaridades que os tornam incompatíveis. Assim com base nesta norma civil é possível a um civilista concluir, como RANGEL, Rui Manuel de Freitas, *Registo da Prova: A Motivação das Sentenças Civis no Âmbito da Reforma do Processo Civil e as Garantias Fundamentais do Cidadão*, Lisboa, Lex, 1996, pág. 17, que toda a investigação processual resulta numa atividade de confirmação ou prova de um conjunto de factos afirmados previamente em juízo sobre certos acontecimentos e destina-se, como finalidade última, à demonstração da verdade de factos já alegados e que só falta confirmar. Ora no processo penal, a acusação ou pronúncia também procura provar o que alegou mas a vinculação do tribunal ao que está estritamente alegado não existe como no processo civil. Os poderes inquisitórios do juiz são bem mais amplos, no entanto, nem tudo o que seja provado pode ser utilizado na eventualidade de consubstanciar um outro tipo de ilícito. Neste último caso a prova apresentada poderia configurar uma alteração substancial dos factos com as respectivas consequências jurídicas ou ainda servir de notícia do crime.

Ao estatuir-se que a prova visa a demonstração da realidade fica aceite que o conhecimento direto dos factos é, na maioria dos casos, impossível. O legislador assume a realidade como cognoscível, portanto, as alegações feitas podem ser valoradas, como verdadeiras ou falsas, reconhecendo-se à prova um caráter demonstrativo, conforme se disse no número anterior[48]. Fixar a verdade dos factos, representar a realidade, são ideias muito ligadas à definição de prova[49], no entanto, é necessário não confundir prova com decisão de facto. A prova apenas serve como critério de decisão, de eleição da hipótese mais apta à reconstrução dos factos entre as possíveis[50].

Portanto, *"demonstrar a realidade dos factos"*, será, no âmbito judicial, alcançar um juízo de certeza sobre esses factos, a ser aferido pelo julgador[51]. Mais uma vez, esta é uma afirmação simples, no entanto, mesmo no que seja o juízo a alcançar há, divergências[52].

---

[48] Há que considerar que a prova pode não demonstrar que algo é verdadeiro, mas, apenas, credível ou provável, como vimos *supra* sobre as teorias da verdade.

[49] Segundo RANGEL, Rui Manuel Freitas, *O ónus da Prova no Processo Civil...*, pág. 22, tal noção não inclui as afirmações genéricas de facto e as máximas de experiência.

[50] Neste sentido a definição dada por REIS, José Alberto, *Código de processo civil anotado – vol II*, 4ª ed., Coimbra, Coimbra Editora, 1985, pág. 239, segundo a qual prova é o *"conjunto de operações ou actos destinados a formar a convicção do juiz sobre a verdade das afirmações feitas pelas partes"*.

[51] Assim, como bem o diz GUERRA, Paulo, *Julgar no reino da prova dos afectos e dos pudores*, in *Revista do CEJ*, Julgar, Lisboa, nº 1, 2º sem., 2004, pág. 272 *"[n]o fundo, ter razão é provar a razão que se tem, já que, na feliz e apropriada expressão de Dellepiane (...), "a prova é filha da duvida e mãe da verdade".*

[52] FERREIRA, Manuel Cavaleiro de, *Ob. Cit.*, pág. 280 a 283. O Autor defende a existência de dois tipos de juízo. Um deles, o juízo lógico, respeita à exatidão de um raciocínio, duma operação mental e conduziria necessariamente a uma certeza absoluta. Tal conclusão está ultrapassada pelo desenvolver da ciência e a relativização do conhecimento humano, a certeza absoluta é ontologicamente inalcançável. O outro, o juízo histórico respeita à verificação dum facto, e por isso mesmo não pode conduzir a um resultado seguro; não acarreta uma certeza absoluta, mas relativa, não uma certeza objetiva, mas uma opinião de certeza. Acresce que esta mesma certeza relativa ou opinião de certeza pode falhar; o juízo histórico pode ter como simples resultado a dúvida. Esta diferenciação com a clara preferência pelo juízo lógico, fundamenta-a o Autor no facto deste ser um juízo hipotético: dá como verificadas certas premissas (os pressupostos de facto) e incide sobre a relacionação daquelas com a conclusão. O juízo histórico é um juízo real, tem por objecto aquelas premissas; não incide sobre a relacionação abstrata, mas sobre uma realidade concreta que não é inteiramente passível de demonstração.

I. CAPÍTULO

Face à relevância que a prova possui no processo, é indispensável a intervenção legislativa que discipline, nos mais diversos aspectos, o *modus procedendi* relativo ao seu tratamento para que seja viável a sua utilização em juízo. Assim, gira todo o direito probatório em torno deste instituto, dedicando-se o direito probatório formal ao procedimento probatório, ou seja, à produção de prova, e o direito probatório material essencialmente à delimitação do objecto da prova, à repartição do ónus da prova (quando aplicável), à admissibilidade dos meios de prova e, mesmo, a critérios de apreciação da prova. Esta distinção não é infecunda: o direito probatório material é equiparado ao direito substantivo o que poderá ter repercussões no âmbito dos recursos. Será, ainda, com estas normas em mente que se tentará delimitar o conceito de "prova indiciária", assim, como definir os seus requisitos de admissibilidade e critérios de valoração, pelo que focar-se-ão, com maior ou menor minúcia, todos estes pontos.

Trata-se, no fundo, de encarar a prova processual como um procedimento ordenado e disciplinado com uma função essencialmente epistémica. A limitação normativa imposta pelos vários ordenamentos jurídicos é uma questão controversa, mas, a sua existência é incontornável. Assim, deparamo-nos, nos textos legais, com limitações *práticas* decorrentes da finalidade própria do processo, e limitações *ideológicas* atinentes a valores que se consideram invioláveis[53]. A intensidade com que é regulado o fenómeno probatório varia. Por exemplo, em Itália, o legislador considerou pertinente estatuir regras relativas à prova indiciária.

A prova jurídica compreende a exclusão de certos meios de prova por questões em todo estranhas a um processo que meramente visasse "estabelecer a realidade dos factos"[54]. Está prescrito mesmo o valor de certos meios de prova[55], e a sua produção está em muito condicionada pela limitação do processo no tempo.

---

[53] As expressões em itálico são de GASCÓN ABELLÁN, Marina, *Ob. Cit.*, pág. 77.
[54] Deste modo a fixação da verdade não é, em si mesma, a finalidade última do processo; é apenas o pressuposto necessário e imprescindível para a aplicação de determinada norma a determinado agente pela prática de um facto; nesta medida a verdade judicial é uma verdade funcional. Do mesmo modo é a existência da norma que penaliza um determinado facto que determina a necessidade de aferir os factos que consubstanciam a sua *fattispecie*; daí, termos dito anteriormente que verdade judicial é, sempre, uma verdade funcional.
[55] Tomemos por exemplo, o direito ao silêncio do arguido e a protecção do segredo profissional entre mandatário e arguido, são normas que essencialmente salvaguardam

Mesmo não questionando que a prova tenha, em direito, a mesma finalidade demonstrativa, as provas apresentadas em juízo diferem da chamada prova científica, ou, pelo menos, das obtidas segundo o método científico, cujo grau de certeza não é infalível[56]. Isto porque nem todas as

interesses e princípios fundamentais de uma comunidade jurídica. Existem, igualmente, normas que têm uma função puramente epistémica e que, no fundo, retiram da discricionariedade do juiz a valoração de certos meios de prova que, por uma ou outra razão, o legislador considera que devem estar excepcionados ao princípio da livre apreciação da prova. O Acórdão do Supremo Tribunal de Justiça de 01-10-2008, proc. 08P2035, disponível para consulta em www.dgsi.pt, explicita com clareza esta problemática, no paradigmático exemplo da prova pericial, no sumário, bastante esclarecedor, deste acórdão pode ler-se "*I – Em processo penal a regra é a de livre apreciação da prova, como decorre do estatuído no art. 127º do CPP, onde se estabelece que, salvo quando a lei dispuser diferentemente, a prova é apreciada segundo as regras da experiência e a livre convicção da entidade competente. II – Tal princípio não é absoluto, e entre as excepções a tal regra incluem-se o valor probatório dos documentos autênticos e autenticados, o caso julgado, a confissão integral e sem reservas no julgamento e a prova pericial. III – Segundo Maia Gonçalves (Código de Processo Penal Anotado, 9.ª edição, pág. 323), estas excepções integram-se no princípio da prova legal ou tarifada, que é usualmente baseado na segurança e certeza das decisões, consagração de regras de experiência comum e facilidade e celeridade das decisões. IV – Na definição do art. 388º do CC, a prova pericial tem por fim a percepção ou apreciação de factos por meio de peritos, quando sejam necessários conhecimentos especiais que os julgadores não possuem, ou quando os factos, relativos a pessoas, não devam ser objecto de inspecção judicial. V – E, de acordo com o art. 151º do CPP, a prova pericial tem lugar quando a percepção ou apreciação dos factos exigem especiais conhecimentos técnicos, científicos ou artísticos. A perícia é, assim, a actividade de percepção ou apreciação dos factos probandos efectuada por pessoas dotadas de especiais conhecimentos técnicos, científicos ou artísticos. VI – Segundo José Alberto dos Reis (Código de Processo Civil Anotado, vol. IV, pág. 161), a função característica da testemunha é narrar o facto e a do perito é avaliar ou valorar o facto, emitir quanto a ele juízo de valor, utilizando a sua cultura e experiência. VII – A regra geral, relativa ao valor probatório das perícias, de que se presume subtraído à livre convicção do magistrado o juízo técnico, científico e artístico inerente àquelas, com obrigação de fundamentação de eventual divergência, foi indicada na Lei 43/86, de 26-09 (Lei de autorização legislativa de que emergiu o CPP87) e veio a ser estabelecida no art. 163º do CPP. (...) XI – Na verdade, o Sr. Perito não faz uma afirmação, não emite uma pronúncia sustentada, antes limita-se a produzir um juízo opinativo, adiantando apenas uma mera probabilidade, avançando um palpite. XII – Ora, num caso, como o dos autos, em que não está em causa um juízo técnico-científico, com o sinal de certeza requerido, mas antes de mera probabilidade, a força vinculativa própria da prova tarifada não é absoluta, ficando à responsabilidade do tribunal, nos termos do art. 127º do CPP, a decisão sobre a imputabilidade ou inimputabilidade do arguido, e afastada a aplicação do disposto no art. 163º do CPP.*"

[56] Ainda neste tema, acrescente-se que "*[u]m êxito dos estudos epistemológicos nem sempre presente ao jurista mas que no entanto se tornou património geral da cultura filosófico-científica contemporânea é constituído pelo reconhecimento que qualquer resultado de uma pesquisa factual está dependente do contexto no qual esta última se resolve, da metodologia seguida e da finalidade fixada.*". Isto porque o método científico reconhece que a sua intervenção, mesmo pela mera observação,

provas são admissíveis e nem todos os factos relevantes para a decisão são passíveis de prova, pelo menos direta.

Os factos que se pretendem provar concernem, maioritariamente, a atos humanos, as motivações que os despoletaram, ou seja, factos não reproduzíveis que, ainda assim, terão de ficar estabelecidos de acordo com as exigências legais. Aliás, os factos interiores relativos ao estado emocional e motivacional do arguido são, do ponto de vista estritamente científico, impossíveis de provar, dependendo, em absoluto da prova indireta.

Mesmo compreendendo as especificidades que acima se enunciaram, o conceito jurídico de prova não é diferente daquele que correntemente se atribui ao termo. Apenas inclui o caráter funcional que a prova sempre tem, mas desta relativo ao procedimento judicial. Costuma ser citado, e a este costume nos juntamos, a definição de Castro Mendes, segundo a qual *"a prova, é o pressuposto da decisão jurisdicional que consiste na formação através do processo no espírito do julgador da convicção que certa alegação singular é justificavelmente aceitável como fundamento da mesma decisão"*[57].

Note-se que a definição apresentada não invoca *"a realidade dos factos"* referida no art. 341º do Código Civil, apenas invoca a noção de *"convicção"*. A divergência entre tais termos prende-se tanto com a função última da prova, enquanto pressuposto decisório, como com a conceção de verdade, e concilia com tais finalidades as mais recentes correntes de pensamento filosófico. Sublinhe-se que, no que respeita ao processo, a finalidade última da prova, como meio para aferir a realidade dos factos, só se cumpre mediante um primeiro momento em que a prova é trazida ao processo, e, um segundo, em que é valorada[58].

---

transforma o objecto observado e assim o método e o objecto são indissociáveis (princípio de Heisernberg) – cfr. UBERTIS, Giulio, *La conoscenza dei fatti...*,pág.1 e 2.

[57] MENDES, João Castro, *O Conceito de Prova em Processo Civil*, Lisboa, Ática, 1961, pág. 741.

[58] Diz-nos, ainda, SILVA, Germano Marques, *Curso de Processo Penal* II Vol., 5ª Ed., Lisboa, Verbo, pág. 100 e ss., que o processo probatório estabelece um caminho que se desenvolve entre o facto a provar (enquanto termo *a quo*) e o juízo (termo *ad quem*). Neste percurso podemos distinguir uma fase material, ou externa, de uma psicológica, ou interna. O terminus *a quo* é o facto probando que será objecto do conhecimento do julgador. Esse conhecimento é gerado por percepção ou por dedução com base noutros factos que poderão resultar de prova direta ou indireta.

2.3. A prova legalmente admissível por vinculação ao *Thema Probandum*

Passamos agora de conceções necessariamente prévias a um ponto que nos lançará decisivamente no estudo da prova indiciária: o *thema probandum*.

Se, por um lado, do que até agora se vem dizendo resulta claro que estabelecer o tema de prova em cada processo judicial é fulcral para todo o procedimento probatório, por outro, também, já se adivinha o que seja o tema de prova.

A verdade judicial é funcionalizada e a sua busca limitada pela norma que se alega ser aplicável: a norma já postula uma direcção na investigação[59]. A investigação visará descobrir os factos que são determinantes da hipótese normativa. Há uma certa descontinuidade, a norma não serve como premissa à sua própria aplicação, não basta que ela exista para se aplicar a sanção estatuída, meramente indica os factos puníveis dirigindo, deste modo, a pesquisa.

O art. 124º do Código de Processo Penal[60] define qual o objecto da prova: os factos juridicamente relevantes para a existência ou inexistência do crime, a punibilidade ou não punibilidade do arguido e a determinação da pena ou da medida de segurança aplicáveis. Esta norma apenas condiciona os meios de prova em razão da sua relevância (definida pelo tipo de ilícito aplicável), pois, o que se busca obter é a verdade material.

Assim, deverão ser provados três diferentes tipos de enunciados fácticos, ou probatórios salvo o pleonasmo, os enunciados atinentes ao ilícito,

---

[59] Formula-se portanto, uma relação prova-facto ao qual se refere a doutrina anglo-saxónica com o termo *context of discovery*. Pela função que a prova desenvolve no processo, constata-se que a prova é um elemento de conhecimento num procedimento complexo, orientado para a formulação de um juízo final relativo a aceitabilidade de uma afirmação sobre factos relevantes. Com o termo *context of justification*, sublinha-se a relevância da prova na decisão a ser proferida considerando que *"a prova é um quantum de conhecimento que entra em distintas correlações funcionais, que se alteram nas distintas fases do próprio procedimento, com as diversas hipóteses possíveis sobre o facto"* – TARUFFO, Michele, *La prueba de los hechos...*, pág. 443 e 444.

[60] Cumpre referir, com SEIÇA, António Alberto Medina de, *Legalidade da Prova e Reconhecimentos Atípicos em Processo Penal: Notas à Margem de Jurisprudência Quase Constante*, in *Separata de Liber Discipulorum para Jorge Figueiredo Dias*, Coimbra, Coimbra Editora, 2003, pág. 1396 que, ressalvando-se as particularidade estabelecidas na lei em função das exigências específicas dos distintos momentos ou fases do processo, *"o regime probatório, no que diz respeito aos meios a utilizar, às formas e limites da sua produção, etc., encontra-se fixado nas disposições gerais sobre a prova constantes dos art. 124º e seguintes do Código de Processo Penal"*.

isto é, à infração penal cometida, aqueles que respeitam à reação criminal prescrita, ou seja, à sanção e, ainda, aqueles que fundamentem o pedido cível eventualmente formulado. Portanto, e como até agora se tem vindo a defender, a investigação da verdade sobre a realidade dos factos, é tarefa indispensável no processo, como resulta do art. 340º, nº 1 do Código de Processo Penal.

Mas, na verdade, tais enunciados não esgotam todo o objeto da prova, por exemplo, a aplicação de certas medidas de coação, como a prisão preventiva, exigem a prova dos seus pressupostos, que em pouco concernem a existência de um crime. Mais se estende aos factos colaterais que atestam a credibilidade de um meio de prova[61].

Toda a atividade probatória se encontra limitada pelo tema de prova[62], ainda que indiretamente. E o tema de prova é fixado pela hipótese normativa, que deve ser preenchida para que seja comprovada a existência de um crime que determinará a sua aplicação[63]. E, embora assim seja, a hipótese a verificar encontra-se confinada pelo caso concreto, assim, a hipótese e o caso concreto sobre o qual incidirá a produção de prova devem observar um requisito de verosimilhança. A conexão entre esses dois elementos tem de ser aceitável pelo senso comum, dados os conhecimentos científicos e lógicos de um dado período histórico.

O critério inicial é o de relevância, e, será, primeiramente avaliado no plano epistemológico, de acordo com regras de verificação factual comuns às várias áreas do saber. Pelo que se sublinha o já referido quando aos factos relevantes. As restantes regras, no art. 125º, são as que referem ao princípio da legalidade em sentido estrito, ou seja, de não se tratar de prova proibida pela lei.

---

[61] LEAL-HENRIQUES, Manuel, e SANTOS, Manuel Simas *Código de Processo Penal Anotado...*, pág. 820 e 820, neste mesmo sentido, os Autores indicam que o tema da prova há-de lidar com a problemática decorrente da relevância jurídico-penal da alteração substancial dos factos que modificam os factos constantes da acusação ou pronúncia. O objecto da prova incluirá estes novos factos que comprovem a existência de um crime diverso, tal como os factos juridicamente relevantes para a decisão de outros incidentes, como sejam a aplicação de medidas de coação ou a justificação de falta de comparecimento.
[62] Assim, precedem-se juízos de idoneidade probatória (legalidade e verosimilhança), juízos de pertinência da prova (limites à actividade probatória) e juízos de relevância da prova (*thema probandum*) como indica OLIVEIRA, Francisco da Costa, *Ob. Cit*, pág. 66.
[63] "[A]quilo que deve ser provado em juízo depende de *fattispecie à* qual a norma jurídica atribui *consequências jurídicas*" – cfr. FERRER BELTRAN, Jordi, O*b, Cit*. pág. 56.

A prova é, portanto, relevante ou irrelevante e não deve ser confundida como sendo ou não um resultado probatório suficiente para satisfazer o *standard of proof*[64]. Deste modo o critério legal de relevância funciona como norma de exclusão e de inclusão[65].

Este juízo de relevância levanta questões complexas principalmente quando é utilizado na audiência de julgamento, pois, pode significar que o tribunal está a fazer um juízo *ex ante* sobre as atividades probatórias que iria influenciar a valoração que fará do seu resultado, o que, sem observância do contraditório, é inadmissível. No entanto, considerar a prova relevante não é valorá-la, mas apenas estabelecer se é necessário ou não introduzi-la no processo.

Aqueles factos que são imediatamente ligados com o tema da prova, os factos juridicamente relevantes, são o objeto da prova direta. Tal estatuto vai sendo revisto conforme um critério de relevância. A abrangência deste critério permitirá defender ou afastar a admissibilidade da prova indireta. O conhecimento do facto principal pode ser alcançado por perceção ou dedução com base noutros factos (prova direta e prova indireta respetivamente).

A prova direta traz ao conhecimento da entidade incumbida de decidir a perceção de um facto principal. Já na prova indireta, o conhecimento

---

[64] De acordo com a *Rule 401* das *Federal Rules Of Evidence*, prescreve-se um teste para aferir se a prova é ou não relevante, estatuindo que a prova (no sentido de *evidence*) é relevante se a) tem alguma propensão para tornar um facto mais ou menos provável do que seria sem essa prova; e b) o facto tem consequência na determinação da ação. Sendo este um critério perfeitamente válido à luz do ordenamento jurídico português. Deste modo, e segundo, MARTIN, Hanibal, MOUNTFORD, Lisa, *Ob. Cit.*, pág. 9 a 11, a prova indireta seria aquela que estabelecesse uma conclusão por inferência. Requer que a entidade encarregue da investigação aceite uma prova (no sentido de *evidence* claro está) como verdadeira e precisa e que dela retire uma conclusão. Estas conclusões serão retiradas pela generalização de conceções comummente aceites sobre a natureza humana a partir de qualquer que seja a forma da prova, testemunhal, documental, real, direta ou circunstancial. Este critério de relevância suficiente poderá contribuir para o tema de prova em segundo grau. E, assim é por se considerar que a admissibilidade da prova se basta com a sua capacidade potencial para aumentar ou diminuir a probabilidade da existência dos *facts in issue*.

[65] Artigo 340º, nº 4, al. a) e artigo 125º, respectivamente, ambos do Código de Processo Penal. Neste mesmo sentido sobre o Acórdão do Supremo Tribunal de Justiça de 22 de janeiro de 2013, proc. 184/11.2GCMTJ.L1.S1, Armindo Monteiro, que "[a] prova indiciária não é nula, bastando para ser admitido o facto de não estar incluído nos métodos proibidos de proa L 126º do CPP".

do facto *probando* resulta de uma proposição que, por silogismo, cria uma outra levando a uma conclusão lógica, esta sim, atinente ao tema da prova, a isto se chama presunção.

Como se acaba de dizer, os factos juridicamente relevantes ficam no âmbito da prova direta, no entanto, há também que considerar os factos em si mesmos irrelevantes mas que permitem, através do raciocínio, inferir a existência de factos relevantes formando assim um *"tema de prova em segundo grau"*[66]. Estes últimos constituirão a prova indireta.

A prova indireta é, à partida admissível, por força do princípio de que toda a prova relevante deve ser admissível salvo proibição legal, uma relevância lógica frise-se. Este é um dos primeiros limites de admissibilidade da prova que se refere, não à atipicidade do meio de prova, mas à sua hipotética capacidade probatória. Este é um princípio que se harmoniza com o restante do sistema.

O princípio da livre admissibilidade de todos os meios de prova é, também, a consequência da opção por um dado modelo. O percurso de recolha de provas pode obedecer a dois princípios: o da verdade legal, no qual o legislador fixa na lei as fontes de prova, impedindo o julgador de utilizar outros meios de prova que não aqueles, e o da verdade real, no qual o julgador pode recorrer a qualquer fonte de prova que obtenha de forma processualmente válida. É de esperar que este último tenha mais potencial para permitir explorar a *"realidade dos factos"*. Pois, tem como único limite a legalidade das provas que veda o recurso a meios probatórios que o legislador considere ilegítimos.

Deste modo, os meios de prova expressamente consagrados no Código de Processo Penal não esgotam todos os possíveis, apenas constituem alguns que a lei considerou frequentes, potencialmente lesivos, ou importantes o suficiente para merecerem tratamento normativo.

Esta admissibilidade de prova consagra a regra da atipicidade, um dos pontos nos quais se alicerça a admissibilidade da prova indiciária. Ainda assim, as provas atípicas não têm este voto de confiança do legislador na sua idoneidade probatória, pelo que, se vai aconselhando uma aproximação casuística à sua admissibilidade. Trata-se, no fundo, daquele juízo de relevância já mencionado, mas com um maior cuidado sobre a sua abstrata funcionalidade com respeito pelos princípios de tutela dos direitos

---

[66] FERREIRA, Manuel Cavaleiro, *Ob. Cit.*, pág. 288.

fundamentais e pelos cuidados quanto ao seu valor epistemológico. Mais se diga que, para além da questão da relevância, se levantam questões quanto à produção das provas atípicas, isto é, ao modo processualmente válido de as trazer ao processo.

2.4. Tipologia da prova

No que respeita à tipologia da prova, o léxico utilizado, muitas das vezes, cria mais confusão do que traz claridade. Não se trata daquela distinção, baseado no sentido mais corrente, em que com esta expressão se distinguem meios de prova – como sejam a documental, a testemunhal, a pericial entre outras –, mas da sua ligação mais ou menos direta com o tema de prova.

As distinções operadas são muitas e fazem-se, por norma, com referência à tipologia dos factos a provar. A título exemplificativo, as provas podem tanto ser positivas quando procuram confirmar um enunciado probatório ou negativas se procuram negar a sua ocorrência. Intrínsecas ou extrínsecas se dependem ou não da construção retórica do orador[67].

As provas podem dividir-se entre as chamadas provas primárias e as secundárias. As provas primárias seriam aquelas que trazem uma informação direta ao tribunal sem que este tenha de fazer outra coisa que não valorar as afirmações fácticas introduzidas por esses meios probatórios. Ou seja, tais provas primárias chegam ao processo como tal, sem elaboração ulterior por parte do tribunal[68]. No entanto, este critério deixaria demasiado à discrição do julgador, sendo a utilidade de tal divisão questionável, na medida que o sistema probatório penal português se pauta pela atipicidade dos meios de prova, e, ainda, porque mesmo a prova pericial ou testemunhal ou qualquer outra pode não se referir a um facto primário, relevante.

Algumas distinções referem-se a questões meramente processuais. Dissemos que as provas são admitidas de acordo com a sua relevância, no entanto, admitir um meio de prova e produzi-lo não são a mesma coisa. Assim, temos as provas pré-constituídas e constituendas: as primeiras

---

[67] CALHEIROS, Maria Clara, *Verdade, Prova e Narração*, in *Revista do CEJ*, 2º Semestre, nº 10, 2008, pág. 292.
[68] CLIMENT DURAN, Carlos, *La prueba penal : doctrina y jurisprudencia*, Valência, Tirant lo Blanch, 1999, pág. 76, citando como exemplo a confissão, a prova testemunhal, a inspecção ocular e as provas documental e pericial.

já existem antes do início do processo judicial e a sua produção passa pela sua apresentação. Mesmo assim sendo, a produção desta prova segue apertadas regras, imagine-se o paradigmático exemplo das revistas e buscas efetuadas sem despacho que as ordene, ou, em violação de alguma das imposições dos art.s. 175º, 176º e 177º do Código de Processo Penal, os objectos apreendidos serão prova pré-constituída, mas a sua admissão depende da observância do formalismo da diligência.

Uma incursão sobre as muitas distinções possíveis não seria enriquecedora, quando a questão da prova indiciária se prende com a mais objetiva distinção entre prova direta e prova indireta que já afloramos ao referir a vinculação temática do tribunal *supra*.

2.4.1. A prova direta e indireta

Estaremos perante uma prova direta quando os enunciados fácticos têm por objetivo o facto principal[69], o facto juridicamente relevante. Quando a informação que a prova traz ao processo é em si mesma, sem qualquer consideração colateral, esclarecedora quanto a um dos elementos integrantes do *thema probandum*. Assim, a prova direta seria a prova "histórico-representativa", ou plena, pois permite a representação do facto a provar. O valor probatório de tais provas é, geralmente, bastante elevado dado a claridade da afirmação ou negação (lembremos que as provas podem ser positivas ou negativas) e, se creditadas pelo julgador, serão suficientes para determinar que algo seja dado como provado.

Já a prova indireta poderá levantar algumas questões de valoração, tema que exploraremos mais adiante. Por ora, deixemos algumas considerações gerais e essenciais sobre o que seja a prova indireta.

Em bom rigor, no âmbito judicial, toda a prova é indireta, sob o ponto de vista epistemológico prova direta é aquela que permite a reprodução (experimental que seja) do facto. Neste sentido toda a prova é indiciária, ainda que verse sobre o facto a provar diretamente, pois o conhecimento chega sempre por meio de um raciocínio inferencial.

Mas, em termos jurídicos, é indireta a prova cujo objeto é um facto diferente daquele que deve ser provado por ser o juridicamente relevante

---

[69] A terminologia anglo-americana usa o termo *material* para a prova que respeita ao facto juridicamente relevante. – cfr. TARUFFO, Michele, *La prueba de los hechos...*, pág. 455.

para a decisão[70]. Ou seja, quando o seu objecto imediato não é um facto principal.

2.4.2. Prova indiciária: conceitos afins

Antes de tratarmos o conceito de prova indiciária, e de indício, há que esclarecer que quando os referimos não nos referimos aos *"indícios suficientes"* que a lei exige para sujeitar o arguido a julgamento. Essa prova, também designada indiciária, que o Ministério Público deve recolher durante o inquérito, e eventualmente o Juiz de Instrução Criminal durante a instrução, tem o reduzido valor de permitir o procedimento do processo. Assim, e em observância pelo princípio da legalidade consagrado no art. 219º, nº 1 da Constituição da República Portuguesa, salvo no que respeita aos crimes particulares, o Ministério Público deverá determinar concretamente os indícios suficientes da verificação do crime, identificação do agente e da imputação da sua responsabilidade. Nada fica provado quanto ao ilícito alegadamente cometido, a acusação ou a pronúncia apenas legitima a discussão judicial da causa levando o juiz a não rejeitar a acusação por falta de prova. Isto é, não se prova que os factos são como se apresentam descritos mas apenas que poderiam sê-lo, com uma certa probabilidade.[71]

Apesar da sua dimensão puramente instrumental os indícios suficientes terão, não valor probatório[72], mas um grande impacto na decisão de mérito. Isto, pois fixa a factualidade e respetiva qualificação jurídica

---

[70] Diz o Supremo Tribunal de Justiça, no seu Acórdão de 08 de junho de 2011, proc. 350/98.4TAOLH.S1, Sousa Fonte, que *"[o] tema da prova não consiste, assim, exclusivamente nos factos que formam o objecto do processo, os chamados factos principais, condicionantes da decisão, pressupostos da aplicação da lei substantiva. Tema de prova são, também, os factos indiciários ou instrumentais, com base nos quais se pode inferir a existência dos primeiros"*. Texto disponível para consulta em www.dgsi.pt.

[71] FERREIRA, Manuel Cavaleiro de, *Ob. Cit.*, pág. 285.

[72] *"Os conceitos de indiciação suficiente, forte indiciação e prova não têm que ver com a natureza dos meios de prova que os suportam. Mesmo que assente unicamente em prova directa o juízo subjacente à acusação/pronúncia é sempre o de indiciação suficiente, tal como é de forte indiciação o que se exige para a aplicação da prisão preventiva, por exemplo, do mesmo modo que os princípios da culpa e da presunção de inocência impõem que só possa haver condenação com base na prova dos factos, seja ela directa ou indirecta."* - explica, de modo claro, o Acórdão so Supremo Tribunal de Justiça de 15 de setembro de 2010, proc. 173/05.6GBSTC.E1.S1, Fernando Fróis – Texto disponível para consulta em www.dgsi.pt

sobre a qual se produzirá prova, assim definindo a vinculação temática que noteará todo o processo[73].

Também não deverá ser confundido com a chamada prova *prima facie*, cuja natureza de prova é questionável. É um conceito civilista, de génese germânica, com especial relevância nos casos de responsabilidade civil, refere a ocorrência de *"eventos típicos"* que, considerados com o ditado pelas regras de experiência, permitem concluir algo sobre o facto a provar. Este processo produziria a *"aparência"*[74] do facto a provar permitindo inverter o ónus da prova. Assim, ela não criaria a plena convicção do juiz, mas apenas um grau de probabilidade bastante para forçar a outra parte à contraprova. Tem-se considerado que tal conceito não tem qualquer validade no direito processual penal, também não deverá ser confundido com o conceito civil de prova por presunções. Embora, haja alguma doutrina que identifica a prova *prima facie* com as presunções naturais ou simples, defendendo que têm a mesma raiz. No entanto, afirmar que *"sempre que não é possível fazer uma prova segura, certa, matemática dos factos, a lei admite a prova por ilação, por presunção. Está pois admitida a prova de primeira aparência."*[75], não é provar que partilham da mesma natureza, e muito menos que são um mesmo instituto. A sua admissibilidade, e mais, a sua utilidade prática, seria questionável no direito civil, mas no direito penal é completamente inaceitável.

---

[73] TEIXEIRA, Carlos Adérito, *"Indícios Suficientes": parâmetro de racionalidade e "instancia" de legitimação concreta do poder-dever de acusar*, in Revista do CEJ, nº 1, 2º Semestre, 2004, pág. 152 e 153, Segundo o Autor, *"a vinculação temática, a que dá lugar a decisão conformada pelo juízo de suficiência de indícios, significa que a ponderação de indícios e o estabelecimento da sua suficiência abrange a representação judiciária da dimensão histórico-naturalistica do facto, a inerente imputação objectiva, a declaração de culpa e o confinamento do quadro das consequências legais; o mesmo é dizer que a noção de "indícios suficientes""*. Como tal, os indícios suficientes terão uma vertente operativa pois dirigem-se, igualmente, às proposições normativas respeitantes ao enquadramento juridico-penal do facto, à autoria e compartipação, ao *modus operandi* nos crimes de forma vinculada, etc.

[74] *Anschein*, no termo alemão, TARUFFO, Michele, *La prueba de los hechos...*, pág. 514.

[75] GOUVEIA, Mariana França, *A prova*, in Themis: Revista de Direito, Ed. Esp., 2008, pág. 337 e 338, que cita, ainda, Calvão da Silva, *"uma prova de primeira aparência não proporciona um juízo de certeza absoluta e de plena convicção no espírito do julgador, mas apenas um juízo de probabilidade bastante, assente nas lições práticas da vida e na experiência do que acontece normalmente."*

2.4.3. Prova indireta: prova por presunções, circunstancial, crítica ou indiciária

A prova indireta, circunstancial, indiciária, ou ainda crítica apresenta-se revestida de maior complexidade que a prova direta[76]. A prova indireta tem como base factos irrelevantes dos quais, por raciocínio lógico, se pode inferir a existência de factos relevantes. Ou seja, estes factos, e não as conclusões inferenciais que deles se retiram, não tem qualquer relação com o *thema probandum* como o definimos, daí que seja possível falar, como já se disse, para as provas indiretas, em tema de prova em segundo grau. Também por esta razão, se sublinha o seu cáracter de prova enquanto probabilidade[77].

No fundo, o indício opera como uma premissa, uma inferência, que tem como conclusão um enunciado que acrescenta algo sobre o facto primário. O que se visa provar é um facto secundário que serve para estabelecer, mediante um raciocínio inferencial, a verdade sobre o facto principal, é essencial um passo lógico (fundado numa regra de experiência) entre o objeto da prova e o facto juridicamente relevante para se concluir algo relevante ao processo[78].

---

[76] Numa nomenclatura em desuso é, também, apelidada de prova artificial, por contrariamente à prova natural, exigir um esforço lógico, sobre ela diz MITTERMAIER, Karl Joseph Anton, *Tratado de la prueba en materia criminal: o exposicion comparada de los principios en materia criminal y sus diversas aplicaciones en Alemania, Francia, Inglaterra, etc.*, trad. e actualiz. Antonio Quintano Ripolles, 9ª ed., Madrid, Instituto Editorial Reus, 1959, pág. 427 que *"estas circunstâncias são outros tantos testemunhos mudos, que parece ter colocado a Providência ao redor do crime para fazer ressaltar a luz da sombra em que o criminoso se esforçou em ocultar o facto principal (...) o culpado ignora, geralmente, a existência de tais testemunhos mudos, ou considera-os de nenhuma importância; aliás, não pode distanciá-los de si ou desviá-los; os mesmos clavos da sola dos seus sapatos assinalam o seu passo para o lugar do delito; um botão caído no mesmo sítio fornece um indício veemente; uma mancha de sangue nas suas roupas testemunha a sua participação no acto de violência"*.

[77] "[U]m *dos conceitos* recorrentes *da concepção* moderna *da prova: a* probabilidade-procedimento. (...) *A exposição do tema coincide com uma "revitalização" teorética da lógica do provável – liberta da "sujeição"* prático-prudencial, *absolutizada como "valor em si" – e acompanha com este alcance a assimilação (eliminação) da retórica pela dialéctica e a progressiva conversão (formalizante) desta última; aqui não tem sentido conceitualizar uma discriminação de referências ("série de eventos"/ facto singular) já que procedimento e critério se confundem na compreensão global de uma regra unitária (id quo plerumque accidit), princípio objectivo de normalidade").*", como diz, de modo esclarecedor, LINHARES, José Manuel Aroso, *Ob. Cit.*, pág. 79.

[78] TARUFFO, Michele, *La prueba de los hechos...*, pág. 453 a 459. Como indica CHIAVARIO, Mario, *Diritto processuale penale: profilo istituzionale*, 4ª ed., Turim, UTET, 2009, pág. 326 e 327, a prova indireta seria prova lógica ou crítica já que, só pelo raciocínio, oferece a representação de um

I. CAPÍTULO

É esta sua capacidade em permitir uma ilação importante para os factos do *thema probandum* que distingue a prova indireta da prova irrelevante, esta última também não tem qualquer vinculação com os factos principais, mas, contrariamente à prova indireta, não permite sobre eles retirar qualquer informação[79].

Esta distinção, entre prova direta e indireta, é tradicional no ordenamento jurídico italiano que teremos oportunidade de analisar. Nela se contrapõe a prova em sentido estrito e o indício ou prova indiciária.

No que respeita à prova indireta, costuma indicar-se como tipicamente o sendo a prova por presunções, pois, esta caracteriza-se por retirar conclusões inferenciais com base num facto conhecido sobre um facto desconhecido.

O termo presunção, em muito pelo seu sentido corrente de suspeição, conjetura, causa alguma insegurança e reticência, mas há que considerá-lo no sentido jurídico, o que leva a que alguns autores afirmem que a afirmação presumida tem tanta validade probatória como a afirmação da qual se extraiu indutivamente aquela afirmação[80]. Talvez por esta razão, principalmente no direito processual penal, prova indiciária seja o termo preferido pelos juristas.

Num aparte, a nomenclatura utilizada para referir os diversos elementos que constituem a presunção é bastante díspar. Não é correto utilizar o termo presunção para referenciar o facto conhecido que servirá como premissa para a conclusão sobre o facto desconhecido, este, com muita mais exatidão, é referido como facto base, terminologia que será adotada nestas páginas, a par do recorrentemente utilizado facto indiciante. Quanto ao termo presunção, torna-se complicado distinguir quando este se refere ao raciocínio dedutivo que permite ligar o facto-base à conclusão – ou facto desconhecido – ou quando se refere à conclusão em si mesma. Portanto, no que respeita a este passo lógico, será utilizado o termo inferência, indução ou raciocínio. Quanto à conclusão que se obtém de tal raciocínio inferencial a partir do facto base, referenciá-lo-emos como presunção ou facto presumido, na medida em que é essa conclusão

---

facto diverso daquele a provar que permitirá concluir algo posteriormente através de leis científicas ou máximas de experiência.

[79] TARUFFO, Michele, *La prueba de los hechos...*, *pág.* 453 a 459, fala na inexistência de uma vinculação lógica ou cognoscitiva com o facto a provar.
[80] Parafraseando FERRER BELTRAN, Jordi, *Ob, Cit.*, pág. 80.

que consubstancia o facto desconhecido que se pretende conhecer com este tipo de prova.

Assim sendo, é inquestionável que a prova por presunções possuiu uma relevância prática incontornável. Como se vem repetindo, são muitos os factos que sendo decisivos no desenrolar do processo não são passíveis de ser objecto de prova direta. Aliás, todos os processos cognoscitivos, em grande parte, baseiam-se no raciocínio indutivo, ou seja, do passo entre um facto conhecido para um facto desconhecido.

No entanto, a questão tem contornos mais complexos no processo penal, se por um lado não se considerasse a prova resultante das presunções poderia, no fundo, mais não se fazer do que denegar justiça. Por outro, há que considerar o *standard of proof*, o afamado *"para além de toda a dúvida razoável"* que a presunção de inocência impõe, mas que nem todas as presunções serão aptas a afastar.

2.5. Prova por presunção na legislação portuguesa

A prova por presunções não é, de todo, estranha ao ordenamento jurídico nacional. Veja-se o art. 349º do Código Civil que nos apresenta a noção legal de presunção, *"presunções são as ilações que a lei ou o julgador tira de um facto conhecido para firmar um facto desconhecido"*. Neste conceito englobam-se as presunções legais[81] que, nos termos do art. 350º Código Civil, decorrem de disposições legais que, com base numa disposição legal, dá como provado um determinado facto mediante a verificação de um outro facto[82] e as presunções naturais, judiciais ou de facto[83]. Estas

---

[81] *"Diz-se prova por presunção a que, partindo de determinado facto, chega por mera dedução lógica à demonstração da realidade de um outro facto."* – cfr. VARELA, Antunes, BEZERRA, Miguel e NORA, Sampaio, *Ob. Cit*, 1985, pág. 500, exemplificando com o caso do possuidor exibindo o título legítimo de aquisição do seu direito, prova a boa-fé por meio de presunção nos termos do art. 1260º do Código Civil, ou seja, com uma presunção legal.

[82] Nesta medida, as presunções legais limitam a livre apreciação do julgador, no entanto, nos termos do art. 655º do Código de Processo Civil consagra-se a *"liberdade de julgamento"* que, num sistema de livre apreciação da prova, significa que a lei não deve determinar quais as conclusões que o juiz tirará dos meios de prova apresentados, prescrevendo a apreciação das provas segundo *"a sua prudente convicção acerca de cada facto"*.

[83] O art. 351º do Código Civil não adianta o que sejam as presunções judicias diz-nos, apenas, que *"As presunções judiciais só são admitidas nos casos e termos em que é admitida a prova testemunhal"*, trata-se de uma norma de direito probatório material que pouco nos adianta sobre a natureza das presunções judiciais.

últimas decorrem do normal evoluir dos acontecimentos e criam, no julgador, a convicção necessária para dar como provado determinado facto do qual não foi produzida prova direta. Baseiam-se, portanto, em regras práticas de experiência, na observação dos acontecimentos.

Apesar da sua enorme relevância prática, a prova por presunções não tem qualquer procedimento a si específico no direito probatório português. O direito processual civil, como vimos, refere-se, brevemente, a ela nos art. 349º e seguintes do Código Civil, mas o Código de Processo Penal, que regula com maior e exaustivo cuidado a prova (art. 124º e seguintes), não menciona tal meio de prova. Com base nisto seria possível questionar a sua admissibilidade neste ramo do direito.

Do que se conclui destas disposições legais, o facto presumido pode ser dado como provado ainda que não seja apresentada prova direta sobre o mesmo.

No entanto, teremos de atender que o disposto no art. 350º do Código Civil não pode ser transposto sem mais para o processo penal. Neste não existem presunções legais, mas o mesmo não se pode dizer das presunções judiciais, com as devidas adaptações.

Mesmo, no que respeita ao direito processual civil português há muito que se diz que a prova do facto-base, quando necessária, deverá ser efetuada através de um dos procedimentos probatórios regulados na lei processual, prova direta. Indicando que tal prova (por presunções) não altera o ónus da prova, apenas altera o que se prova: o facto-base e não o facto-presumido[84].

Estas presunções naturais, ou judiciais, baseiam-se em regras de experiência[85]: provado o facto que serve de base à presunção cria-se a convicção que, segundo as regras de experiência, ou seja, o que normal e tipicamente sucede – *id quod plerumque accidit* –, a consequência dos factos-base conhecidos serão outros factos desconhecidos. A presunção é tão mais rigorosa quanto o seja o nexo de causalidade entre o facto presumido e o facto-base.

A prova por presunções admite a contraprova, salvo o caso das presunções legais *iuris et de iure*, de referir que esta é uma questão que não toca

---

[84] Varela, Antunes, Bezerra, Miguel e Nora, Sampaio, *Ob. Cit*, 1985,pág. 503.
[85] "*[T]oda a presunção tem de ajustar-se a parâmetros de lógica vulgar e de experiência colectiva ou, em definitivo, de sentido comum*" Beltran, Jordi Ferrer, *Ob. Cit.*, pág. 80.

o direito processual penal onde presunções inilidíveis não poderiam ser admitidas.

É igualmente interessante questionar qual o alvo desta contraprova. Ora o que se prova numa presunção é, antes de mais, o facto-base e, à partida, será este que deverá ser alvo da prova contrária. No entanto, a presunção também é ilidida quando se questione a inferência fundada nas regras de experiência, ou seja, quando se prove que algo se passou que obsta a que os factos se tenham desenrolado como normalmente o fariam. O mesmo efeito teria uma outra prova que fundamente um facto incompatível com o facto presumido, seja ela direta ou indireta.

A prova por presunções naturais corresponde àquilo que o direito processual penal se refere por prova indiciária[86], e a sua relevância é ainda maior nesta área, pois que a prova é essencialmente indireta, com maior frequência do que aqueles casos em que a prova é direta.

2.6. Admissibilidade constitucional da prova indiciária no direito processual penal

O direito processual penal é direito constituiconal aplicado. A frase é lapidar, repetida tantas vezes é já parte da cultura jurídica portuguesa[87]. E o seu sentido é claro, o direito processual penal, dada a natureza de *ultima ratio* da aplicação do direito penal e da imposição do direito à presunção da inocência, tem uma ligação intíma com a Constituição da República Portuguesa, a qual prescreve várias normas relativas ao processo penal.

O cuidado é justificado. O poder judiciário coloca necessariamente o arguido numa posição de subjugação, muito embora o fluir dos tempos tenha elevado a sua posição a um estatuto de sujeito processual. O arguido já não é um mero espectador no processo, mas tem mesmo à sua disposição meios de influir na direção quer das fases preliminares, nomeadamente, ainda que em menor medida, no inquérito, na instrução,

---

[86] A doutrina italiana distingue entre prova em sentido estrito e indício, este último enquanto sinónimo de presunção simples. Isto porque o conceito é o mesmo tanto no direito civil como no penal. Mas, os processos civil e penal usam-no diferenciadamente devido à cultura própria de cada um dos ramos e, ainda, por questões normativas. – cfr. UBERTIS, Giulio, *La Prova Penale...*, pág. 26.

[87] Que ainda assim referenciamos, DIAS, Jorge Figueiredo, *Direito Processual Penal*, Coimbra, Coimbra Editora, Reimpressão da 1ª Edição de 1974, pág. 74.

pelo requerimento da sua abertura, e ainda na fase de julgamento pela produção e apresentação de provas, e, ainda, pelo exercício do contraditório.

Aliás, vimos, com brevidade, pois não respeita diretamente a este tema, que o direito à prova é um direito constitucionalmente consagrado e, portanto, de natureza fundamental. Ora o direito do arguido a produzir e requerer prova não contende com a admissibilidade da prova indiciária, salvo no exercício do contraditório no que a esta respeita, o que não é específico a qualquer meio de prova. Aliás, saber se a prova indiciária que opere em favor do arguido é admissível é uma questão que nunca seria tão passível de controvérsia, sendo que a admissibilidade dos chamados contra-indícios não é contestada.

O poder estadual, o *ius punendi* que o Estado monopoliza, lesa direitos fundamentais do arguido que só podem ser restringidos justificadamente. A justificação no caso da aplicação do direito penal é a lesão causada por um cidadão a uma determinado bem jurídico que a comunidade cuida ser de especial valor. E, se a manutenção da paz social pela prevenção geral e especial, fundamenta a necessidade de aplicar o direito penal, a condenação do arguido é vital. E, como já referimos, sem provas não existe qualquer condenação, ou mais concretamente, sem prova suficiente. O que, em primeira linha, demonstra o garantismo[88] com que o direito penal é tratado face ao poder punitivo.

A questão neste ponto prende-se com o juízo de probabilidade que resulta da presunção: prova indiciária é prova suficiente para a partir dela construir uma decisão condenatória?

Nada na Constituição expressamente afasta a possibilidade de recorrer à prova indiciária no processo penal. Aliás, como terminamos de ver a prova por presunções não é apenas tolerada pelo ordenamento jurídico português é, mesmo, nele consagrada. Mais se diga que as proibições de prova existente e consagradas no art. 126º do Código de Processo Penal, por imposição do art. 32º, nº 8 da Constituição, referem-se às provas resultantes da tortura, coação ou, em geral, ofensa da integridade física

---

[88] Palavra que terá três acepções, enquanto modelo normativo de direito, enquanto teoria do direito e teoria crítica do direito, e enquanto filosofica do direito e crítica da política, segundo FERRAJOLI, Luigi, *Diritto e ragione – Teoria del garantismo penale*, Bari, Laterza, 2009, pág.891 e ss.

ou moral das pessoas[89]. Ora a prova direta que se exige para a prova do facto base (mesmo que este resulte de um outro facto base há-de este ser produzido mediante prova direta) deverá ser produzida de acordo com as prescrições legais. Assim, se o indício, ou facto base, é validamente produzido ou admitido não se vê em que medida o raciocínio inferencial que conduzirá ao facto presumido, esse sim atinente ao *thema probandum*, possa constituir prova proibida.

Quando muito falar-se-ia, como na jurisprudência espanhola, de uma eventual violação da presunção de inocência (mormente do princípio "in dubio pro reo"), na medida em que não seja suficiente para fundar um juízo de imputação dos elementos tipo ao arguido. No entanto, a prova indiciária não é admitida sem que a jurisprudência lhe imponha alguns condicionantes[90].

A presunção de inocência é expressamente consagrada na Constituição portuguesa onde se diz, no nº 2 do seu art. 32º relativo às garantias do processo criminal "*todo o arguido se presume inocente até ao trânsito em julgado da sentença de condenação, devendo ser julgado no mais curto prazo compatível com as garantias de defesa*". Os reparos que possamos fazer quanto à extensão deste direito pouco acresceriam ao que já anteriormente se disse, e seria um difícil empreendimento melhor explicitar o sentido da clara disposição constitucional. Os diversos sentidos do princípio[91] da presunção de inocência serão analisados *infra* e prendem-se com o princípio da

---

[89] Exatamente por isto se diz que a obrigação de esclarecimento da verdade não é ilimitada no processo penal, este compreende várias proibições de obtenção de prova, nomeadamente as proibições de temas probatórios, de meios de prova, proibição de métodos probatórios e, ainda, as proibições probatórias relativas como indica ROXIN, Claus, *Derecho procesal penal*, trad. Gabriela E. Córdoba, Daniel R. Pastor, 2ª reimp., Buenos Aires, Editores del Puerto, 2003, pág. 191, para mais sobre o tema, em portugês, veja-se ANDRADE, Manuel da Costa, *Sobre as proibições de prova em processo Penal*, Coimbra, Coimbra Editora, 1992.

[90] Diz-se, neste sentido, no Acórdão do Supremo Tribunal de Justiça de 12 de setembro de 2007, Proc. 07P4588, Armindo Monteiro, texto integral disponível para consulta em www.dgsi.pt que "*a prova indiciária é suficiente para determinar a participação no facto punível se da sentença constarem os factos-base (requisito de ordem formal) e se os indícios estiverem completamente demonstrados por prova directa (requisito de ordem material), os quais devem ser de natureza inequivocamente acusatória, plurais, contemporâneos do facto a provar e, sendo vários, estar interrelacionados de modo a que reforcem o juízo de inferência.*"

[91] Princípio e direito têm sentidos, significados e consequências diferentes. A jurisprudência e doutrina espanhola privilegiam o termo direito, enquanto na escrita portuguesa o mesmo é referenciado diversas vezes enquanto princípio.

I. CAPÍTULO

legalidade em processo penal, na função do princípio *in dubio pro reo* e na proibição de presunções de culpabilidade[92].

O Tribunal Constitucional não se pronunciou especificamente quanto a requisitos de validade sobre prova indiciária, em muito devido à própria natureza do recurso que perante si é admissível. No entanto não é, de todo, adverso ao uso das regras de experiência e do juízo do tribunal na valoração das provas[93].

---

[92] Acórdão do Tribunal Constitucional nº 86-038-1 de 19 de fevereiro de 1986, Proc. 84-0089, Monteiro Dinis, texto integral disponível para consulta em www.dgsi.pt.

[93] O Tribunal Constitucional no Acórdão nº 62/2009, Processo nº 1002/08, 3ª Secção, Ana Guerra Martins, julgou inadmissível conhecer do objecto do recurso então apresentado, na medida em que a interpretação normativa, tal como configurada pelo recorrente, não foi efectivamente aplicada pela decisão recorrida. Pretendia o recorrente ver apreciada a constitucionalidade do *"disposto no art. 127º do C.P.P., por violação do disposto no artigo 32º nº 2 da C.R.P., quando interpretado de modo tão lato – como, salvo melhor opinião o foi, quer na 1ª Instância quer no Venerando Tribunal da Relação – que permita darem-se por provados factos com base em prova meramente indiciária, não só infirmada (ou não confirmada) pela prova directa (testemunhal), produzida em juízo, como também ela própria (prova indiciária), não grave, nem precisa, nem concordante com a acusação formulada e mais ainda, prova cujos respectivos indícios podem ter tido outras causas que não o facto probando, causas essas que não foram excluídas na actividade probatória (...)"*. Ainda neste sentido de valoração do raciocínio do julgador veja-se o Acórdão do Tribunal Constitucional nº 197/97, Proc. nº 153/96, Alves Correia, 2ª Secção do Tribunal Constitucional, chamado a pronunciar-se sobre a inconstitucionalidade do art. 127º do Código de Processo Penal com o sentido *"de que é possível dar-se como provado um determinado facto, sem que da fundamentação de um acórdão resulte a indicação do juízo probatório que levou a essa conclusão"*. Tal se verificaria *se da decisão não decorrerem os elementos que fundamentam a convicção do tribunal de que a droga se destinava à vendam uma vez que o arguido confessou apenas a detenção. Argumentava-se que não se impugnava a livre apreciação da prova consagrada naquele artigo do código de processo mas sim a ausência de prova. Concretamente a ausência de elementos de prova que versassem sobre a intenção ou a efectiva venda dos produtos estupefacientes. O Tribunal não conheceu do recurso por considerar que norma impugnada não foi aplicada nesse sentido na decisão recorrida pois o sentido que lhe é atribuído só poderia ser imputado ao nº 2 do artigo 374º do Código Processo Penal no sentido da insuficiência de violar as garantias constitucionais de defesa do arguido*. O Tribunal Constitucional cita ainda o Acórdão do Supremo Tribunal de Justiça de 9 de novembro de 1995 que diz *"Chegados a este ponto, cabe dizer (porque a recorrente alega a inconstitucionalidade do artº 127º C.P.P.) que essa inconstitucionalidade só pode existir na mente de quem advogar a existência de juízes amorfos, desprovidos de cultura, inteligência e probidade, incapazes de descobrir no facto directamente perceptível o seu significado oculto ou capazes de, por mero jogo arbitrário dos dados lançados ou das impressões difusas geradas no seu espírito, extrair uma conclusão não contida nas premissas. O juiz que o legislador pressupõe não é esse, nem no artigo 32º, nº 1 da C.R.P., nem no artigo 127º C.P.P., mas sim o juiz responsável, livre, capaz de pôr o melhor da sua inteligência e do conhecimento das realidades da vida e da sua cultura na apreciação do material probatório que lhe é fornecido. Sendo essa uma garantia da defesa de qualquer acusado (artº 32º, nº 1*

A fiscalização de constitucionalidade portuguesa limita-se ao controlo da inconstitucionalidade normativa, ou seja, a violação do valor constitucional deve resultar da norma aplicada, ou, com mais frequência, de uma sua interpretação caso em que o recorrente deverá indicar o que considera inconstitucional.

Como tal, o Tribunal Constitucional não conhece de questões de inconstitucionalidade de decisões judiciais, condutas ou omissões processuais propriamente ditas[94]. Apresentando-se sob a forma de fiscalização abstrata ou, no caso possível no que respeita à prova indiciária, de fiscalização concreta que fixa o âmbito de recurso no reexame ou reapreciação da constitucionalidade arguida perante um outro tribunal que a apreciou ou devesse ter apreciado. A bondade do juízo de subsunção dos factos, do raciocínio que sustenta a decisão, não são sindicáveis perante o Tribunal Constitucional, visto que no nosso ordenamento jurídico não existe um recurso de amparo[95] o que explica o facto de o contributo do *Tribunal*

C.R.P.), *ela só entrará em crise quando seja manifesto que o juízo do tribunal contrariou as regras da experiência ou atropelou a lógica intrínseca dos fenómenos da vida. Não é esse, claramente, o caso dos autos, sendo descabido afirmar-se que a interpretação que o tribunal recorrido fez do art. 127º C.P.P. viola o art. 32º, nº 1 C.R.P.".* Assim, mesmo que indirectamente o Tribunal Constitucional parece admitir que a consideração de certos factos como provados através do "juízo do Tribunal" são perfeitamente aptas a motivar uma decisão condenatória.

[94] "*A distinção entre os casos em que a inconstitucionalidade é imputada a* interpretação normativa *daqueles em que é imputada directamente a* decisão judicial *radica em que na primeira hipótese é discernível na decisão recorrida a adoção de um* critério normativo *(ao qual depois se subsume o caso concreto em apreço), com carácter de generalidade, e, por isso, susceptível de aplicação a outras situações, enquanto na segunda hipótese está em causa a aplicação dos critérios normativos tidos por relevantes às* particularidades do caso concreto." – conforme se clarifica no Acórdão do Tribunal Constitucional nº 622/2006, de 16 de novembro de 2006, Processo nº 825/06, disponível para consulta em http://www.pgdlisboa.pt.

[95] Nas palavras do próprio Tribunal "*[d]este modo, é sempre forçoso que, no âmbito dos recursos interpostos para o Tribunal Constitucional, se questione a (in)constitucionalidade de normas, não sendo, assim, admissíveis os recursos que, ao jeito da Verfassungsbeschwerde alemã ou do recurso de amparo espanhol, sindiquem, sub species constitutionis, a concreta aplicação do direito efectuada pelos demais tribunais, em termos de se assacar ao ato judicial de "aplicação" a violação (direta) dos parâmetros jurídico-constitucionais. Ou seja, não cabe a este Tribunal apurar e sindicar a bondade e o mérito do julgamento efetuado in concreto pelo tribunal a quo. A intervenção do Tribunal Constitucional não incide sobre a correção jurídica do concreto julgamento, mas apenas sobre a conformidade constitucional das normas aplicadas pela decisão recorrida, cabendo ao recorrente, como se disse, nos recursos interpostos ao abrigo da alínea b) do nº 1 do artigo 70º, o ónus de suscitar o problema de constitucionalidade normativa num momento anterior ao da interposição de recurso para o Tribunal Constitucional [cf. Acórdão nº 199/88, publicado no Diário da República II Série, de 28 de março de 1989; Acórdão nº 618/98,*

Constitucional espanhol ter a incidência que teremos oportunidade de referenciar ao estatuir requisitos e avaliar o processo inferencial.

Analisaremos a questão sob o ponto de vista da utilização da prova indiciária para efeitos condenatórios. No entanto, a prova indiciária pode ser, e é, utilizada também para fundamentar um juízo absolutório. Neste caso, a sua admissibilidade parece ser bem menos problemática, na medida em que se baseia no direito à prova do arguido e o seu peso é acrescido pela presunção de inocência, ou com maior propriedade, pelo princípio *in dubio pro reo*.

Pretendia-se, apenas, com esta breve nota, aferir que não existe na legislação portuguesa qualquer impedimento, normativo claro está, para o uso da prova indiciária. Pelo contrário, a sua natureza é já familiar ao sistema.

3. Indícios

A prova indiciária poderá ter como facto base praticamente qualquer coisa, desde que esta possa tomar a qualidade de indício.

Definir o que sejam indícios é essencial. No entanto, o termo é bastante claro[96] e, portanto, não levanta questões controversas pelo que deixaremos apenas algumas e relevantes notas. Taruffo[97], considerando

---

disponível em www.tribunalconstitucional.pt, remetendo para jurisprudência anterior (por exemplo, os Acórdãos nºs 178/95 – publicado no Diário da República II Série, de 21 de junho de 1995 –, 521/95 e 1026/9, inéditos, e o Acórdão nº 269/94, publicado no Diário da República II Série, de 18 de junho de 1994)]. A este propósito escreve Carlos Lopes do Rego («O objeto idóneo dos recursos de fiscalização concreta de constitucionalidade: as interpretações normativas sindicáveis pelo Tribunal Constitucional», in Jurisprudência Constitucional, 3, p. 8) que "É, aliás, percetível que, em numerosos casos – embora sob a capa formal da invocação da inconstitucionalidade de certo preceito legal tal como foi aplicado pela decisão recorrida – o que realmente se pretende controverter é a concreta e casuística valoração pelo julgador das múltiplas e específicas circunstâncias do caso sub judicio [...]; a adequação e correção do juízo de valoração das provas e de fixação da matéria de facto provada na sentença (...) ou a estrita qualificação jurídica dos factos relevantes para a aplicação do direito [...]».", no Acórdão datado de 7 de Março de 2012, Proc. 875/2011 disponível para consulta em http://www.pgdlisboa.pt.

[96] *"[I]ndícios" são os factos conhecidos e aceites de onde se extraí, por inferência lógica ou pelas regras de experiência ou através de leis científicas, a verificação de um facto histórico e que é comum identificar-se por "prova indiciária" ou, também dita, "prova lógica" – cfr. –* TEIXEIRA, Carlos Adérito, *"Indícios Suficientes": parâmetro de racionalidade e "instância" de legitimação concreta do poder-dever de acusar, in Revista do CEJ, nº 1, 2º Semestre, 2004, pág. 155.*

[97] TARUFFO, Michele, *La prueba de los hechos...*, pág. 479 e ss., obra que acompanharemos nesta distinção.

diminuto o seu valor probatório face às presunções simples, identifica a existência de três acepções distintas para o termo indício. A primeira das quais identifica indício e presunção. A segunda refere-se a elementos de prova que tendo eficácia probatória não cumprem os requisitos legais para que a utilização de presunções simples. A terceira, que o autor menciona ser a mais rigorosa e clara, explana que o indício é o facto conhecido, a base da premissa da inferência presuntiva, assim, definindo indício como qualquer coisa, circunstância ou comportamento considerado como significativo pelo juiz que dele poderá retirar conclusões relativas ao facto probando.

De facto, há que acompanhar o Autor na sua conclusão sobre a precisão da última definição avançada: a primeira definição apresentada não é aceitável, pois que confunde o facto-base com o resultado do raciocínio inferencial que sobre ele recai de modo a criar um certo *quantum* de conhecimento sobre o facto presumido. A segunda é processualmente inconcebível, ainda que, no sistema probatório penal português, vigore o princípio da atipicidade das provas, isso não justifica que os meios de prova possam ser admitidos em juízo quando violam as normas que os regulam. Independentemente da capacidade probatória de um meio de prova, esta só é admitida em juízo quando seja legalmente produzida ou, no caso das provas pré-constituídas, admitida. Concluindo, a terceira definição parece a mais aceitável e aquela que melhor descreve os indícios, no fundo os factos base.

Aproveitemos para adiantar que a jurisprudência portuguesa define estes indícios como *"as circunstâncias conhecidas e provadas a partir das quais, mediante um raciocínio lógico, pelo método indutivo, se obtém a conclusão, firme, segura e sólida de outro facto (...)"*[98], o que se compatibiliza com o que se disse.

Os factos que podem tomar a qualidade de indícios são inumeráveis. E se por um lado, os indícios podem ser materiais, e, nesse caso, são denominados vestígios, por outros podem ter uma natureza meramente intelectual ou psicológica[99].

---

[98] Acórdão do Supremo Tribunal de Justiça de 11 de julho de 2007, proc. 07P1416, Armindo Monteiro, cujo texto está disponível para consulta em www.dgsi.pt.
[99] Refere RAGUÉS I VALLÉS, Ramón, *El dolo y su prueba en el proceso penal*, Barcelona, Bosch, 1999, pág. 237, que a prova indiciária é a prova por excelência para os factos psíquicos sob o qual assenta o dolo.

I. CAPÍTULO

Tendencialmente as classificações, divisões e tentativas de sistematização foram criadas com base no ordenamento jurídico italiano ou nele inspiradas, salvo, como teremos oportunidade de ver, no que respeita à *circumstancial evidence* do direito anglo-saxónico, embora se encontrem pontos de contato.

Os indícios têm sido ao longo dos tempos classificados e arrumados sob as mais diversas nomenclaturas e através dos mais diversos critérios. No entanto, actualmente, considera-se que tais classificações apenas acrescem a uma discussão académica infrutífera no que refere ao tratamento factual dos indícios pela jurisprudência e mesmo pela doutrina. A sua tipologia e a sua valoração são deixados à livre apreciação do juiz[100], como veremos *infra*, posição que é a unânime como a que melhor obedece às necessidades de avaliação casuística que a prova indiciária impõe.

Uma análise exaustiva da tipologia dos indícios não acresceria ao objeto deste estudo. Mas uma menção, ainda que exemplificativa, dessas classificações é imperativa. Ainda que não seja para ilustrar como tais classificações se prendem com características intrínsecas dos indícios.

Assim, a título exemplificativo: os indícios seriam classificados de acordo com o seu maior ou menor grau de credibilidade como próximos, prováveis, legítimos ou suficientes, atingindo o posto de prova semi-plena. Os urgentes, veementes e necessários como o mais alto posto na escala de credibilidade[101].

Distinguem-se indícios necessários e contingentes de acordo com a relação de causalidade estabelecida entre o indício e o facto probando. Enquanto os indícios necessários acarretam uma informação dada como certa, os indícios contingentes estabelecem um determinado grau de probabilidade. Os indícios contingentes, por sua vez, serão subdivididos em indícios prováveis e verosímeis. Indícios antecedentes, concomitantes e sucedâneos por relação ao momento de realização do crime.

Ainda sobe este nexo de causalidade, distinguem-se indícios causais, nos casos em que o indício é a causa de um dado efeito, que se presume,

---

[100] Contrariamente ao que em tempos se passou com a *tabulae indiciorum* a qual permitia somar quais os indícios que permitiam inferir a culpa do imputado. – ROSONI, Isabella, *Quae singula non prosunt collecta iuvant: la teoria della prova indiziaria nell'età medievale e moderna*, Milão, Giuffrè, 1995, pág. 203.

[101] Para mais sobre as muitas classificações ao longo dos tempos, ROSONI, Isabella O*b. Cit.*, pág. 119 e ss.

e indícios de efeito os quais versam sobre o efeito de uma dada causa, que se infere[102]. Este tipo de diferenciação visa auxiliar o processo lógico da formulação de um juízo, perceber qual a relevância de um indício e qual a sua relação com o facto probando é imprescindível à sua admissibilidade[103].

Estes são alguns exemplos das caracterizações existentes, visto que o campo de aplicação da prova indiciária é bastante extenso e, como tal, muitos são os factos que podem tomar a qualidade de indícios, muito díspares são as tipologias. No entanto, todas elas se referem, no essencial, à proximidade dos indícios com os requisitos até agora enumerados.

Note-se que são, por norma, vestígios os que possuem uma marcada vertente técnica, em que a descoberta do indício exige conhecimentos especializados. Para além destes vestígios materiais, perdoe-se o pleonasmo, existem uma série de factos que só poderão ser conhecidos através de meios indiciários pela sua própria natureza[104]. No interesse do rigor mesmo o estado emocional e psicológico pode requerer conhecimentos técnicos, pense-se na questão da imputabilidade por questões de sanidade mental, a título exemplificativo.

---

[102] LEONE, Giovanni, *Manuale di diritto processuale penale*, Nápoles, 13ª ed., Jovene Editori, 1988, pág. 443 e 444.

[103] FERREIRA, Manuel Cavaleiro de, *Ob. Cit*, pág. 292, 293 e 294, atribui tal distinção a Malatesta na sua obra *A lógica das provas em matéria criminal*. Refere o Autor que os indícios causais, subdividir-se-iam em indícios de capacidade intelectual e física para delinquir, indícios de capacidade moral para delinquir pela disposição geral do espírito da pessoa e indícios de capacidade moral para delinquir por um impulso particular para o crime. Que basicamente correspondem à determinação do motivo ou razão para o agente cometer o crime. Já os indícios de efeito subdividir-se-iam em indícios dos vestígios materiais do delito e dos vestígios morais do delito. Por seu lado, os indícios causais compreenderiam a capacidade subjectiva, que consiste na aptidão especial do agente para a perpetração de determinado crime.

[104] "*A oportunidade, motivo, conduta prévia, posse de artigos incriminadores, a prova física de identidade (incluindo impressões digitais e amostras de ADN) são, todas, formas padrão de prova circunstancial. A prova circunstancial tem, claro, de ser relevante para ultrapassar o primeiro obstáculo da admissibilidade, mas o seu valor probatório é altamente variável. Esperar-se-ia que a prova indirecta fosse menos probatória que a prova directa, e assim o é com frequência.*". cfr. – ROBERTS, Paul, ZUCKERMAN, Adrian, *Criminal evidence*, Oxford, Oxford University Press, 2004, pág. 182 e 183.

3.1. A relação entre facto-base e facto presumido

Visto isto, os factos indiciantes, os factos-base, devem ser provados preferencialmente através de prova direta. Se assim não fosse a presunção sobre os factos relevantes com a qual se terminaria seria demasiado frágil para ser utilizada. Isto quando sequer se admite o seu uso.

Admitindo que os factos-base ou indiciantes são provados, há, ainda, a questão atinente à relação lógica com o facto presumido. É necessário assegurar uma análise crítica e racional desse processo inferencial de modo a evitar que a decisão se venha a fundamentar numa posição subjetivista ou em conclusões precipitadas, que não possam ser objetivamente verificadas e, assim, dependessem em absoluto da capacidade e bom senso do julgador. Isto porque o conhecimento indutivo se move no campo da maior ou menor probabilidade e não da certeza. Como tal, o resultado da indução pode ser falso, devido à natureza circular do raciocínio indutivo. Neste sentido, é defensável que as presunções não são um meio de prova autónomo mas, sim, *"uma etapa no iter probatório, isto é um passo que medeia entre um outro meio de prova e o resultado probatório"*[105], esta posição não é unânime.

Assim, admitir a prova indiciária como fundamentação de uma decisão judicial requer, não apenas uma certa abertura a todos os elementos que contribuam para a descoberta da verdade, assim como a valorização da própria verdade, mas um sistema de apreciação da prova que valorize, igualmente, a livre convicção do julgador, assim como as suas capacidades de valoração. Consequentemente, os modelos judiciais de fixação dos factos ditam, pela sua própria natureza, a maior ou menor abertura a admitir a prova indiciária como meio de prova[106].

---

[105] GOUVEIA, Mariana França, *Ob. Cit.*, pág. 336.
[106] GASCÓN ABELLÁN, Marina, *Ob. Cit.*, pág. 81 refere que, num modelo cognoscitivista, se se admite a natureza falível dos enunciados fácticos provados indiretamente, serão criadas regras metodológicas (ou garantias de verdade) com o fim de aproximar, na maior medida possível, esses enunciados à verdade. Indicando algumas delas: a afirmação da verdade de um enunciado fáctico depende da prova do mesmo, seja esta direta, dedutiva ou indireta; devem usar-se todos os meios passíveis de transportar informação para o processo; qualquer prova relevante é necessária, não existe prova suficiente, e devia ser admitida; observância do contraditório; novas provas contrárias comportam sempre a reapreciação de enunciados considerados falsos ou verdadeiros. O Autor visa, com estas regras, entre outras, garantir a verdade do resultado probatório e potenciá-lo, admitindo, assim, o uso da prova indiciária.

Destas primeiras considerações podemos concluir que, na ausência de normas que versem sobre a prova indiciária, nada existe no modelo de prova livre e de livre apreciação dos factos que obste à utilização de prova indiciária. É exatamente por estas razões que a jurisprudência portuguesa tanto bebe da produção jurisprudencial e doutrinária de ordenamentos jurídicos próximos na matéria. Como tal, antes de analisarmos como os tribunais portugueses justificam a utilização, ou a não admissibilidade, da prova indiciária, analisaremos os contributos retirados de tais ordenamentos.

II. Capítulo

A prova indiciária é um tema tratado com maior profundidade, e com uma maior tradição na sua discussão, em ordenamentos jurídicos próximos do português. Como tal, no presente capítulo far-se-á uma incursão naqueles dados que se consideram os mais proveitosos.

Nesse sentido, examinaremos o direito processual italiano e, seguidamente, o espanhol. Desde já, se admite que tal análise é compartimentada, não se estuda, nem tal se ambiciona, a globalidade do direito processual penal desses países e, nem mesmo, do seu direito probatório. São inegáveis as diferenças que os afastam, mas, são, também nesta matéria, muitos os pontos de convergência. Tratar-se-ão destes pontos de afluência, ou de outros que permitam enriquecer a discussão à luz do ordenamento jurídico nacional, segundo um critério pragmático: serão apresentados os contributos invocados pela jurisprudência nacional e aqueles que mais reiteradamente são utilizados nos ordenamentos que os prevêem. Pretende-se com estes dados iniciais começar a deslumbrar se estes conhecimentos estrangeiros são devidamente utilizados e, mais ainda, se outros seriam também transportáveis.

Os ordenamentos referidos serão analisados separadamente. Esta opção implica necessariamente alguma repetição. No entanto, consideramos que tal repetição mais se aproxima a uma sobreposição. O que se pretende demonstrar é que a realidade na qual se baseia o uso da prova indiciária é reconduzível a um mesmo núcleo de requisitos, critérios, problemas e soluções. E que esses pontos de sobreposição suplantam, com uma surpreendente homogeneidade, as diferenças que vão caracterizando o processo penal de cada um desses países. Esta análise apresenta-se como a que melhor ilustrará as soluções apresentadas pela jurisprudência nacional.

Ainda que a análise que se leva a cabo seja, por imposição, limitada e breve analisaremos alguns institutos com maior cuidado, como, exemplificativamente, as regras de experiência e a presunção de inocência, de modo a perceber os fundamentos que se encontram por trás das opções legislativas e jurisprudências dos ordenamentos estrangeiros em causa.

Devido ao caráter eminentemente prático que se pretende alcançar com este estudo deixar-se-ão de parte outros contributos que poderiam enriquecer a discussão, teórica, do tema. No entanto, teremos oportunidade de referenciar algumas desses contributos, quando pertinentes, essencialmente se revelarem um ponto de vista diferente e, por isso mesmo, esclarecedor. Mesmo sistemas mais distantes dos continentais têm importantes e incontornáveis contributos para a esta questão, em particular, o conceito de *standard of proof*, tantas vezes invocado nas decisões estrangeiras e nacionais com referência à imperatividade de uma convicção para lá de toda a dúvida razoável.

I. A Prova Indiciária – excursão no Direito Processual Penal Italiano

1. Considerações preliminares.

Veremos nas páginas que se seguem que os contributos doutrinais e jurisprudenciais do ordenamento jurídico italiano nesta matéria já têm alguma tradição[107], razão que bastaria para a sua breve análise.

É precisamente pela significância de tais contributos que estes são muitas vezes invocados na jurisprudência portuguesa, sendo em par-

---

[107] Já no séc. XIX, MALATESTA, Nicola Framarino Dei, *La lógica delle prove in criminal*, Turim, UTET, 1895, pág. 19, enunciava a definição de indício que até hoje é ponto de partida de muitos dos estudos sobre o tema, dizendo que indício é *"aquele argumento probatório indirecto que traz o desconhecido a conhecido por meio da causalidade"*. Aliás a conceção de prova indireta é algo que faz parte do património jurídico italiano visto que, durante muito tempo, o direito italiano acolheu a distinção aristotélica entre prova artificial e inartificial, sendo certo que tanto a prova por presunções como a prova indiciária se colocariam no seio da prova artificial pois *"[a] prova indirecta se obtém através do raciocínio e traz força da aptidão indicativa que vem do indicium ou signum ou argumentum que a sustém."* – ROSONI, Isabella, *Ob. Cit.*, pág. 106 e 107.

ticular esta a razão que, dado o objecto deste estudo, torna tal análise incontornável. Mas, na verdade, tais contributos aumentam, e, paradoxalmente, se circunscrevem e limitam na sua utilidade em função de uma diferença de suma relevância: a previsão normativa de critérios de admissibilidade da prova indiciária.

O *Codice di Procedura Penale* italiano admite, expressamente, o recurso a indícios como prova desde que estes sejam graves, precisos e concordantes, e é exatamente este facto que afasta o atual sistema italiano de admissibilidade e valoração da prova indiciária do silêncio normativo no ordenamento jurídico português. No entanto, os requisitos ora ínsitos no atual e vigente código de processo italiano foram jurisprudencialmente estabelecidos. Partindo de bases com diversos pontos de encontro com o atual processo penal português que, como tal, permitirá retirar algumas conclusivas considerações sobre os avanços, e até possíveis retrocessos, na doutrina da prova indiciária que poderão ser aplicáveis ao direito probatório nacional.

As polémicas sobre quais os requisitos que a prova indiciária deveria observar para ser admissível era já antiga, e relativamente consensual, salvo nos pontos que adiante se mencionarão, quando foi parcialmente silenciada com a previsão normativa do art. 192º, nº 2 do *Codice di Procedura Penale* de 1988[108]. Ou, no interesse da precisão, tenha este, pela letra da lei, silenciado algumas divergências não necessariamente pela bondade da previsão normativa nela inserta mas, sim, pelo pudor em sugerir, por um lado, uma limitação quase abrogativa de certos requisitos e, por outro, de acrescentar alguns que tendo o seu mérito e utilidade o legislador decidiu não consagrar.

2. A prova indiciária à luz do *Codice di Procedura Penale* de 1930

Como já ficou referido, a previsão normativa da anuência no recurso à prova indiciária ficou estatuída com a reforma do processo penal italiano em 1988. O legislador reconheceu a insupribilidade da prova indiciária mas estatui-lhe expressamente as características indispensáveis[109].

---

[108] Para uma interessante enunciação das polémicas levantadass pelo Código de 1988, consulte-se COMOGLIO, Luigi Paolo, *Prove ed Accertamento dei Fatti nel Nuovo CPP*, in *Rivista Italiana di Diritto e Procedura Penale*, Milão, nº 1, 1990, pág. 113 e ss.

[109] CARULLI, Nicola, *Il giudizio di primo grado ed. lit. Andrea Antonio Dalia.*, Nápoles, Jovene Editori, 1991, pág. 122.

No entanto, seria incorrecto, e uma grande desconsideração pela tradição processualista penal italiana, dizer que a introdução deste tipo de prova se ficou a dever à ação do legislador do vigente código.

A estatuição legal resultou de uma longa construção jurisprudencial, com muitos contributos de uma abundante doutrina, que definiu o que se entenda por prova indiciária e quais os critérios para a sua admissibilidade e valoração. Sempre com as inevitáveis divergências quanto a fulcrais pontos. Diferenças essas que perduraram durante longos anos e várias reformas. O direito probatório, pela sua essencialidade, causa sempre graves tensões entre os bens jurídicos que o direito penal pretende tutelar e certas necessidades garantísticas; porque se questionam pontos de caráter metodológico e outros tantos relativos aos direitos fundamentais; e, ainda, porque a prova indiciária apresenta a peculiaridade de ser susceptível de diversas valorações quanto à sua estrutura e valor probatório.

Assim, com unanimidade, reconhecia-se que o procedimento de inferências utilizado na prova indiciária deveria ter um caráter subsidiário quanto à fixação através da prova direta[110]. Não se querendo, porém, com isto marcar a prova indireta, mais precisamente a prova por indícios, como "prova menor", mas clarificar que no âmbito probatório dever-se-ia, em todas as alturas, privilegiar o caminho menos vulnerável às falibilidades do raciocínio e da valoração.

Já antes da introdução do art. 192, nº 2 no *Codice di Procedura Penale* a doutrina, com uma copiosa capacidade criativa, indicava quais seriam os requisitos para que o indício fosse admissível. E, basicamente, *"os indícios para poderem ser utilizados como fonte de convicção, devem possuir os requisitos de certeza, gravidade e serem unívocos*[111] *e, no caso de operar a pluralidade, devem ser concordantes, no sentido que valorados no seu conjunto conduzam a uma reconstrução unitária do facto ignorado"* dizia a II secção da *Corte Suprema di Cassazione*, já em 1978[112].

---

[110] LEONE, Giovanni, *Ob. Cit.*, pág. 446.
[111] A palavra utilizada é *"unicovitá"* que não tem uma tradução satisfatória em português mas indica a ideia de serem unívocos, no sentido de insusceptíveis de outras interpretações.
[112] Corte Suprema di Cassazione, Sez. II, 6 de outubro de 1976, Sozzi, in Cass. Pen. Mass, ann. 1978, pág. 174.

2.1. A ligação entre o indício e o *factum probandum*

Entre esses requisitos, e como não poderia deixar de ser, tanto a doutrina como a jurisprudência anterior à vigência do Código de 1988, impunha, para que o indício pudesse ser usado, que haveria de existir uma certeza de que a circunstância indiciante estaria correlacionada com o facto a provar e que tal ligação teria de excluir a possibilidade de uma conclusão diversa daquela imposta pela inferência. Tal ligação, que deveria ser o mais verosímil e clara possível, seria construída através de um esquema baseado num silogismo no qual a premissa maior seria a máxima de experiência, ainda que esta não qualifique como regra científica universalmente aceite.

2.2. A certeza do indício

Com uma rara anuência nesta temática, indicava-se que, no interesse de controlar a falibilidade da presunção resultante do raciocínio inferencial, e com ligação àquele primeiro requisito, uma outra essencial exigência – que como veremos se reclama ainda deveria constar do nº 2 do art. 192 – o indício deveria ser "certo", isto é provado.

Antes da reforma a doutrina defendia, assim como a jurisprudência, que o facto indiciante deveria ser certo no sentido que deveria ser judicialmente provado. Ora a divergência neste ponto prendia-se com saber se o facto indiciante poderia decorrer de outro indício[113]. Mais uma vez se defende que a questão será decidida consoante um maior ou menor ênfase dado ao livre convencimento do juiz.

Mas, sobretudo, o facto indiciante deve estar amplamente provado, este era um requisito apontado pela maioria da jurisprudência anterior à vigência do novo código que não foi transportada para o art. 192, nº 2 do Código de 1988 e que, no entanto, deverá ser observado.

Considera-se evidente que, tratando-se a prova indiciária de uma prova indireta, o facto que a origina, o facto-base da presunção, o facto conhecido, deve ser alvo de prova direta. Ou seja, todo o processo mental, lógico, de construção da inferência que trará à luz o facto desconhecido referente ao *thema probandum* deverá ter como fundamento um dado, uma informação que não dependa de qualquer passo lógico para que seja

---

[113] SCAPINI, Nevio, *La prova per indizi nel vigente sistema del processo penale*, Milão, Giuffrè, 2001, pág. 59, referindo-se ao chamado indício mediato.

dado como provado[114]. Por esta razão a *Corte Suprema di Cassazione* tem vindo a pronunciar-se no sentido da aplicação deste requisito a par com os restantes estabelecidos no art. 192º, nº 2, pois *"com a certeza do indício vem postulada a verificação processual sobre a real subsistência do mesmo, uma vez que não se poderia fundar a prova crítica (indireta) num facto que provavelmente aconteceu, suposto ou intuído, e não fixado como realmente verificado, desde que com a regra de juízo positivamente codificada, o procedimento probatório fundado em elementos indiciários de modo a conduzir ao facto desconhecido – objecto do* thema probandum *– deve fundar-se em circunstância de segura verificação histórico-natural"*[115].

2.2.1. Indício mediato

A admissibilidade de um indício, ou com maior precisão de um facto base indiciante, que tenha como antecedente lógico um outro indício é muito questionável. Será possível que um indício mediato, sem a certeza do facto que servirá de base à presunção, tenha valor probatório?

A construção jurisprudencial italiana nem sempre foi tão perentória em tal resposta[116], no entanto, com a criação do requisito da certeza a resposta revelou-se negativa[117].

Aproveitamos, para desde já, adiantar que, dado o que se vem dizendo sobre o requisito da certeza e das preocupações do legislador no Código de 1988 para tornar a prova indiciária o mais fiável possível, parece que, atualmente, a resposta ao recurso de indícios mediatos como fundamen-

---

[114] FERREIRA, Manuel Cavaleiro de, *Ob. Cit.*, pág. 296, sublinhou que a fragilidade da prova indiciária fica acentuada quando a conclusão probatória tem como suporte várias conclusões intermédias. Pois, o facto diretamente provado pode constituir um indício de um indício pelo que a sua relacionação com o facto probando implicaria uma dupla inferência intermédia. Quanto maior for o número destas relacionações intermédias, mais frágil e periclitante se apresentará a prova indireta, comprometendo o resultado probatório.

[115] Cass. Sez. I, 10 de janeiro de 1995, n. 118, Oliveri, CED, RV. 200083, citado por CONTE, Mario, GEMELLI, Maurizio, LICATA, Fabio, *Le prove penali*, Milão, Giuffrè, 2011, pág. 296.

[116] *"(...) naturalmente a resposta não pode ser negativa: ocorre todavia nestes casos de indício mediato observar a máxima cautela para evitar que a reconstrução de um facto passe através de uma cadeia de indícios tal que faça perder ao processo de ilação a sua máxima capacidade de devolver a verdade"*, segundo LEONE, Giovanni, *Ob. Cit.*, pág. 444.

[117] SCAPINI, Nevio, *Ob. Cit.* pág. 59 referia que tamanha permissividade na admissão de uma prova cuja falibilidade aumenta com a incerteza do facto base, resultaria, menos de proporcionar uma mais ampla actuação ao princípio da livre convicção, e mais de um autêntico fetichismo com o mesmo.

tação de uma decisão condenatória terá de ser negativa[118]. Seria uma solução diametralmente contrária ao argumento que até agora se vem expondo de limitar ao máximo a equivocidade. A dedução, através do facto conhecido, do facto desconhecido deveria resultar, sempre, de um *"procedimento lógico inspirado no máximo rigor e na mais absoluta correcção"*[119].

2.3. Máximas de experiência

A jurisprudência, tal como a doutrina, invocavam as máximas de experiência[120] com alguma unanimidade. Com estas pretendia-se, ainda que não unanimemente, ultrapassar a inevitável questão atinente à admissão de um procedimento meramente inferencial com base num elemento probatório que não respeita diretamente ao *thema probandum*. Remetendo para o primeiro capítulo deste estudo bastar-nos-emos em simplificar dizendo que a questão se prendia com a eficácia probatória do indício.

Com o recurso às máximas de experiência foram-se construindo bases para que estas servissem de premissa maior ao raciocínio inferencial. No entanto, sempre se levantaram críticas no que respeita a um conceito amplo do que seja máxima de experiência: quanto mais amplo seja o conceito, mais serão os indícios que lhe possam servir de premissa menor, e maior será o âmbito de aplicação da prova indiciária. O que faria todo o procedimento probatório incorrer no intolerável risco de se perder o elevado grau de probabilidade que deveria resultar das máximas de experiência.

Um demasiado amplo conceito de máxima de experiência poderia redundar numa sobrevalorização dos indícios pelo que importa que a definição do conceito de máxima de experiência não seja demasiado limitada mas, também, não seja excessivamente concetual e abstrata.

Quando se diz que não deverá ser demasiado limitada, entende-se precaver que a exigência com o seu grau de certeza seja a acertada: pela sua própria natureza a máxima de experiência mais não garante que um elevado grau de probabilidade. Essa probabilidade resulta de poder a máxima de experiência permitir a formulação de regras de conhecimento

---

[118] CONTE, Mario, GEMELLI, Maurizio, LICATA, Fabio, *Ob. Cit.*, pág. 296.
[119] LEONE, Giovanni, *Ob.Cit.*, pág. 444.
[120] Máximas e regras de experiência são termos equivalentes que se usam indistintamente nestas páginas.

extra jurídico cuja base se apresenta na forma de experiências passadas, tais regras destinam-se à aplicação em novos casos.

É de frisar que existe, sempre, a possibilidade de que do facto base, pelo uso da máxima de experiência, seja inferido um facto diverso daquele objeto do *thema probandum*. No caso de considerar-se tal possibilidade de erro capaz de comprometer a utilizabilidade da máxima de experiência, simplesmente bloquear-se-ia irremediavelmente o raciocínio judicial. Claro está que não se pode confundir com uma simples possibilidade e a sua aplicação nunca se poderá pautar por um caráter automático[121].

Por outro lado, poder-se-ia defender que uma limitação das máximas de experiência deveria ser operada, circunscrevendo-a a regras fixas e universalmente reconhecidas de modo a evitar a tal identificação com o juízo de probabilidade[122]. Tal na verdade, comprometeria toda a utilidade da prova indiciária, fundado necessariamente no elevado grau de probabilidade do *id quod plerumque accidit*.

Como tal, uma definição suficientemente concisa mas elucidativa do conceito seria a que descreve máxima de experiência como uma *"generalização empírica traçada pelo procedimento indutivo da experiência comum,*

---

[121] SCAPINI, Nevio, *Ob. Cit.*, pág. 44 a 48, oferece um exemplo, relativo à valoração indiciária do comportamento do arguido, do quão lesiva pode ser a aplicação de uma máxima de experiência estereotipada. O Autor conta que Corbisiero foi condenado pela *Corte di Assise di Avellino*, em 1934, pela conjugação dos seguintes elementos indiciários: a) fuga, após o homicídio, durante 18 dias; b) ter mandado retirar as manchas de uma peça de roupa e ter vendido o cavalo. Aplicando o mencionado tribunal as seguintes máximas de experiência: os inocentes não fogem nem se escondem; aquele que depois de um homicídio se preocupa em mandar limpar uma peça de roupa é porque tem a necessidade de eliminar manchas de sangue da vítima; aquele que após um homicídio se livra de um meio de locomoção fá-lo para impedir que seja individualizado como se retirou do local do crime. Scapini indica este como um claro exemplo de uma construção probatória com base em indícios e máximas de experiência não unívocas e, em parte, criadas através de ilações subjetivas que levou à condenação de um homem mais tarde considerado inocente. Aliás, a valoração da fuga sempre foi algo controversa, o Autor cita a posição de Altavilla que defendia que a fuga só poderá ser considerada um indício grave quando o indivíduo entre em fuga antes mesmo de contra ele se levantar qualquer prova, ou melhor, antes da descoberta do crime, de acordo com a prática de vida comum que um inocente não foge enquanto a consumação do delito é por todos desconhecida. A experiência dita que após a descoberta do delito muitos inocentes suspeitos ou inquiridos fogem de modo a evitar a potencial prisão preventiva. Como tal, não podem ser considerados indícios factos sujeitos a uma máxima de experiência desprovida de um unívoco sentido.

[122] LEONE, Giovanni, *Ob.Cit.*, pág. 444.

independente do caso presente, que fornecem ao juiz informações sobre aquilo que normalmente acontece segundo um generalizado consenso na cultura média e no contexto espaço-temporal da decisão."[123]. Ou seja, *"uma regra de comportamento que exprime aquele que acontece na maior parte dos casos* (id quod plerumque accidit)*; mais precisamente é uma regra que é alcançada de casos semelhantes"*[124].

No fundo, a experiência permite concluir que, face a um conjunto de factos, uma outra categoria de factos sucederá em consequência dos primeiros, alcançando não um juízo de certeza mas de probabilidade. Segundo a *Cassazione*, *"máximas de experiência distinguem-se de meras conjecturas, pois são regras jurídicas preexistentes ao juízo pois o dado nele contido já foi, ou é de qualquer modo, sujeito a verificação empírica assim a regra vem formulada de acordo com o* id quod plerumque accidit, *revestindo as características de regra de experiência traçada do contexto histórico-geográfico geralmente reconhecida e aceitada"*[125].

A formulação de uma regra de experiência faz-se por meio de um raciocínio do tipo indutivo[126], pelo exame de casos semelhantes, ou seja, do caso particular infere a existência de uma regra geral, seguidamente far-se-ia um juízo dedutivo[127] aplicando ao caso concreto a regra geral formulada anteriormente. Remetemos para as considerações feitas *supra* sobre a falibilidade do raciocínio indutivo

---

[123] CANZIO, *Prova Scientifica, Ragionamento Probatorio e Libero Convincimento del Giudice nel Processo Penale*, 2003, pág. 1196, citado por Conte, Mário; Gemelli, Maurizio e Licata Fábio, *ob. cit.*, pág. 18 e 19 nessas mesmas páginas pode ler-se *"[e]m outros termos, trata-se de noções de senso comum retiradas da identificação de caracteres "comuns" de uma multiplicidade de casos particulares, tomadas como dado de partida como regulares e recorrentes segundo* id quod plerumque accidit".

[124] TONINI, Paolo, *La prova penale*, 4ª ed., Pádua, Cedam, 2000, pág. 35.

[125] Cass. Sez II, 22 de outubro de 2003, n.19985, Caruso, CED, RV. 227200 e, em sentido complementar, *"a diferença entre máxima de experiência e mera conjectura reside no facto que no primeiro caso já foi, ou está sujeito a verificação empírica e então a máxima pode ser formulada com base no* id quod plerumque accidit, *enquanto no segundo caso tal verificação não ocorreu, nem pode ocorrer, e resta um mero cálculo de possibilidade, assim a máxima permanece insusceptível de verificação empírica e seguidamente de demonstração"* – Cass., sez. I, 22 de outubro de 1990, in CED 186149.

[126] O pensamento indutivo parte do caso particular de modo a chegar ao geral, requer um raciocínio do tipo científico-experimental, da observação de uma série de factos particulares, construiu-se uma regra segundo a qual em presença da causa A segue-se a consequência B. – cfr. TONINI, Paolo, *Ob. Cit.*, pág. 37.

[127] Trata-se de um forma de lógica aristotélica que parte do geral para chegar ao particular, com o exemplo de escola "todos os homens são mortais", "Sócrates é um homem" logo "Sócrates é mortal". Já o raciocínio do tipo abdutivo parte de um facto particular para chegar à existência de um outro facto particular. – cfr., mais uma vez, TONINI, Paolo, *Ob. Cit.*, pág. 37.

Do mesmo modo seriam usadas as leis científicas, aquelas que ainda que sejam de caráter técnico fazem parte do conhecimento comum de um homem medianamente formado. Alguns autores preferem referir este tipo de raciocínio como "prova crítica", e não lógica ou indício, de modo a sublinhar a aplicação de uma regra científica e não de experiência.

Tal fiabilidade adviria da maior certeza, devido à generalidade, experiência e controlabilidade que a caracterizam e sempre acompanham as leis científicas, porém, mesmo estas compreendem uma margem de discricionariedade que advém da seleção, por parte da entidade incumbida de decidir, da regra científica a aplicar, do facto ao qual aplicá-la e da valoração que daí resultará.

2.4. Concordância enquanto requisito essencial ou eventual

Vem todos os requisitos eram indicados e aceites de modo tão uniforme. A primeira grande divergência prendia-se com a necessidade de que a prova indiciária se fundasse em vários indícios, questão que como veremos se manteve, certo que em outros moldes, com o código de 1988.

A referida divergência resultava, em grande parte, do peso dado ao princípio da livre convicção do juiz[128], o que é compreensível pois se a tónica fosse neste princípio dir-se-á que não seria possível aceitar uma força probatória menor àquela reconhecida à prova representativa e, como tal, admitir-se-ia que um único indício seria o suficiente para fazer prova do facto desconhecido. No pólo oposto, mesmo sem negar força probatória à prova indiciária, defendia-se que não se poderia fundar um juízo de culpa num único indício, visto que a característica essencial do indício é precisamente a pluralidade de inferências dele resultantes.

Assim, chegados a este ponto, em que o indício ficou ele próprio provado, ou por outra, foi aferido como certo, de acordo com as exigências do processo penal e em que é considerada aplicável uma dada máxima de experiência, toca-se um ponto que, ainda na vigência do actual código levanta algumas discussões, a exigência da concordância entre indícios.

---

[128] No art. 127º do Código de Processo Penal o legislador consagra o mesmo princípio, sob a epígrafe "livre apreciação da prova", estipula que *"salvo quando a lei dispuser diferentemente, a prova é apreciada segundo as regras da experiência e a livre convicção da entidade competente"*. Ora livre convicção e *libero convincimento* são duas expressões exatamente com o mesmo significado que, como tal, usaremos indiscriminadamente.

Na altura a questão prendia-se menos, como atualmente, com se seria admissível o resultado probatório de um único indício, mas, sim, com uma certeza metodológica. Ou seja, não se estabelecia a imposição de uma pluralidade de indícios mas apenas se sublinhava que o processo dedutivo resultaria fortalecido, sendo portanto um requisito eventual.

No entanto, nos casos em que a prova resultasse de uma pluralidade de indícios ainda assim deveria existir algum controlo sobre a sua concordância. Portanto, o conjunto de indícios não poderia conflituar com outros numa reconstrução lógica e unitária do facto desconhecido, pelo que os indícios não se poderiam "ilidir" mutuamente e deveriam entre si estabelecer uma ligação lógica[129].

3. O *Codice di Procedura Penale* de 1988

O repetidamente referido art. 192º, nº 2 insere-se no Título I do Livro III do *Codice di Procedura Penale*, ou seja, na parte dedicada às disposições gerais relativas à prova[130]. No referido título começa-se por definir o que seja o objeto da prova[131] em termos análogos, ainda que não totalmente coincidentes com a previsão normativa do art. 124º do Código de Processo Penal, mas que circunscrevem o tema de prova àquele definido no primeiro capítulo.

Não se encontra previsto o princípio da taxatividade da prova admitindo-se, assim, todos os meios de prova que não estejam legalmente

---

[129] LEONE, Giovanni, *ob.cit.*, pág. 445.
[130] A *Corte Suprema di Cassazione* defende que é de excluir uma interpretação segundo a qual "a inserção do art. 192º, nº 2 c.p.p. entre as "Disposições Gerais" do livro III do código de processo intitulado "Prova" implique, só por si, que tal norma seja aplicável também à fase de investigação preliminar e em particular às medidas cautelares. Pelo contrário, o próprio título do Livro III persuade que as normas neles contidas são ditadas especificamente para o julgamento, quais regras para a fixação da responsabilidade do imputado, sendo certo que nas investigações preliminares não se busca prova, mas apenas elementos indiciários de tal consistência que torne útil o envio a julgamento na perspectiva de uma condenação." – cfr. *Corte Suprema di Cassazione*, S.u. 21 de abril de 1995., n.11, Costantino, CP, 1996, pág. 467.
[131] O art. 187º do *Codice di Procedura Penale*, sob o título objeto da prova estatuí "*1. São objecto de prova os factos que se referem à imputação, à punibilidade e à determinação da pena ou da medida de segurança. 2. São também objecto de prova os factos dos quais depende a aplicação de norma processual. 3. Se for constituída parte civil, são também objecto de prova os factos inerentes à responsabilidade civil resultante do crime*", norma que não diverge significativamente do art. 124º do Código de Processo Penal.

proibidos à semelhança do direito penal português[132], como tal, o ponto de partida para a construção jurisprudencial da admissibilidade da prova indiciária foi em tudo semelhante àquele que atualmente vigora no ordenamento jurídico português.

A previsão da admissibilidade da prova indiciária não está inserta na parte relativa aos meios de prova mas, sim, nesta mesma parte geral. Na norma relativa à valoração da prova, o art. 192º, pode ler-se no seu nº 2, *"a existência de um facto não pode ser inferida a partir de indícios a menos que estes sejam graves, precisos e concordantes"*.

Manteve-se a posição já consolidada de que a aptidão demonstrativa do indício não é inferior ao da prova direta e, portanto, não menos persuasiva. Até porque uma aceitação extremista desta distinção, converteria o art. 192º, nº 2, num "irracional limite" ao princípio da livre convicção[133]. Isto porque a capacidade probatória de cada elemento de prova deve ser aferida pelo seu próprio valor e pela inferência efetuada com as devidas exigências de argumentação, fundamentação e racionalidade a serem formuladas pelo julgador.

O legislador de modo a tentar evitar a periculosidade que poderia advir de utilizar uma prova que depende de um procedimento inferencial impôs os requisitos na sua consagração normativa, pela negativa. Ou, em termos mais claros, proibindo-a pela sua não verificação, ou seja, é a sua não gravidade, imprecisão e a falta de concordância que sugere que o método inferencial é falível e, como tal, impassível de fundamentar uma decisão de condenação. Como tal, a sua verificação positiva serve, antes de mais, como método de controlo.

3.1. A legitimidade constitucional do art. 192º, nº 2 do *Codice di Procedura Penale* de 1988

Apesar disto, a constitucionalidade do art. 192º, nº 2 *Codice di Procedura Penale* não deixou de ser discutida, sendo a *Corte Costituzionale*[134] cha-

---

[132] No art. 189º do *Codice di Procedura Penale* estabelece-se que quando seja requerida uma prova *"não disciplinada na lei"*, o juiz poderá assumi-la se esta se mostrar idónea a assegurar o estabelecimento dos factos e não ofender a liberdade moral da pessoa, assegurando o contraditório.

[133] CONTE, Mario, GEMELLI, Maurizio, LICATA, Fabio, *Ob. Cit.*, pág. 25.

[134] *Ordinanza* 302/2001 da *Corte Costituzionale* de 12 de julho de 2001, disponível para consulta no endereço http://www.cortecostituzionale.it, discutia-se o furto de um par de óculos do qual só foram reunidas provas indiciárias, tendo o recorrente defendido que estas não

mada a pronunciar-se sobre a questão da ilegitimidade constitucional por eventual violação dos art.s 2º, 3º, 13º e 111º[135] da *Costituzione della Repubblica Italiana* quanto prevê que a existência de um facto possa ser inferida de indícios.

A *Corte Costituzionale* pronunciou-se, em muitas ocasiões, sobre as modificações operadas pela introdução do *Codice di Procedura Penale* de 1988[136], com base na hipotética violação das normas constitucionais referidas. Isto pois o processo indiciário não garantiria a certeza do direito e da prova e, por tal facto, seria incapaz de assegurar a igualdade do cidadão perante a lei, violando o princípio da igualdade por não assegurar o rigor do método epistemológico para casos em que fosse usada prova indireta por contraposição àqueles em que a prova fosse direta.

Também foi questionada a violação do art. 111º da Constituição que consagra o princípio do justo processo, pois poder-se-ia defender que a prova indiciária pelo seu próprio caráter põe em causa o efetivo exercício do contraditório no referido método de formação da prova. Em duas acepções, uma subjetiva, enquanto máxima extrínseca da garantia do arguido e, objetivamente, como afirmação de um método de formação da prova[137].

---

bastavam para fixar a conduta criminosa nomeadamente a identificação dos óculos de uma marca muito usada e encontrados em posse do arguido.

[135] O art. 2º é aquele que, no que concerne ao caso da prova indiciária, reconhece e garante os direitos invioláveis do homem. No art. 3º consagra-se o princípio de igualdade, especificando que, entre outros, todos os cidadãos são iguais perante a lei. No art. 13º consagra-se a inviolabilidade da liberdade pessoal, ditando que ninguém poderá ser detido ou restringido na sua liberdade, sob qualquer forma, senão por ato de uma autoridade judiciária e apenas nos casos previstos na lei. Já o art. 111º consagra, de modo bastante extenso e descritivo, o princípio do *"giusto processo"*.

[136] Lê-se na referida *ordinanza*, *"o tribunal recorrido defende que a prova indiciária, formalmente introduzida apenas no vigente código de processo – sendo no sistema do precedente código um produto de elaboração jurisprudencial –, é epistemologicamente insatisfatória, visto que na esteira das conclusões a que chegaram a filosofia da ciência nesta matéria, a existência de um facto não poderia ser inferida de indícios, mesmo que "graves, precisos e concordantes", sendo ao invés necessário proceder "não apenas à verificação dos dados mas à sua rigorosa falsificação, em prova e contraprova através do processamento dos ulteriores dados que poderiam riscar a hipótese base", de modo a proporcionar um sistema de fixação judicial baseado unicamente "sobre provas (não indícios), seguras e fortíssimas", e, sobretudo, sobre "provas cientficas".*

[137] CONTE, Mario, GEMELLI, Maurizio, LICATA, Fabio, *Ob. Cit.*, pág. 11.

A *Corte Costituzionale* considera que a prova indiciária não deve ser eliminada do panorama cognoscitivo do processo penal, o que, aliás, seria contra a tradição processualista italiana, que a admitia enquanto legítimo fundamento da convicção do juiz na vigência do *Codice di Procedura Penale* de 1933, defendendo que "(...) com o art. 192º, nº 2, cod. proc. pen. *o legislador de 1988 apenas entendeu impor limites à discricionária apreciação dos dados indiciários, introduzindo um parâmetro legal de valoração probatória análoga àquele do art. 2729º do código civil (...)*".

A *Corte Costituzionale* decidiu, então, pela não admissibilidade da questão da legitimidade constitucional do art. 192, nº 2 do c.p.p. relativamente aos art. 2º, 3º, 13º e 111º da Constituição.

Também parece inexistir qualquer violação do art. 27º que consagra o princípio da presunção de inocência. Tal princípio deverá funcionar como regra de tratamento do arguido e como regra de juízo no sentido que a presunção de inocência funcionará no sentido do art. 2728º, nº 1 do Código civil italiano[138] segundo o qual "*as presunções legais dispensam de qualquer prova aqueles a favor dos quais são estabelecidas*"[139]. Mais uma vez no processo penal apenas se poderia falar, discutivelmente, de um ónus da prova sobre a acusação.

---

[138] O referido art. da lei civil, denominado "presunções simples" dita o seguinte "*as presunções não estabelecidas na lei são deixadas à prudência do juiz, o qual não deve admitir senão presunções graves, precisas e concordantes. As presunções não podem ser admitidas nos casos em que a lei exclua a prova por testemunho.*" Como tivemos oportunidade de ver no primeiro capítulo deste estudo, as presunções judiciais também só são admitidas nos casos e termos em que o seja a prova testemunhal (art. 351º código Civil), no entanto, e contrariamente à disposição italiana o legislador português limita-se a definir que são presunções dizendo que "*as ilações que a lei ou o julgador tira de um facto conhecido para firmar um facto desconhecido*", à falta de disposição em contrário tais ilações ficam sujeitas ao critério da livre convicção do julgador sem qualquer outro critério de avaliação ou requisito de admissibilidade.

[139] ROSONI, Isabella, *Ob. Cit.*, pág. 98 a 100, sublinha que presunção e prova indiciária não são completamente coincidentes. Por um lado a estrutura do procedimento indiciário é semelhante ao da presunção simples mas o seu estatuto é diferente, pois se remetem a dois núcleos lógicos diferentes, o indício remete diretamente ao facto a provar enquanto a presunção simples tem, com o facto, um vínculo do tipo argumentativo. Mais acrescenta que o termo presunção origina etimologicamente e *prae* e *sumere*, assim de *prendere prima* significando uma antecipação da prova legitimamente resultante da lei ou do raciocínio do juiz. Era, portanto, neste sentido que Taruffo concluía que o seu valor probatório terá de ser inferior ao das presunções simples no que respeita aos graus de confirmação sobre a hipótese quanto o facto a provar. – TARUFFO, Michele, *La prueba de los hechos...*, pág. 479 e ss.

4. Indícios "graves, precisos e concordantes"

Da letra da lei resulta que *"a existência de um facto não pode ser inferida a partir de indícios a menos que estes sejam graves, precisos e concordantes"*. Dir-se-ia que as características de gravidade, precisão e concordância se refeririam ao indício *per se*, cada um deles individualmente considerado. No entanto, tomemos por exemplo o requisito da concordância, este só poderá existir na consideração de cada um com os outros indícios, pelo que, alguns autores defendem que tais características se referem à prova indiciária e não ao indício[140].

Portanto, saber sobre que objeto há-de recair a valoração de gravidade, precisão e concordância é uma questão controvertida no ordenamento jurídico italiano, cuja resposta se divide entre uma posição mais preocupada com a garantia de fiabilidade do procedimento inferencial, outra mais elástica no intuito de servir a finalidade epistémica do processo, e, finalmente, uma tese intermédia que tenta conciliar o melhor das anteriores[141].

A primeira posição defende que os requisitos de gravidade, de precisão e de concordância devem verificar-se quanto a cada um dos indícios. É uma tese demasiado rigorosa que não tem grande atendimento no meio processual penalista.

No entender da tese intermédia, tais características devem respeitar, em parte, aos indícios individualmente considerados, e, em parte, ao seu conjunto[142]. Nesse sentido existiriam dois momentos de valoração, um

---

[140] Entre eles, e a título meramente exemplificativo, Russo, Vincenzo, *La prova indiziaria e il giusto processo: l'art. 192 C.P.P. e la legge 63/2001*, Nápoles, Jovene Editori, 2001, pág. 30.

[141] Tonini, Paolo, *Ob. Cit.*, pág. 41 e Cabral, José Santos, *Prova indiciária e as novas formas de criminalidade*, in *Julgar*, janeiro-abril, nº 17, 2012, pág. 27.

[142] *"É possível que de um facto fixado seja logicamente inferível uma única consequência, mas por regra o facto indiciante importa de uma pluralidade de factos desconhecidos e nesse caso pode conseguir-se a superação da relativa ambiguidade indicativa dos indícios singulares aplicando a regra metodológica fixada no art. 192, nº 2 c.p.p. Por outro a apreciação unitária dos indícios para a verificação da confluência no sentido de uma unicidade indicativa que dê a certeza lógica da existência do facto a provar constitui uma operação lógica que pressupõe a prévia valoração de cada indício individualmente, como teste da valência qualitativa individual. Adquirida a valência indicativa – seja de escopo probabilístico e não unívoco – de cada indício deve então passar-se ao momento metodológico seguinte do exame global e unitário, através do qual a relativa ambiguidade indicativa de cada elemento probatório pode resolver-se, porque, na avaliação global de cada indício estes somam-se e integram-se com outros de tal modo que juntos podem assumir um relevante e unívoco significado demonstrativo que permite considerar*

primeiro momento em que se avaliaria se cada indício é grave e preciso[143]. Seguidamente, aferir-se-ia da concordância entre os vários indícios graves e precisos. Seria de impor um particular cuidado no procedimento de valoração, pois o juiz teria de, frente a uma pluralidade de indícios, primeiramente examinar cada um deles, identificando todas as ligações lógicas possíveis definindo a sua gravidade e precisão e posteriormente, numa síntese final, avaliar se são concordantes, ou seja *"se podem ser ligados a uma só causa ou a um só efeito e colocados todos, harmonicamente, num único complexo, do qual, segundo a lei e antes, segundo a lógica, é possível inferir a existência, ou, inversamente, a inexistência de um facto"*[144].

Por fim, a última tese defende que a interpretação da prova indiciária só faz sentido pela valoração global dos indícios, a gravidade, precisão e concordância teriam de ser verificadas no seu conjunto, daí designar-se esta como a tese da "convergência da multiplicidade", pois, releva apenas o resultado final da operação de co-valoração dos indícios. Procura-se conciliar a exigência da certeza resultante do procedimento inferencial com o facto de que um único indício, em si não grave e impreciso, poderá trazer, articulado com outros indícios, um juízo de certeza sem ele inalcançável[145].

conseguida a prova lógica do facto; prova lógica que não constitui um instrumento menos qualificado relativamente à prova directa (ou histórica) quando seja conseguida com a rigorosidade metodológica que justifica e substancia o princípio da chamada livre convicção do juiz." – Cass. S.U., 06 de junho de 1992, n. 6682, Musumeci, CED, RV, 191230 citado por CONTE, Mario, GEMELLI, Maurizio, Licata, Fabio, *Ob. Cit.*, pág. 26 e 27.

[143] *"(...) com isto entendendo-se antes de mais que cada indício deve ser certo na sua base de partida, e assim deve estar provada de maneira absolutamente rigorosa a existência da circunstância indiciante (...); ainda o indício deve ser grave, no sentido que a regra de comum experiência, lógica ou científica, deve retirar da circunstância indiciante um número restrito e bem preciso de consequências, devendo-se portanto excluir do grupo dos indícios todas as regras excessivamente vagas. Só depois de ter correctamente individualizado os indícios, é possível – e necessário – passar à sua valoração em termos de concordância, de tal modo a restringir do campo da múltipla probabilidade à única certeza"* defende TONINI, Paolo, *Ob. Cit.*, pág. 41 que cita, ainda, Cass. Sez. IV, 25 de Março de 1992, in Cass. Pen., 1994, 368, *"[c]erteza, univocidade, concordância. Se os primeiros dois requisitos podem considerar-se intrínsecos, no sentido que devem estar presentes na circunstância conhecida (...) o terceiro é seguramente extrínseco, no sentido que a concordância é medida com os outros indícios, dado que todos devem convergir na direcção do mesmo resultado heurístico".*

[144] *Corte Suprema di Cassazione* Cass. Sez. VI, 23 de fevereiro de 1995, Dória, *Mass. Cass. Pen.*, 1995, pág. 19.

[145] *"Nunca é demais sublinhar que é a compreensão global dos indícios existentes, estabelecendo correlações e lógica intrínsecas, que permite e avalia a passagem da multiplicidade de probabilidades,*

Dito isto, no que respeita à prova indiciária vigora, como no todo do processo penal, o principio *in dubio pro reo*, e como tal, poder-se-ia dizer que a existência de um facto exige, sob pena de inutilização, que sejam os indícios graves, precisos e concordantes. No entanto, se o objeto da prova for um facto incompatível com a reconstrução da realidade até ali efetuada, poderia ser suficiente um único indício à luz do princípio *in dubio pro reo*, criando, assim, um grau de exigência diferente conforme o facto se destine a fundamentar a culpa ou a inocência do arguido.

O exemplo paradigmático de tal raciocínio é o famigerado caso do álibi, tratar-se-ia de um único indício que provaria que o arguido não se poderia encontrar no local do crime à hora do delito.

4.1. Gravidade

Com o requisito de gravidade tem-se entendido referir a ideia de conexão entre o elemento de prova e o facto probando, e, no fundo, refere a possibilidade de provar a ocorrência do facto probando. Ou seja, está o indício marcado por uma elevada capacidade demonstrativa e pela sua pertinência, ainda que indireta, relativamente ao *thema probandum*[146]. Está, inegável e inevitavelmente, ligado à sua capacidade de convencimento, ou seja, à sua maior ou menor capacidade de resistir às objeções que advenham de outros meios de prova ou da própria lógica, sendo, por isso, mais provável e verosímil. Deste modo, quanto mais persuasivo for o indício e maior for o grau de probabilidade da regra de experiência utilizada, em igual proporcionalidade aumentará a capacidade probatória do indício.

Dito isto, qual será o limite de capacidade persuasiva a partir do qual um indício é considerado grave? O *standard* de mediação há-de ser a inferência lógica[147] entre o facto conhecido e desconhecido por força da abdução.

---

mais ou menos adquiridas, para um estado de certeza sobre o facto probando.", Cabral, José Santos, *Ob. Cit.*, pág. 27.

[146] Contrapunham-se, tradicional e logicamente, aos indícios leves, que seriam aqueles com menor capacidade probatória, *"menos prováveis, menos verosímeis, menos conexos com o objeto da prova mais genéricos, mais equívocos"* – ROSONI, Isabella, *Ob. Cit.*, pág. 149.

[147] Pelo que o indício deverá permitir a *"fixação do facto desconhecido segundos os critérios de probabilidade e de normalidade causal."* – Cass. Sez. II, 18 de Março de 1966, n. 464, Bergamasco, CED, RV. 102272 citado por CONTE, Mario, GEMELLI, Maurizio, LICATA, Fabio, *Ob.Cit.* pág. 300.

É raro que de um facto provado seja apenas possível inferir uma única consequência[148], normalmente de um facto indiciante podem ser retirados uma pluralidade de factos desconhecidos, pelo que a gravidade é diretamente proporcional à força da imperatividade lógica que o indício possui em relação ao facto a provar. Consequentemente é menos forte de acordo com a multiplicidade de factos desconhecidos que dele se possam retirar.

Esta posição, embora seja a mais precisa, parece confundível com a noção prevalecente de precisão. No entanto, um indício pode ser preciso, exprimindo claramente uma única direção e, ainda assim, não ter uma relevante ligação ao *thema probandum*, do mesmo modo pode ser grave, dirigindo-se no sentido dos factos a provar, mas não preciso, permitindo outras inferências igualmente prováveis e pertinentes.

4.2. Precisão

A precisão exprime a ideia de que o indício se há-de referir a um número determinado de factos e não a uma multiplicidade indeterminada de acontecimentos, de modo simplista, dir-se-ia que é preciso o indício que não seja susceptível de outras interpretações.

O requisito de precisão tem um caráter complementar quanto ao da gravidade. Do indício deve resultar clara a indicação que exprime e não pode ser passível de outra interpretação que indique que o seu significado é dúbio.

Assim, com precisão pretende-se afastar indícios genéricos cujas interpretações alternativas sejam tão verosímeis quanto aquela que é a desejada, enfim, que seja inequívoco[149].

É comum qualificar o indício preciso como necessário no sentido de aumentar a sua força probatória[150], porém isto não basta. Se o indício for

---

[148] Caso em que já não se trataria de um indício, mas de uma prova lógica realizada, segundo CONTE, Mario, GEMELLI, Maurizio, LICATA, Fabio, *Ob. Cit.*, pág. 299.

[149] Assim a precisão do indício é *"inversamente proporcional ao número de ligações possíveis com o facto a provar e com cada possível hipótese de facto"* – Cfr. Cass. Sez.VI, 30 de maio de 1994, n. 9916, Di dato, CED, Rv, 199451, citado por CONTE, Mario, GEMELLI, Maurizio, LICATA, Fabio, *Ob. Cit. pag.* 300.

[150] Quer a natureza dos indícios, quer o relacionamento duma pluralidade de indícios entre si pode permitir conclusões mais objetivas. Um indício revela, com tanto mais segurança o facto probando, quanto menos consinta a ilação de factos diferentes. Quando um facto, como efeito, não possa ser atribuído senão a uma causa – facto indiciante –, o indício diz-se

meramente preciso, e se considerar que um só indício tem força probatória, os resultados poderiam ser enganosos[151]. Se o indício for necessário, perde relevância a concordância, pois, como sublinha a jurisprudência, *"os dois requisitos da precisão e da concordância não podem coexistir em cada indício a valorar porquanto, onde um deles seja revestido do requisito da precisão, entendida como necessária, é possível utilizá-lo singularmente, resultando de se mostrar per se apenas idóneo e suficiente para provar o facto desconhecido; pelo contrário, em presença de vários indícios nenhum dos quais munido do requisito de precisão, esses seriam concordantes"*[152], e em caso contrário *"na presença de vários indícios, nenhum dos quais seja revestido do requisito da precisão, é necessário proceder a uma operação lógico-conceptual de global valoração sob a direcção das regras de experiência (...)"*[153].

4.3. Concordância

Por fim, os indícios devem ser concordantes, convergindo na mesma conclusão. O requisito da concordância refere-se à convergência entre dois ou mais elementos de prova no sentido de um único *factum probandum*. Como tal, a gravidade e a precisão são características próprias do indício, enquanto a concordância tem o caráter de critério de valoração do conhecimento adquirido pelo elemento de prova[154].

Cada um terá um dado peso probatório que se harmonizará com os restantes indícios na fixação do *thema probandum*. Não aumenta a força probatória[155] de cada um dos indícios, mas dá maior consistência à indi-

---

necessário, aproximando-se o seu valor probatório do da prova direta. Para dar consistência à prova, será necessário afastar toda a espécie de condicionamento possível do facto probando menos uma. A prova só se obterá, assim, excluindo, por meio de provas complementares, hipóteses eventuais e divergentes, conciliáveis com a existência do facto indiciante, refere FERREIRA, Manuel Cavaleiro de, *Ob. Cit.*, pág. 289.

[151] CONTE, Mario, GEMELLI, Maurizio, LICATA, Fabio, *Ob. Cit.*, pág. 301.

[152] *Corte Suprema di Cassazione*, ses. IV, de janeiro de 1993, Bianchi, Mass. Cass. Pen., 1993, 6, 127.

[153] Cass. Sez. VI, 05 de maio de 1992, n. 2398, Grillo, CED, RV. 189566 citado por CONTE, Mario, GEMELLI, Maurizio, LICATA, Fabio, *Ob. Cit.*, pag. 301.

[154] RUSSO, Vincenzo, *Ob.Cit*, pág. 30 a 32.

[155] FERREIRA, Manuel Cavaleiro de, *Ob. Cit.*, pág. 290 e 291, explica que são raras as vezes em que se alcança de um único indício uma inferência conclusiva, quer porque a existência do indício não exclui hipóteses contrárias (ou seja, não é preciso). O Autor refere que o indício pode tornar-se necessário mediante a prova negativa de outras hipóteses também possíveis.

cação de facto que deles resulta na sua globalidade[156]. A concordância, no fundo, concede maior consistência ao valor metodológico da prova indiciária, acrescendo certeza à verificação demonstrativa na reconstrução do facto a provar[157].

Neste sentido, vem a jurisprudência, desde os primeiros anos de vigência do Código de 1988, defendendo que *"[o]2º nº do art. 192 c.p.p. define, portanto, por um lado as características típicas da prova indiciária, e por outro enuncia o critério da sua valoração, a concordância pressupõe a existência de uma pluralidade de elementos dotados de valor probatório que entre eles convergem no sentido de um único resultado. Além disso a norma exige que a concordância resulte entre "indícios" excluindo assim a concordância com outros elementos de natureza diversa da prova indiciária."*[158]

4.3.2. Indício único

Voltamos à questão já anteriormente aludida sobre a admissibilidade de um único indício como elemento probatório. Antes de mais convém esclarecer que o art. 192º, nº 2 exclui a possibilidade da concordância entre indícios e outros elementos probatórios de natureza diversa ao referir que a admissibilidade dos indícios exige que estes, e só estes, sejam concordantes.

Na vigência do antigo código a jurisprudência da *Corte Suprema di Cassazione* afirmava que um único indício seria o suficiente para fundamentar a prova indiciária, como vimos, com alguma reticência. Na jurisprudência relativa ao antigo código a concordância colocava-se como um parâmetro de garantia de atendibilidade. Hoje parece ser uma necessidade imprescindível a existência de uma pluralidade de indícios para que a certeza da sua coligação exclua a possibilidade de um outro nexo causal.

Certas interpretações do art. 192º, nº 2, entendem que o requisito da concordância não é necessariamente concorrente com os outros dois requisitos. Também defende que tal requisito é capaz de atribuir a uma

---

[156] CONTE, Mario, GEMELLI, Maurizio, LICATA, Fabio, O*b. Cit.*, pág. 304 e RUSSO, Vincenzo, O*b. Cit.*, pág. 30 e 31 que sublinha que efetivamente não é a força demonstrativa de cada indício mas, sim, o valor metodológico da reconstrução do facto que sairá privilegiada.
[157] RUSSO, Vincenzo, O*b. Cit.*,, pág. 30 e 31.
[158] Cass. S.U., 3 defevereiro de 1990, n. 2477, Belli, ANPP, 1990, 159, citado por CONTE, Mario, GEMELLI, Maurizio, LICATA, Fabio, O*b. Cit.*, pág. 304.

pluralidade de factos, em si não graves e imprecisos enquanto indício único, uma força demonstrativa satisfatória.

As críticas prendem-se, inevitavelmente, com o facto que tal posição poderia servir como fundamento para considerar a prova indiciária como prova menor por apresentar uma menor certeza inferencial[159]. Uma parte da jurisprudência contorna esta limitação legal pela interpretação restritiva do normativo em causa, defendendo que há que diferenciar entre indícios mais ou menos precisos, só quanto a estes últimos *"se refere o art. 192º, nº 2 c.p.p. quando os submete à mesma disciplina ditada para as presunções do art. 2719º c.c."*[160]. Neste sentido se diz que *"também um só indício pode permitir inferir a existência do facto desconhecido desde que seja de tal modo preciso que necessariamente conduza a este no plano lógico, sem a mediação de outros indícios. O art. 192º, nº 2, c.p.p., de facto não exige que os indícios sejam mais que um, antes se limita a exigir que os mesmos sejam graves, precisos e concordantes, apenas quando nenhum dos indícios existentes, considerado separadamente dos outros, permita traçar o facto desconhecido"*[161].

Ainda que estas sejam posições presentes na vivência dos tribunais italianos, a verdade é que a jurisprudência maioritária considera que *"a prova indiciária referida no nº 2 do art. 192º c.p.p. deve ser constituída por mais indícios, e não de um único deles*[162]*, e os vários indícios, no seu conjunto, devem ser univocamente concordantes com respeito ao facto a provar, e historicamente certos e representativos de um conhecimento lógico com o facto desconhecido"*[163]. Esta é uma limitação que não pretende, pois parte do pressuposto que este existe, diminuir o valor probatório dos indícios e, por esse meio, impor uma limitação à livre apreciação do juiz. Apenas impõe que a decisão da causa não se funde em suspeitas, subjetivismos e suposições. Daí que se defenda que *"a insuficiência do dado indiciante singular, ainda que grave e preciso, é conatural ao mesmo caráter do indício; o essencial é que a univocidade probatória seja alcançada pela conexão e a confluência unívoca dos vários indícios,*

---

[159] CONTE, Mario, GEMELLI, Maurizio, LICATA, Fabio, *Ob. Cit.*, pág. 303.
[160] *Corte Suprema di Cassazione*, Sez. I, 05 de Março de 1991, Caló, CP, 1992, p. 1010.
[161] Cass. Sez. IV, 24 de setembro de1996, n. 8662, Piscopo, CED, Rv, 206960 citado por CONTE, Mario, GEMELLI, Maurizio, LICATA, Fabio, *Ob. Cit.*, pág. 26 e 27.
[162] *Quae singula non probant, simul unita probant* – Cass., sez. I, 9 de abril de 1992, n. 8045.
[163] Cass. Sez. I, 14 de junho de 2000, n. 2072, Di Tella, CED, RV. 216181.

evitando-se o erro de uma valoração fraccionada e, como tal, manchada pela aparência, não tendo essa tido em conta o significado do sinergismo indiciário"[164].

Além do mais, desde a reforma que a questão se põe não apenas como lógica e de credibilidade metodológica mas, também, como critério de admissibilidade legal face à letra do nº 2 do art. 192º. Como tal, todos os indícios do art. 192º, nº 2, devem concorrer para que a prova indiciária resultante possa ser utilizada.

II. A Prova Indiciária – excursão no Direito Processual Penal Espanhol

1. Considerações preliminares

À semelhança do direito italiano a construção dogmática relativa à prova indiciária foi realizada pela jurisprudência do *Tribunal Constitucional* e do *Tribunal Supremo*, à qual se dedicará a indispensável análise.

No entanto, contrariamente ao ordenamento que vimos de visitar, o direito espanhol não tem qualquer disposição que trate diretamente com os requisitos de admissibilidade da prova indiciária[165], o que não significa que certos vestígios, circunstâncias e indícios não estejam regulados na *Ley de Enjuiciamiento Criminal*[166].

---

[164] Cass. Sez. I., 16 de julho de 1992, n. 8045, Pirsi, CED, RV, 191301, citada por CONTE, Mario, GEMELLI, Maurizio, LICATA, Fabio, O*b. Cit.*, pág. 302.

[165] A *Ley 1/2000*, denominada *Ley de Enjuiciamiento Civil*, à semelhança das leis civis portuguesa e italiana que até agora se viram, prevê as circunstâncias em que é admissível o recurso a presunções legais, estatuindo na última parte do nº 1 do seu art. 385º, que *"[t]ais presunções só serão admissíveis quando a certeza do facto-indício do qual parte a presunção tenha ficado estabelecido mediante admissão ou prova."* (entenda-se admissão como confissão), requisito que se indica para as presunções judiciais. Já o art. 386º, nº 1, relativo às presunções judiciais, prevê que *"[a] partir de um facto admitido ou provado, o tribunal poderá presumir a certeza, para efeitos do processo, de outro facto, se entre o admitido ou demonstrado e o presumido existir uma ligação precisa e directa segundo as regras do critério humano. A sentença na qual se aplique o parágrafo anterior deverá incluir o raciocínio em virtude do qual o tribunal estabeleceu a presunção"*.

[166] Veja-se o art. 326º do referido diploma, *"quando um delito que investigue tenha deixado vestígios ou provas materiais da sua perpetração, o Juiz instrutor ou quem haja em seu lugar ordenará que recolham e conservem para o juízo oral se for possível, procedendo para o efeito à inspecção ocular e à descrição de tudo aquilo que pode ter relação com a existência e natureza do facto"*. Este artigo é um dos exemplos dados por PASTOR ALCOY, Francisco, *Prueba de indicios, credibilidad del acusado y presunción de Inocência*, Valência, Tirant lo Blanch, 2003, pág. 19.

Este vácuo normativo tem o efeito de aumentar o número de requisitos necessários à admissibilidade da prova indiciária, pelo menos no modo como são formulados. Alguns desses requisitos são reconduzíveis aos que já enunciamos *supra*, com a particularidade de não ser necessário, à jurisprudência e doutrina, incumbirem-se na tarefa de interpretar extensivamente os requisitos impostos pela lei de modo a incluir outros que deveriam fazer deles parte, ou, de excetuar aqueles que deveriam funcionar como regra geral, mas não absoluta.

É exatamente esta ampla criação jurisprudencial, tão aplaudida pela doutrina espanhola, que torna este direito processual tão apelativo e proveitoso à questão no tratamento português da prova indiciária. Em particular, o facto de ser uma jurisprudência consistente, para além de coerente e concertada, que trata o tema de modo direto, claro, na maioria das vezes, e fundamentado.

No direito espanhol, a primeira questão relativa à admissibilidade da prova indiciária prende-se com a sua aptidão para suplantar a presunção de inocência, a qual impõe que seja observada a imperatividade de existir prova incriminatória capaz de suportar a decisão do órgão jurisdicional dela incumbido. Circunstância de particular relevância na presente situação normativa portuguesa.

Como veremos, este primeiro obstáculo à assunção da prova indiciária contende com o controlo judicial da atividade probatória e da racionalidade da inferência[167] e a suficiência da convicção que daí possa advir. A partir do pressuposto, que analisaremos, de que a prova indiciária tem a aptidão para afastar a presunção de inocência, a jurisprudência formulou requisitos que disciplinam os condicionalismos para a sua eficácia probatória.

Numa última nota, é comum, ainda que não unânime, a jurisprudência e a doutrina referirem-se à prova indiciária como meio de prova, terminologia evitada em outros ordenamentos mas que, dado a definição

---

[167] CLIMENT DURAN, Carlos, *Ob. Cit.*, pág. 80, assinala, com toda a pertinência e no seguimento do que se vem expondo, que, em todo o caso, a prova por presunções estará imperativamente sujeita a um controlo judicial de racionalidade. Especificando que não é este um controlo de legalidade, mas, sim, de aferir se o raciocínio com que o julgador fez operar a indução ou inferência foi válido segundo parâmetros de lógica vulgar, de experiência coletiva e mesmo de senso comum. Inobservada esta exigência de racionalidade a prova não terá qualquer efeito probatório.

apresentada da mesma, parece o mais preciso, pois que a sua finalidade é fixar a veracidade de algum dos enunciados fácticos que comporão a sentença[168].

2. A admissibilidade constitucional da prova indiciária

O *Tribunal Constitucional*, reiteradamente, afirma que *"há-de reconhecer--se a possibilidade de que a partir da prova de indícios o órgão judicial deduza racionalmente a veracidade dos factos não provados diretamente em Juízo Oral"*. Esta afirmação, constante da *Sentencia* do *Tribunal Constitucional* 175/85[169] de 17 de Dezembro, juntamente com a *Sentencia* do *Tribunal Constitucional* 174/1985 de 17 de Dezembro e, ainda, da *Sentencia* do *Tribunal Supremo* de 14 de Outubro de 1986 são, repetidamente, citadas como fundamento da admissibilidade da prova indiciária[170].

Não quer isto dizer que anteriormente a estas decisões a jurisprudência não recorresse à prova indiciária para chegar a uma decisão condenatória, apenas aquilo que hoje se referiria como tal era apelidado de "juízo de valor"[171], evitando uma tomada de posição e a eventual controvérsia que daí pudesse advir[172].

Nas mencionadas decisões, reconhece-se, aquilo que já tivemos oportunidade de referir e que torna a prova indiciária imprescindível, que *"é um facto que nos juízos criminais nem sempre é possível essa prova direta por muitos esforços que se façam para obtê-la. Prescindir da prova indiciária*

---

[168] Neste sentido, ainda, CLIMENT DURAN, Carlos, *Ob. Cit.*, pág. 603.
[169] Disponível para consulta em http://hj.tribunalconstitucional.es.
[170] PASTOR ALCOY, Francisco, *Ob. Cit.*, pág.15 que afirma inexistir oposição doutrinal à mesma, o que de facto não se encontrou.
[171] CLIMENT DURAN, Carlos, *Ob. Cit.*, pág. 593.
[172] Pode ler-se na *Sentencia* do *Tribunal Supremo* 6429/1986, de 21 de novembro: *"o Tribunal Constitucional admitiu esta prova com eficácia bastante para desvirtuar a presunção de inocência nas sentenças: de 16 de dezembro [referindo-se à STC 173/1985] e de 17 de dezembro de 1985 [STC 174 y 175/1985]. (...) A diferença fundamental entre a prova indiciária anterior à Constituição que acolhe o princípio da presunção de inocência e a posterior ao texto constitucional, é que antes o raciocínio lógico que levada de uns factos verídicos a elementos essenciais do delito investigado, ficavam no arcano da consciência do Julgador, enquanto agora é preciso concretizar quais são os factos indiciários e qual o raciocínio lógico pelo qual se chega à afirmação dos factos constitutivos do delito; isto é, não basta julgar em consciência conforme o art. 741º da Ley de Enjuiciamiento Criminal, mas exige-se explicitar as razões de como se chegou a formar essa consciência."* Texto disponível para consulta em http://www.poderjudicial.es.

conduziria, por vezes, à impunidade de certos delitos e, especialmente dos perpetrados com particular astúcia, o que provocaria uma impotência social"[173].

Mais se diga que a prova indiciária não é, de modo algum, considerada como uma prova menor, sendo até considerada como *"tendo a mesma aptidão e eficácia que a prova direta para desvirtuar o direito à presunção de inocência"*[174], sendo este tema muito menos discutido aqui que no processo penal italiano.

2.1. A presunção de inocência

A presunção de inocência[175] reveste-se do estatuto de direito fundamental[176], com as consequentes repercussões na limitação à sua violação e a oponibilidade direta e imediata a todas as entidades públicas e privadas.

Aliás, trata-se de um direito cuja observação é prevista e imposta por vários instrumentos de direito internacional e unanimemente reconhecida como uma das marcas mais expressivas da existência de um sistema penal de um país respeitador da dignidade humana e do estatuto do cida-

---

[173] *Sentencia* do *Tribunal Constitucional* 174/1985 de 17 de dezembro, disponível para consulta em http://hj.tribunalconstitucional.es. A propósito do termo *"indefensión"*, que aqui traduzimos como impotência por melhor traduzir o significado do texto, esclarece CORREIA, João Conde, *Contributo para a análise da inexistência e das nulidades processuais penais*, Coimbra Editora, 1999, pág.56 *"em termos amplos pode dizer-se que existe indefensión quando o titular de um direito ou de um interesse juridicamente tutelado fica impossibilitado de exercer as acções legais necessárias e suficiente para a sua defesa. Isto é quando a sua defesa ou o exercício dos seus direitos, liberdades e garantias for afectado ou prejudicado por vícios de natureza processual. Situação que deve ser juridicamente apreciada em qualquer estado do processo, desde que seja patente, correspondente ao ried de que fala o sistema jurídico processual penal francês".*

[174] *Sentencia* do *Tribunal Supremo* 416/2009 de 5 de fevereiro, texto disponível para consulta em http://hj.tribunalconstitucional.es.

[175] Prevista no nº 2 do art. 24º da *Constitución Española* de 1978 onde se lê *"todos têm direito ao Juiz ordinário predeterminado pela Lei, à defesa e à assistência de advogado, a ser informados da acusação contra si formulada, a um processo público sem dilações indevidas e com todas as garantias, a utilizar os meios de prova pertinentes para a sua defesa, a não declarar contra si mesmo, a não se confessar culpados e à presunção de inocência."*

[176] *"Em primeiro lugar, os direitos fundamentais são direitos subjectivos, direitos dos indivíduos não só enquanto direitos dos cidadãos em sentido estrito, mas enquanto garantia de um status jurídico ou a liberdade num âmbito da existência. Ao mesmo tempo, são elementos essenciais de um ordenamento objectivo da comunidade nacional, quanto esta se configura como marco de uma convivência humana justa e pacífica, plasmada historicamente no Estado de Direito e, mais tarde, no Estado social de Direito ou Estado social e democrático de Direito, segundo a fórmula da nossa Constituição (1.1).",* conforme se diz na *Sentencia* do *Tribunal Constitucional* 25/1981, de 14 de julho.

dão num estado democrático[177]. Uma norma de ampla inspiração ao todo do direito penal e, em particular, ao direito adjetivo e probatório, uma vez que a prova obtida através da violação dos direitos fundamentais será prova proibida.

A presunção de inocência expandiu-se de um princípio vinculativo da atividade jurisdicional para se converter em direito que obriga todas as entidades públicas. Claro está, que é no sentido mais restrito da sua vinculabilidade relativamente ao desenvolvimento do processo judicial que analisaremos este direito.

Referiu-se anteriormente que a presunção de inocência opera num duplo sentido, enquanto regra de tratamento e enquanto regra de juízo. Há quem considere que o termo presunção não é utilizado no sentido técnico, mas num sentido mais mundano, ou por outra, leigo, no qual presunção é sinónimo de "considerar"[178] o arguido como inocente do crime de que é acusado até que seja proferida sentença condenatória. Outros definem a presunção de inocência como uma presunção *iuris tantum*[179], ou seja, relativa e ilidível mediante prova, que, de facto, é.

Não descurando a relevância que tal princípio indiscutivelmente tem como regra de tratamento, é na sua vertente configuradora do correr do processo que ela desempenha um fundamental papel na admissibilidade da prova indiciária. Pois é o direito fundamental à presunção de inocência que dita que, no juízo de facto plasmado na sentença penal, se repercuta a atividade probatória desenvolvida em termos passíveis de afastarem tal presunção.

Nesta sua vertente condicionante da atividade judicial a presunção de inocência associa-se, inevitavelmente, ao princípio *in dubio pro reo*. Este princípio dita que a falta de provas opera em benefício daquele que não se encontra onerado com a prova dos factos constitutivos, modificativos

---

[177] Vejam-se, como exemplos pois outros existem, o nº 1 do art. 11º da Declaração Universal dos Direitos Humanos, o nº 2 do artigo 14º do Pacto Internacional de Direitos Civis e Políticos, em termos mais universais. Existem ainda instrumentos internacionais que vigoram em determinadas regiões e reproduzem este mesmo direito como o nº 2 do art. 6º da Convenção Europeia dos Direitos do Homem, o art.48, nº1 da Carta dos Direitos Fundamentais da União Europeia.

[178] VÁZQUEZ SOTELO, José Luis, *Presunción de inocência del imputado e intima convicción del tribunal*, Barcelona, Bosch, 1984, pág. 268 e ss.

[179] JAÉN VALLEJO, Manuel, *La presunción de Inocencia en la Jurisprudencia Constitucional*, Madrid, Akal Editorial, 1987, pág. 23.

ou extintivos de um dado facto jurídico, o que, em processo penal, é o mesmo que dizer em favor do arguido. Isto, porque decorre do princípio da presunção de inocência a proibição da inversão do ónus da prova[180]. Tudo isto, em observância ao princípio *nulla poena sine crimine, nullum crimene sine culpa*, a dúvida deverá conduzir à absolvição[181], pois o ponto de partida do processo é que o arguido é inocente, até que a decisão judicial, fundamentadamente, dite o contrário, segundo a velha máxima *satius est impunitum relinqui facinus nocentes quam innocentem damnari*.

Ainda que interrelacionados, a verdade é que este princípio e a presunção de inocência têm naturezas e âmbitos de aplicação diferentes.

A breve análise deste princípio permite concluir que o princípio *in dubio pro reo* opera em casos de incerteza do julgador ante a prova produzida, já a presunção de inocência opera quando a incerteza resulta, sobretudo, da falta de provas incriminatórias cuja obtenção e produção tenham observado as garantias constitucionais. Isto, pois, *in dubio pro reo* é um princípio instrumental utilizado para evitar impasses na decisão, na dúvida o julgador dispõe de um critério formal de decisão.

Ora o que se impõe ao julgador não é que tenha dúvidas. Pois em observância do princípio de livre apreciação da prova o julgador não fica obrigado a ter as mesmas incertezas que outrem poderia, no seu lugar e perante as mesmas provas, ter. E, como tal, contrariamente ao direito fundamental da presunção de inocência, no processo penal o princípio *in dubio pro reo* é dificilmente sindicável em sede de recurso.

Isto limita o argumento de que a prova indiciária, pela sua natureza de fundamentada probabilidade e não de certeza, violaria este princípio.

---

[180] CANOTILHO, Gomes e MOREIRA, Vital, *Constituição da República Portuguesa Anotada*, Coimbra, Coimbra Editora, 2007, pág. 518, sobre a previsão deste mesmo direito à presunção de inocência Acórdão do Tribunal Constitucional nº 426/91, onde se diz sobre a presunção da inocência *"[t]raduz-se ainda no direito ao silêncio do arguido e a recusar-se colaborar na sua incriminação. Este direito encontra-se previsto na alínea d) do nº 1 do artigo 61º do Código de Processo Penal, sendo considerado um corolário do princípio da presunção de inocência e das garantias fundamentais do arguido em processo penal (...)"*. Neste mesmo sentido se diz na já referida *Sentencia* do *Tribunal Constitucional* 126/1986, de 18 de novembro que *"a carga da actividade probatória pesa sobre os acusadores, nunca sobre o acusado"*.

[181] *"[A] falta de prova da culpabilidade equivale à prova da inocência"*, expressão de GÓMEZ ORBANEJA y HERCE QUEMADA citado por CORDON AGUILAR, *Prova indiciaria y presunción de inocencia en el processo penal*, Instituto Vasco Derecho Procesal, San Sebastián, 2012, pág. 195 e ss., também disponível para consulta no Repositório Documental da Universidade de Salamanca em http://gredos.usal.es/jspui.

Porque não só o resultado probatório da presunção pode não causar dúvidas no julgador, como este princípio apenas exige que, na eventualidade de tais dúvidas surgirem, a decisão tenha um caráter absolutório no que a elas se referir[182].

Já a presunção de inocência não respeita diretamente à valoração da prova, apenas dita que, antes de se poder falar de apreciação da prova validamente produzida ou admitida, que está sempre deixada à livre valoração da entidade incumbida da decisão, o arguido é inocente. É exatamente pelo que se acaba de expor que se considera que, no caso espanhol, foi a consagração constitucional da presunção de inocência que a afastou da natureza de princípio geral de direito do *in dubio pro reo*.

Foi neste entendimento que a *Sentencia* do *Tribunal Constitucional* 31/1981 de 28 de Julho[183], configurou o conteúdo essencial do direito à presunção de inocência como um direito que se impõe, na vertente processual, um tanto pela negativa. Isto é, salvo se for levada a cabo uma *"mínima actividade probatória"* da qual se possam retirar elementos comprovativos da culpabilidade do acusado com as devidas garantias legais e em observância dos princípios informadores do processo penal con-

---

[182] Neste sentido, a *Sentencia* do *Tribunal Supremo* 708/2002, de 5 de fevereiro: *"(...) o princípio in dubio pro reo tem um carácter eminentemente processual, utilizável no âmbito da crítica da prova, e instrumental em ordem a resolver os conflitos nos quais o Tribunal não consegue chegar a uma convicção firme sobre o provado, casos em que a dúvida deve resultar em favor do réu. O princípio in dubio pro reo só entra em jogo quando praticada a prova, esta não desvirtuou a presunção de inocência. Dito de outro modo: a aplicação do dito princípio exclui-se quando o órgão judicial não teve dúvida alguma sobre o carácter incriminatório das provas praticadas."*

[183] Disponível para consulta no portal oficial do *Tribunal Constitucional de España*, http://www.tribunalconstitucional.es, a *Sentencia* referida versa sobre um tema diverso da prova indiciária tratando de analisar se a presunção de inocência pode ser desvirtuada quando a única prova acusatória é a declaração do arguido ante a polícia e com inobservância da sua posterior repetição ante um magistrado e com as devidas formalidades. Desta sentença transcreve-se uma parte do voto vencido, referido como voto particular do magistrado Angel Escudero del Corral, por ser o mesmo esclarecedor relativamente ao tema em estudo, *"[a]o Tribunal Constitucional se se quer respeitar a livre valoração ou íntima convicção do juiz penal, só cabe comprovar a existência formal de uma actividade probatória com independência da sua força dialéctica ou argumentativa, (...) e se na Sentença de recurso de amparo se estimam insuficientes para justificar uma Sentença penal condenatória, é porque foram valorados no correspondente recurso constitucional, e porque se estimou que os factos provados da Sentença não se correspondem com os que o Tribunal Constitucional julga como existentes, contraindo-se de modo certo, o determinado no art. 741 da L. E. Crim., e o disposto no art. 44.1 b) da LOTC, assim como os limites estabelecidos por aquele."*

forme ficarão expressos na sentença, a presunção de inocência não pode ser afastada.

Poder-se-ia então dizer que o princípio *in dubio pro reo* condiciona a atividade valorativa do órgão encarregue da decisão. Já a presunção de inocência condiciona a atividade da entidade encarregue da acusação[184] incumbindo-a de apresentar provas da culpabilidade do arguido, das circunstâncias agravantes que alegue ocorreram através de uma prova lícita que cumpra os princípios processuais de oralidade, imediação, publicidade e contradição[185].

2.2. "Mínima atividade probatória"

O *Tribunal Constitucional* espanhol tem vindo a, reiteradamente[186], impor que para que a ponderação efetuada, livremente, pelo Tribunal incumbido da decisão possa desvirtuar a presunção de inocência deverá ter sido realizada uma *"mínima atividade probatória"* [187].

Este é um conceito que deve ser observado sem, ainda assim, impor qualquer restrição ao princípio da livre valoração da prova, que vigora no processo penal espanhol[188], à semelhança do português.

---

[184] Assim lê-se na Sentencia do Tribunal Constitucional 21/1998 relativamente à presunção de inocência"(...) *este direito não permite uma condenação sem provas, no que faz referência à presunção de inocência em sua dimensão de regra de juízo e supõe que quando o Estado exercita o ius puniendi através de um processo, deve estar em condições de acreditar publicamente que a condenação se impôs pela demonstração fundamentada de que o acusado cometeu realmente o concreto delito que lhe atribuía, a fim de evitar todas as suspeitas de actuação arbitrária. Neste sentido toda a sentença condenatória deve estar sustentada em provas acusatórias válidas, validade que implica não apenas a conformidade à Ley de Enjuiciamiento Criminal, mas também a conformidade às mesmas e à própria Constituição, correspondendo o ónus da prova a quem acusa. A definição da presunção de inocência, que da perspetiva constitucional, deve entender-se como direito a não ser condenado sem provas acusatórias válidas*".

[185] DEL MOLINO, Maria Soledad: *La presunción de inocencia como derecho constitucional*", in *Revista de Derecho Procesal*, nº 3, 1993, pág. 596.

[186] Desde a já referida *Sentença do Tribunal Constitucional* 31/1981, de 28 de julho, a presunção de inocência obriga a *"uma mínima atividade probatória, produzida com todas as garantias processuais e que seja de acusação"*.

[187] Como assinala CORDON AGUILAR, Julio Cesar, *Ob. Cit.*, pág. 164 "(...) *é evidente que o direito fundamental à presunção de inocência exige a existência, no desenvolvimento da causa penal de que se trate, de uma actividade probatória concreta, praticada conforme as exigências do devido processo, que proporcione ao órgão jurisdicional os elementos necessários para formar a sua convicção relativamente à culpabilidade do arguido*".

[188] Conforme previsto no art. 741 da *Ley de Enjuiciamiento Criminal* que estatui *"[o] Tribunal, apreciando, segundo a sua consciência as provas praticadas em juízo, as razões expostas pela acusação e*

As provas que integram este conceito de "mínima actividade probatória" deverão ser de caráter acusatório[189] e praticadas em juízo, para além de obedecer a todas as garantias constitucionais e processuais das partes intervenientes.

O que sejam provas de caráter acusatório é, unanimemente, considerado como aquelas provas produzidas ou admitidas que pelo seu caráter incriminatório permitam à entidade decisora alcançar um estado de convicção, que supera a dúvida razoável, sobre os componentes fácticos do processo e da imputabilidade e culpabilidade do acusado[190].

Este critério é tão difundido que é este o conceito que se têm em mente ao referir-se "actividade probatória". O qual não é, de todo um conceito estranho no ordenamento nacional, pois, o que se exige é que não possa a presunção de inocência ser afastada perante a inércia da entidade incumbida da acusação ou pronúncia, quando a esta haja lugar.

Numa breve nota, visto que ao tema regressaremos mais tarde, esta exigência do caráter incriminatório da prova impõe que a sentença, na qual se entenda afastada a presunção de inocência, contenha uma motivação em que se consignem os elementos probatórios e o seu sentido acusatório. Portanto, *pruebas de cargo* serão aquelas que se referem aos factos constitutivos da pretensão punitiva.

É de sublinhar que a regulamentação da prova é essencialmente dirigida à atuação da acusação exatamente em virtude da presunção de inocência. Assim, o direito fundamental à presunção de inocência revela-se uma "barreira infranqueável"[191] que obsta à condenação no caso da prova praticada ser insuficiente[192] ou não se chegar a uma certeza que ultra-

---

a defesa e o manifestado pelos processados, ditará sentença dentro do prazo estabelecido na lei. Sempre que o Tribunal faça uso do livre arbítrio para a qualificação do delito ou para a imposição da pena que lhe confere o Código Penal, deverá indicar se tomou em consideração os elementos que o preceito aplicável obriga a ter em conta."

[189] Sob pena de se perder alguma da significância da terminologia na sua língua de origem, o termo recorrentemente utilizado é *"de cargo"* cuja tradução poderá ser "de acusação" e, por vezes, "de responsabilidade". Termos, usualmente e com maior precisão, utilizados pelo direito penal e pelo civil respectivamente.

[190] MIRANDA ESTRAMPES, Manuel, *La mínima actividad probatoria en el proceso penal*, Barcelona, Bosch, 1997, pág. 176.

[191] MORENO CARTERA, Victor e CORTÉS DOMINGUEZ, *Derecho Processual Penal*, 2º ed., Valência, Tirant lo Blanch, 2005, pág. 374.

[192] Diz-se na *Sentencia* do *Tribunal Constitucional* 174/1985 de 17 de dezembro que *"[n]ão basta, portanto, que se tenha praticado a prova e, inclusivamente, que se a tenha praticado com grande*

passe a dúvida razoável apesar de ter sido produzida prova pela aplicação do princípio *in dubio pro reo*.

O *Tribunal Constitucional* entende que a prova indiciária preenche e satisfaz este conceito de prova suficiente, afirmando-o de modo inequívoco, "*à falta de prova direta de acusação, a prova indiciária é válida para enfraquecer a presunção de inocência sempre que exista uma mínima actividade probatória realizada com as garantias necessárias, referida a todos os elementos essenciais do delito, da qual inferir razoavelmente os factos e a participação do acusado nos mesmos (...)*"[193]. Ou seja, pretende-se evitar que, no caso da prova indiciária, outros existirão, seja pronunciada uma decisão baseada em prova indireta simplesmente para evitar a tarefa de investigar em busca da prova direta.

O *Tribunal Constitucional* não analisa, como não poderia deixar de ser, o mérito dessa atividade probatória perpetrada durante as fases de investigação e carreada para a fase de julgamento, mas meramente a questão formal de aferir se ela existiu, e se, as inferências das quais resultam as provas indiciárias são razoáveis[194]. Mas o nível de ingerência legalmente admissível no raciocínio indiciário por parte do *Tribunal Constitucional* é limitado[195], há apenas que aferir se o tribunal recorrido cumpriu a sua obrigação de motivar, explicar externamente a valoração da prova indiciária.

---

amplitude, *nem é suficiente que os órgãos judiciais e a polícia judicial tenham apresentado o máximo zelo na averiguação do delito e identificar o seu autor. O resultado da prova há-de ser tal que possa racionalmente considerar-se "de cargo", isto é, que os factos cuja certeza resulte da prova praticada, provem a culpabilidade do acusado*".

[193] *Sentencia* do *Tribunal Constitucional* 133/2011, de 18 de julho de 2011, disponível para consulta em http://www.tribunalconstitucional.es.

[194] Acompanhando a já referida *Sentencia* 133/2011, de 18 de julho de 2011, "*é necessário precisar que não é função deste Tribunal inserir-se na valoração da actividade probatória praticada num processo penal conforme critérios de qualidade ou de oportunidade, mas unicamente a de controlar a razoabilidade da inferência a partir da qual os órgãos judiciais concluíram pela culpabilidade dos recorrentes, de modo que só poderá considerar-se vulnerado o direito à presunção de inocência quando essa inferência "seja ilógica ou tão aberta que dentro dela se encaixam uma pluralidade de conclusões alternativas que nenhuma delas pode dar-se por provada*".

[195] "*[O] Tribunal constitucional deve enfrentar-se nestes casos com a difícil tarefa de verificar se existiu uma verdadeira prova indiciária ou se a única coisa que se produziu foi uma actividade que, apesar da sua finalidade probatória, não logrou mais que lançar suspeitas ou sugerir conjeturas sobre a culpabilidade do acusado*", diz CLIMENT DURÁN, *Ob. Cit.*, pág. 596.

3. Requisitos de admissibilidade da prova indiciária fixados pelo *Tribunal Constitucional* e pelo *Supremo Tribunal*

Ponderado que foi expor os requisitos indicados pelo *Tribunal Constitucional* e pelo *Supremo Tribunal* separadamente, tal método seria não apenas cansativo como, pela repetição, se revelaria infrutífero. Como tal, nas próximas páginas serão apresentadas as condições que os tribunais superiores de Espanha consideram essenciais para que a prova indiciária seja passível de afastar "toda a dúvida razoável" e vir a fundamentar uma decisão condenatória. Apesar de inevitável, far-se-á uma tentativa de omitir duplicações de pontos focados aquando da análise do tema sob a perspetiva italiana.

O *Tribunal Constitucional* tem vindo de modo bastante coeso e coerente a delimitar uma série de requisitos[196] que a prova indiciária deverá cumprir de modo a afastar a presunção de inocência, sendo certo que a jurisprudência do *Supremo Tribunal* tem contribuído em muito para a circunscrição, precisão e aplicação desses requisitos.

Segundo o *Tribunal Constitucional*, a prova indiciária pode sustentar uma decisão condenatória, sem prejuízo do direito à presunção de inocência, sempre que os factos base estejam plenamente provados; o facto probando se deduza com precisão desses factos base completamente provados; a razoabilidade da inferência seja controlável mediante a exteriorização, pelo órgão judicial, dos factos base que estão provados e a subsequente exposição da ligação lógica entre os facto base e o facto presumido; e, finalmente, o raciocínio deverá estar assente em regras do critério humano ou em regras de experiência comum.

Já o *Supremo Tribunal* tratou pela primeira vez o tema[197] na STS 5456/1986, de 14 de outubro. Desde então tem vindo a enunciar vários

---

[196] Que PASTOR ALCOY, Francisco, *Ob. Cit.*, pág. 38 e ss., divide entre materiais e processuais. Contam-se entre os primeiros a pluralidade de indícios, a prova direta dos mesmos, a imperatividade de que sejam periféricos ao facto probando, a sua interrelação, a racionalidade da inferência e a motivação da sentença. Seriam requisitos processuais a explanação do raciocínio e a motivação da sentença.

[197] Segundo a indicação de CORDON AGUILAR, Julio Cesar, *Ob. Cit.*, pág. 203, no texto da referida *Sentencia* diz-se "[...] *ao tratar pela primeira vez de abordar de forma frontal o tema da prova circunstancial ou indiciária, não resultará ocioso nem desequilibrado dentro da missão confiada a este Tribunal Supremo referir-se às grandes linhas sobre o que há-de desenvolver-se dela; porquanto no processo penal a actividade probatória constitui a fase mas transcendental, já que, como se assinalou por uma reputada doutrina processual, a função jurisdicional se assemelha em tal área ou âmbito à*

II. CAPÍTULO

condicionalismos à eficácia da prova indiciária. Indica como requisitos de caráter formal que a decisão deverá expressar quais os factos base que se dão como plenamente provados e que servirão de base à inferência. Exige, ainda, que na decisão se expresse o raciocínio pelo qual se chegou dos factos base ao facto presumido o que permitirá o controlo da racionalidade da inferência em sede de recurso. Do ponto de vista material é necessário, no que respeita aos indícios, que estejam plenamente provados, que sejam de caráter acusatório, que sejam plurais ou sendo únicos que possuam uma "*singular potência acreditativa*", que sejam concomitantes relativamente ao facto probando, que estejam interrelacionados, no caso de serem vários. Relativamente à inferência, esta deve ser razoável segundo as regras de lógica e de experiência e deve fluir dos factos base provados com naturalidade[198].

Alguns destes requisitos sofrem desvios, como veremos seguidamente, no entanto, são aplicados com constância e estabilidade permitindo uma produtiva análise que poderá, em muito, enriquecer a jurisprudência portuguesa.

3.1. Os indícios devem estar plenamente provados

Esta é uma exigência imposta tanto pelo *Tribunal Constitucional*[199] como pelo *Supremo Tribunal*[200].

Cumpre uma precisão, que não fizemos anteriormente por parecer óbvia, mas que é invocada com frequência pela jurisprudência de ambas

---

historiográfica, pois o juiz, como o historiador, é chamado a indagar sobre factos do passado e averiguar a sua real existência, estando para isso obrigado, segundo se pode decidir, a realizar não a labor de fantasia, mas a uma obra de eleição e construção sobre dados preexistentes."

[198] Vejam-se as *Sentencias* do *Tribunal Supremo* 4934/2012, de 9 de julho de 2012, e 3940/2009 de 19 de junho, disponíveis para consulta em http://www.poderjudicial.es.

[199] A título exemplificativo *Sentencia* do *Tribunal Constitucional* 24/1997, de 11 de fevereiro esclarece "*[e]ste Tribunal tem estabelecido que os critérios para distinguir entre provas indiciárias e simples suspeitas se apoiam em que: a) a prova indiciária parta de factos plenamente provados; b) os factos constitutivos do crime devem deduzir-se desses indícios (factos completamente provados) através de um processo mental fundamentado e de acordo com as regras de critério humano, explicitado na Sentença condenatória*", texto integral disponível para consulta em http://www.tribunalconstitucional.es.

[200] *Sentencia* do *Tribunal Supremo* 8986/2000 de 05 de dezembro, disponível para consulta em http://www.poderjudicial.es. Mais se diga que, neste seguimento, o *Supremo Tribunal* exige que os indícios, entendidos como factos base com maior precisão, estejam acreditados por prova direta e não indiciária de modo a dar cumprimento à exigência do 1249º do Código Civil.

as instâncias, que sublinham que essa prova direta dos indícios deverá cumprir com os requisitos gerais para a admissibilidade de qualquer meio de prova[201], nomeadamente, o respeito pelos direitos fundamentais e garantias legais do arguido. Esta é uma preocupação premente num ordenamento no qual a prova indiciária é, no âmbito penal, atípica, enquanto no direito italiano não se questiona já se a prova indiciária, legalmente admitida, viola algum direito fundamental, nomeadamente a presunção de inocência.

Pouco se poderá acrescentar ao que já foi referido anteriormente. Ora um dos pontos de discórdia, como vimos, referia-se à admissibilidade do recurso de uma presunção, cuja prova do facto base seja obtida através de um outro indício. A resposta italiana parece ser, actualmente, um redundante não. O mesmo se poderia dizer quanto à espanhola com o fundamento já referenciado de evitar os riscos de uma sequência de indícios e da fragilidade da inferência daí decorrente.

No entanto, sempre se poderá defender[202] que tal posição seria um contra senso, na medida em que se considera que a prova indiciária é fiável o suficiente para fundamentar uma decisão condenatória, mas não para confirmar a existência de um facto base. Neste sentido existem algumas decisões que o admitem[203], tendo o *Tribunal Constitucional* se pronunciado no sentido de inexistir qualquer obstáculo à fundamentação de

---

[201] Explica VEGAS TORRES, Jaime, *Presunción de inocencia y prueba en el proceso penal*, Madrid, La Ley, 1993, pág. 140, que *"a prova de indícios não se diferencia da que se dirige de maneira directa à fixação dos factos constitutivos da infração, e está sujeita às mesmas exigências desta. Não poderá considerar-se provado, pois, um indício, mas sobre a base de uma actividade probatória processual, praticada com todas as garantias, de cujo conteúdo objetivo resulta da certeza do facto indício e que, valorada a conformidade com as regras de experiência e da lógica, conduza ao convencimento do julgador sobre a certeza do facto indício."*

[202] Como o faz CORDON AGUILAR, Julio Cesar, *Ob. Cit.*, pág. 200 e 203.

[203] *Sentencia* do *Tribunal Constitucional* 186/2005, de 4 de julho, disponível para consulta em http://www.tribunalconstitucional.es, *"[a]ssim, o núcleo da controvérsia radica no facto de que esse primeiro indício em que o Tribunal de Apelação se apoia para concluir que se utilizaram chaves falsas não tenha sido fixado por prova directa, mas que, por sua vez, se obteve a partir de uma inferência lógica derivada de outros elementos indiciários. Portanto, a questão que no fundo se coloca é a de se cabe considerar constitucionalmente válida uma prova indiciária derivada de indícios obtidos, por seu lado, de prova indiciária. Pois bem, de acordo com a doutrina exposta sobre a prova de indícios há que admitir que não cabe excluir in limine a possibilidade de que os indícios venham por sua vez provados por prova indirecta, mas que deverá depender das circunstâncias do caso concreto, atendendo em particular à solidez que caiba atribuir à constância probatória desses indícios."*

uma condenação através de prova indiciária cujo facto base tenha, também ele, sido provado através de uma atividade inferencial[204].

3.2. Concorrência de uma pluralidade de indícios – indício único

Relativamente a este tema a jurisprudência a atender é a do *Tribunal Supremo*, uma vez que não encontramos decisão do Tribunal Constitucional sobre a possibilidade de proceder a uma decisão condenatória com apenas um indício, pois sempre abordou a questão sobre a perspetiva da razoabilidade das inferências que efetiva a prova indiciária sem que enumere ou quantifique os indícios.[205]

O *Tribunal Supremo* exige, enquanto regra geral, a concorrência de uma pluralidade de indícios[206], sem qualquer especificidade relativamente aos fundamentos para tal exigência já enunciados relativamente ao ordenamento italiano quanto à exclusão de erro[207]. No entanto, não se diz que o indício único seja incapaz de fundamentar a convicção judicial, isto, geralmente, com invocação a uma *"singular potencia acreditativa"*[208],

---

[204] Sentencia do *Tribunal Constitucional* 123/2006, de 24 de abril, disponível para consulta em http://www.tribunalconstitucional.es.
[205] Cfr. MONTAÑES PARDO, Miguel Angel, *La presunción de inocencia: análisis doctrinal y jurisprudencial*, , Navarra, Editorial Aranzadi, 1999, pág. 109.
[206] Sentencia do *Tribunal Supremo* 5456/1986, de 14 de outubro, já referida.
[207] Assim, ASENCIO MELLADO, José María, *Prueba prohibida y prueba preconstituida*, Instituto Peruano de Criminología y Ciencias Penales, 2008, pág. 64 e ss, escreve que mesmo que um só indício, no plano teórico fosse suficiente para proporcionar tal segurança, o normal é que assim não seja pela impossibilidade de comparar o resulado alcançado com outras hipóteses prováveis, salvo no caso da aplicação de máximas de experiência ou científicas que possam ser classificados como seguras, facto pouco frequente.
[208] *"Já indicamos que a força probatória da prova indiciária procede da sua interrelação e combinação com outros indícios, que concorrem numa mesma direcção (SS. 14.2 y 1.2.2000), e é por isto que normalmente o indício único se mostra insuficiente. No entanto no caso actual – como destaca a STS. 468/2002 de 15.3 – concorre um indício especialmente significativo, isto é de um "singular poder probatório", a impressão digital do recorrente encontrava-se num dos envelopes de "Manicol" que se encontravam num dos recipientes enterrados com os recepientes de plástico em que se encontrava a cocaína. Como recorda a sentença de 29.10.2001, esta Sala admitiu a efetividade desta prova para desvirtuar a presunção de inocência (entre outras, a de 17.3, 30.6.99, e 22.3, 27.4 e 19.6.2000), a perícia dactiloscópica constitui uma prova plena no que respeita à acreditação de uma determinada pessoa num lugar em que a impressão se encontre e permite estabelecer, com segurança praticamente absoluta, que as suas mãos estiveram em contacto com a superfície em que aparecem impressas. A conexão destes dados com a atribuição ao titular das impressões a sua participação no facto criminoso, necessita, ainda assim, de um juízo lógico inductivo solidamente construído do qual possa deduzir-se, sem dúvida racional alguma, que pelo lugar onde se*

ou, no mesmo sentido, a uma *"especial significación probatoria"*[209]. Portanto, o recurso a um único indício tem caráter excepcional ao afastar-se do requisito intrínseco de pluralidade[210] e depende da significância probatória do mesmo[211].

Esta possibilidade mais uma vez funda-se na ideia de que a eficácia probatória da prova indiciária deverá prender-se com a solidez e fundamento do nexo que se forme entre o facto base e a afirmação presumida e mesmo com a própria natureza do facto probando[212].

Cumpre deixar duas últimas notas[213]. A primeira relativamente a uma questão que se poderá levantar na apreciação dos indícios: o seu efetivo número. Fala-se a este propósito da independência dos indícios, essencialmente como método de neutralizar a falsa multiplicação de indícios. Com isto, se pretende denotar que um único indício comprovado a partir de três diferentes fontes de prova continua a ser apenas um indício, nos exatos termos em que vários meios de prova direta sobre um mesmo facto também só esse facto provariam. Na medida em que continua a possibilitar conhecer de apenas um facto presumido. A segunda, contende com a inexistência de contra-indícios, que serão admitidos e valorados nos mesmos termos que a prova indiciária, com a particularidade de fragilizarem o resultado obtido.

---

encontra a impressão ou pelo conjunto de circunstâncias concorrentes esta necessariamente vem do autor do facto criminoso.", Sentencia do Tribunal Supremo 3604/2007 de 20 de maio, disponível para consulta em http://www.poderjudicial.es.

[209] Sentencia do Tribunal Supremo 8485/2000 de 21 de novembro, disponível para consulta em http://www.poderjudicial.es.

[210] MIRANDA ESTRAMPES, Manuel, *Ob. Cit.*, pág. 239 e 240.

[211] Sublinha PASTOR ALCOY, Francisco, *Ob. Cit.*, pág. 36 e 37, que *"a própria natureza periférica do facto-base não lhe permite per si fundar a convicção judicial, conforme a norma contida no art. 741º Lecrim., da existência de um facto único ou isolado de tal carácter [pluralidade], salvo se da sua especial significação dela proceda (STS 20-01-97). Admitir o contrário seria um retrocesso dentro do estado de Direito e incidiria na área vedada pelo art. 9.3 C.E."*

[212] Por exemplo, no caso da prova da intenção de tráfico, tem o *Tribunal Supremo* entendido que basta um único indício que se consubstancia na quantidade de droga encontrada na posse do arguido quando *"exceda a de duas doses habituais para consumo"* – Sentencia do Tribunal Supremo 3556/2001 de 30 de abril, disponível para consulta em http://www.poderjudicial.es, sublinhando a importância de não valorar apenas a quantidade mas manter em atenção que é a intenção de traficar que é punida neste tipo de ilícito.

[213] PASTOR ALCOY, Francisco, *Ob. Cit.*, pág. 148, 150 e 151.

3.3. Existência de raciocínio dedutivo

O *Tribunal Supremo*, com a anuência do *Tribunal Constitucional*[214], tem vindo a entender que a irrazoabilidade do raciocínio dedutivo resultará pela falta de lógica, pela incoerência da inferência ou pelo caráter não concludente em virtude de ser excessivamente aberto, débil ou indeterminado. Neste último caso, seriam possíveis vários resultados contrários epistemologicamente válidos em virtude do mesmo facto-base[215]. Questões que se referiram anteriormente ao tratar da gravidade e precisão impostas pelo *Codice di Procedura Penale*.

Este é um requisito indispensável à própria caracterização da prova indiciária pois, como já se referiu várias vezes, o raciocínio inferencial, em particular do tipo dedutivo, é imprescindível para a construção da presunção, pois permite passar da generalização resultante da regra de experiência à circunstancialidade concreta do facto presumido.

Também não repetiremos o já exposto quanto às regras de experiência pois nada de novo se diz no ordenamento espanhol que já não tenha sido tratado anteriormente. É com referência a este conceito que se exige que entre o indício e o facto presumido exista um enlace preciso, direto, coerente, lógico e racional segundo as regras do critério humano[216].

É comum invocar, como critérios de aferição desta construção inferencial com base nas regras de critério humano, os princípios da oportunidade e causalidade[217]. São eles considerados como intervenientes na maioria das presunções, com a particularidade da oportunidade ter um maior campo de aplicação nas presunções legais. Isto, pois, com oportunidade pretende significar-se exatamente isso: a conveniência e adequação do concreto raciocínio que construirá a presunção com base na selecção da máxima de experiência aplicável àquele indício.

---

[214] Lê-se na já citada *Sentencia do Tribunal Constitucional 175/85*, "[d]esses factos que constituem os indícios deve chegar-se através de um processo mental fundamentado e de acordo com as regras de critério humano a considerar provados os factos constitutivos do crime. Pode ocorrer que os mesmos factos provados permitam em hipóteses diversas conclusões ou se ofereçam no processo interpretações distintas dos mesmos. Neste caso o Tribunal deve ter em conta todas elas e explicar porque elege a que estima como conveniente."

[215] PASTOR ALCOY, Francisco, *Ob. Cit.*, pág. 38.

[216] MONTAÑES PARDO, Miguel Angel, *Ob. Cit.*, pág.108 e 109.

[217] Acompanharemos nesta breve exposição, SERRA DOMÍNGUEZ, Manuel, *De las presunciones*, in *Comentarios al Código civil y compilaciones forales*, ALBALADEJO, Manuel (dir.), tomo XVI, vol. 2, Editorial Revista de Derecho Privado, Madrid, 1991, pág. 561.

Já por causalidade se entende aquilo que vimos há já muito referenciando como o que naturalmente decorre como causa ou efeito de um facto e que, por isso, pode ser presumido. Ou seja, o resultado probatório só é utilizável se for possível verificar-se que entre o facto base e o facto presumido existe uma relação de causalidade lógica, que como se disse, impõe que na presença de um, o outro também tenha ocorrido.

Numa última nota, e do que se acabe de explanar, resulta que intimamente ligado ao princípio da causalidade está, também, o da normalidade. Ou, em melhores termos, o contrário: é a repetição de certos fenómenos, mesmo atinentes ao comportamento humano, que criam leis mais ou menos imutáveis que ditam um padrão uniforme e, por isso, previsível possibilitando perceber a relação, necessariamente existente, entre causa e efeito[218].

Ora é no caso de existirem várias causas ou efeitos possíveis, de acordo com os referidos princípios de normalidade e causalidade, que opera o princípio da oportunidade como critério de eleição da concreta causa produtora do efeito entre várias abstratamente possíveis[219]. No entanto, esta possibilidade cria um resultado demasiado débil e, portanto e à partida, não atendível.

3.4. Circunstancialidade

Exige-se mais que um nexo temporal ou circunstancial, impõe-se que o facto base e o facto presumido *"se encontrem conectados ou relacionados material e diretamente com o facto criminoso e o seu agente"*[220].

Assim, por circunstancialidade pretende dizer-se que os indícios devem ser periféricos ou concomitantes em relação ao facto probando, o que expressa a necessidade da conexão "direta" com estes para apreciar o fundamento da inferência realizada. No fundo, devem os indícios ser circunstanciais no significado semântico, perdoe-se o pleonasmo, de "estar

---

[218] CLIMENT DURAN, Carlos *Ob. Cit.*, pág. 609.
[219] Diz a já referida *Sentencia do Tribunal Constitucional 174/1985* que *"pode ocorrer que os mesmos factos provados permitam em hipóteses diversas conclusões ou se ofereçam no processo interpretações distintas dos mesmos. Em todo o caso o Tribunal deve ter em conta todas elas e raciocinar porque elege a que estima conveniente".*
[220] *Sentencia do Tribunal Supremo 6637/2008* de 17 de novembro, disponível para consulta em http://www.poderjudicial.es.

ao redor"[221], isto é, que não sendo a mesma coisa, estejam na sua proximidade. Remetemos para as considerações *supra* sobre o *thema probandum* e a prova indiciária.

3.5. Interrelação
Derivada da mesma relação periférica, no entendimento da jurisprudência espanhola, encontramos este requisito que *"como notas de um mesmo sistema em que cada uma delas se repercute sobre as restantes em tanto quanto formam parte dele. A força da convicção desta prova emana não apenas da sua adição ou soma, mas também desta imbricação"*[222].

Devem os indícios, portanto, estar interrelacionados e serem, entre si concordantes. Remeteremos neste ponto para o que anteriormente se disse sobre o requisito do processo penal italiano da concordância, sob pena de na existência de vários indícios, que entre si não tivessem um mesmo sentido convergente estes se neutralizarem mutuamente[223]. Estas ligações devem ser expressas na decisão proferida como veremos de seguida.

3.6. Expressão na motivação de como se chegou à inferência e fundamentação do enlace
Este requisito emana, evidentemente, da imperatividade da motivação das sentenças como decorrência do direito constitucional à tutela efetiva[224].

É a motivação da sentença que permitirá, não só ao resto da comunidade jurídica aferir da justeza da decisão consoante o direito aplicável aos factos apurados, como ao próprio arguido ficar na posse dos instrumentos

---

[221] MONTAÑES PARDO, Miguel Angel, *Ob. Cit.*, 108 e 109.
[222] *Sentencia* do *Tribunal Supremo* 3180/1996 de 24 de maio, disponível para consulta em http://www.poderjudicial.es.
[223] Na *Sentencia* do *Tribunal Supremo* 8484/2009 de 23 de dezembro, disponível para consulta em http://www.poderjudicial.es, lê-se *"o recorrente limita-se a questionar cada um dos anteriores indícios de forma individual, olvidando que a força persuasiva da prova indiciária deriva da sua interrelação e que nos encontramos com uma série de indícios que, em si mesmo considerados e valorados isoladamente, poderiam ser insuficientes aos fins que tratamos, no seu conjunto resultam a juízo da Saka de instância uma convicção que mostram da análise da cada um deles em particular, oferecendo na sua totalidade uma conclusão probatória".*
[224] Neste sentido diz o português VAZ, Alexandra Mário Pessoa, *Direito Processual Civil do Antigo ao novo Código*, 2ª Ed., Coimbra, Almedina, 2002, pág. 211, que *"[o] princípio da motivação das decisões judiciais constitui uma das garantias fundamentais do cidadão no Estado de Direito e no Estado Social de Direito contra o arbítrio do poder judiciário".*

de que necessitará para a eventual impugnação da decisão. Assim, todos estes requisitos que vimos de enumerar deverão constar da decisão de modo a serem impugnados e serem, portanto, passíveis de controlo em sede de recurso. No fundo, ser controlável se a presunção de inocência foi validamente afastada nos termos prescritos pelos Tribunais que vimos referindo.

Tanto o *Tribunal Constitucional*[225] como o *Supremo Tribunal*[226] consideram que devem ser observados especiais cuidados na fundamentação de sentenças alicerçadas em prova indiciária que terão de conter uma indicação do raciocínio operado entre os factos base e o facto presumido propriamente.

---

[225] Lê-se na *Sentencia* do *Tribunal Constitucional* 174/1985 de 17 de dezembro, "*quando o art. 120.3 da Constituição requer que as Sentenças sejam "motivadas", elevando assim a estatuto constitucional o que antes era simples imperativo legal, há-de entender-se que esta motivação no caso da prova indiciária tem por finalidade expressar publicamente não apenas o raciocínio jurídico por meio do qual se aplicam a determinados factos, declarados sem mais provados, as normas jurídicas correspondentes e que fundamentam a decisão, mas também as provas praticadas e os critérios racionais que guiaram a sua valoração, pois neste tipo de prova é imprescindível uma motivação expressa para determinar, como antes se disse, se nos encontramos ante uma verdadeira prova incriminatória, ainda que indiciária, ou ante um simples conjunto de suspeitas ou possibilidades, que não possam desvirtuar a presunção de inocência.*"

[226] Diz o *Tribunal Constitucinal* na sua *Sentencia* 175/1985 quanto à prova indiciária que "*(...) deve assinalar-se, por um lado, que o art. 120.3 da Constituição estabelece que as Sentenças serão sempre motivadas, pelo que o raciocínio em virtude do qual o órgão judicial, partindo dos indícios provados, chega à conclusão de que o arguido realizou a conduta tipificada como crime – art. 25.1 da Constituição – não pode ser meramente interno, mas que há-de expressar-se na Sentença, e por outro, é também uma exigência do art. 24.1 da Constituição, pois de outro modo nem a subsunção estaria fundada em Direito, como exige tal preceito, segundo reiteradas declarações do Tribunal, nem haveria maneira de que o Tribunal Constitucional determinasse se o processo dedutivo é arbitrário, irracional ou absurdo, isto é, se se violou o direito à presunção de inocência ao avaliar se a actividade probatória pode entender-se incriminatória, pelo que deve afirmar-se que tal direito exige também a motivação indicada. Definitivamente, na operação dedutiva dever-se-á assinalar, em primeiro lugar, quais são os indícios provados e, em segundo lugar, como se deduz deles a participação do acusado no tipo penal, de tal modo que qualquer outro Tribunal que intervenha posteriormente possa compreender o juízo formulado a partir dos indícios. A doutrina anterior, circunscrita à denominada prova indiciária, não se opõe ao princípio da livre valoração da prova, nem tampouco à sua valoração em consciência (art, 741 da Ley de Enjuiciamiento Criminal), pois como reiterou este Tribunal em múltiplas ocasiões, a legalidade vigente há-de interpretar-se de conformidade com a Constituição e no sentido mais favorável para a efetividade do direito fundamental; e, por outro lado, valoração livre ou em consciência não equivale a valoração de indícios que careçam de fundamento algum, quando é precisamente através da actividade de juízo sobre os factos provados como o órgão judicial chega a deduzir outros que permitem subsumir a conduta ao tipo penal*".

A exigência de motivação, no caso das presunções judiciais, conforme estatuído no art. 386º da *Ley de Enjuiciamiento Civil* deverá *"incluir o raciocínio em virtude do qual o tribunal estabeleceu a presunção"*, sendo que se entende que tal cuidado será subsidiariamente aplicável ao processo penal[227], a tal ponto que a não explicitação da motivação seria fundamento para desconsiderar a própria existência da prova[228] e não apenas o resultado que dela se obtivesse.

Simplificando, o julgador deverá explicar o enlace racional entre o facto base e o facto presumido. Clarifique-se que, ainda que não seja imperativo especificar cada um dos momentos do raciocínio efetuado, este deve ser exposto ainda que em linhas gerais[229], sob pena de se diluir a resolução judicial numa vaga, ou até mesmo evasiva, apreciação conjunta das provas[230].

Num pequeno desvio, dever-se-á assinalar que uma questão interessante, à qual retornaremos no capítulo seguinte a propósito da sindicabilidade da prova indiciária no recurso para os tribunais superiores, é em que medida sob esta necessidade de controlo da existência formal destes requisitos não se procede, essencialmente, a uma reapreciação da prova em sede de recurso. Face a tudo o que vimos de expor, bem se vê que o *Tribunales de Apelación*, o *Tribunal Supremo*, e mesmo o *Tribunal Constitucional*, em nome do respeito e da defesa da presunção de inocência controlam a motivação fáctica da sentença no intuito de agirem enquanto *"Tribunais de legitimação da decisão adoptada na instância, pela verificação da solidez e racionalidade das conclusões alcançadas, confirmando-as ou rejeitando-as"*[231].

---

[227] Um dos requisitos processuais na divisão de PASTOR ALCOY, Francisco, *Ob. Cit.*, pág. 38, 44 e 45 e seguintes, frisando que os requisitos processuais asseguram que a prova indiciaria não é arbitrária.
[228] *Sentencia* do *Tribunal Supremo* 169/1986 de 22 de dezembro, disponível para consulta em http://www.poderjudicial.es diz-nos *"[c]onsidera que não existe tal prova se não se exterioriza, fundamentando o nexo causal, o mesmo é dizer, se aparece apenas como uma apreciação em consciência, mas sem motivação ou, melhor dizendo, não explicada ou não explicada pelo Julgador"*.
[229] Veja-se a já citada *Sentencia* do *Tribunal Supremo* 174/1985.
[230] Parafraseando PASTOR ALCOY, Francisco, *Ob. Cit.*, pág. 44 e 45.
[231] *Sentencia* do *Tribunal Supremo* 685/2009 de 3 de junho, disponível para consulta em http://www.poderjudicial.es.

Neste sentido, devem os Tribunais incumbidos de apreciar o recurso aferir da referida solidez usando como régua de medida a sua lógica e coerência, a suficiência ou caráter concludente. Sublinhe-se que, de forma bastante homogénea e como já se referiu, têm os tribunais superiores de Espanha entendido que o referido caráter concludente inexiste nos casos de inferências excessivamente abertas, débeis ou indeterminadas[232]. Apesar deste amplo âmbito de recurso não se considera violada a discricionariedade e liberdade do juiz de valorar a prova conforme a sua própria consciência, defendendo-se que este mais não é que um controlo formal do raciocínio e não da avaliação da convicção que o resultado inferencial provoca no julgador.

Não se descura, igualmente, que a opção entre duas conclusões epistémica e logicamente válidas são um ato no qual se reflete indiscutivelmente a íntima convicção do juiz[233]. Exatamente por tal razão, essa opção excetua-se ao ordinário recurso.

Ao lado da inegável função externa de legitimação que permite assegurar às partes e à comunidade a publicidade e transparência do sistema judicial, este dever de motivação acaba por desempenhar uma função interna de vital importância.

No esforço de motivação, de explicação de dada decisão a um terceiro hipotético e aleatório que não tenha, com observância do princípio da imediação, tratado com o processo, a entidade incumbida de proferir a decisão vê-se obrigada a autoimpor-se limitações e um padrão de exigência explicativa superior. Essa exigência beneficiará, indiscutivelmente, não apenas a formulação da decisão e dos argumentos, a valoração das provas que o fundamentam, mas mesmo o rigor e a certeza da própria decisão no momento em que é formulada.

A necessidade de explanar a terceiros o processo indiciário obriga a que melhor se analise a aceitabilidade do indício, da máxima de experiência ou da norma de critério humano (como preferencialmente lhe chama a jurisprudência espanhola), e a aceitabilidade e solidez da presunção delas resultantes, antes mesmo de se tomar uma decisão. O resultado, à partida, será uma decisão mais de acordo com o direito do que aquela decisão que apenas respeitasse à consciência do julgador.

---

[232] *Sentencia* do *Tribunal Constitucional* 117/2007, disponível para consulta em http://www.tribunalconstitucional.es.
[233] PASTOR ALCOY, Francisco, *Ob. Cit.*, pág. 165.

Dito isto, cumpre sublinhar, apesar de decorrer com naturalidade da própria natureza indiciária deste meio probatório, que a motivação que se exige é mais rigorosa[234] do que aquela imposta às sentenças onde a matéria de facto se dê por provada por meio de prova direta. Isto em virtude da necessidade de operar uma conexão. No entanto, também não podemos negar que mesmo a prova direta pode exigir, com frequência, algum raciocínio para ser validamente conectada com o *thema probandum*[235].

Por vezes, na sequência deste requisito de motivação indica-se um outro: a necessidade de aferir a racionalidade do enlace entre indício e afirmação presumida. Tal divisão parece desnecessária, por duas razões. Por um lado a racionalidade do enlace deve ser anterior à própria motivação, a decisão não se fundará em algo que, à partida, se reputa insuficiente. Por outro lado, esta racionalidade deverá constar na sentença segundo as exigências constitucionais de motivação que até agora se tem citado. Este não é um requisito autónomo mas decorrente daqueles que já se viram.

Dito isto, a racionalidade da inferência é pedra de toque para a admissibilidade da prova indiciária. O "enlace" deverá demonstrar que a afirmação presumida decorre naturalmente, a partir da constatação do indício, de tal modo que parece imprescindível que o facto presumido exista na presença do indício provado. Mais uma vez com o apelo ao *id quod plerumque accidit*, às máximas de experiência e aos conhecimentos cien-

---

[234] *Sentencia do Tribunal Supremo* 303/2010, de 28 de janeiro: "[o]grau de motivação constitucionalmente exigido pelo direito à presunção de inocência é superior ao grau mínimo exigido em geral para a tutela judicial efetiva, dado que está precisamente em jogo aquele direito e no seu caso, o que resulte restringido pela pena, que será o direito à liberdade quando a condenação seja apenas de prisão (SSTC. 2009/2002 de 11.1, 169/2004 de 6.10, 143/2005). Esta explicitação deve conectar-se com o conteúdo do direito à presunção de inocência e transmitir a informação necessária para comprovar, de um ponto de vista subjetivo que quando o Juiz chegou à conclusão fáctica que expressa, o fez porque não nutria a seu respeito dúvida razoável, e a partir de uma perspectiva objetiva que a sua convicção não se entende reprovável: que é razoável pensar que não comporta dúvidas razoáveis."

[235] *Sentencia do Tribunal Supremo* 145/2005 de 22 de dezembro, disponível para consulta em http://www.poderjudicial.es, "tal informação constitui uma garantia que há-de ser respeitada com especial vigor no caso da prova indiciária, mas também é exigível na denominada prova direta, pois esta para ser conectada com os factos provados requer também em muitas ocasiões uma interpretação ou inferência que, quando não resulta evidente por si mesma, pode tornar necessário estender a ela as exigências derivadas do dever de motivação (STC. 5/2000, 249/2000)."

tíficos[236], ou como refere o Código Civil espanhol, as regras de critério humano, com o fim de afastar a possibilidade de existir uma decisão judicial arbitrária ou irracional. Assim, e com alguma obviedade, a jurisprudência exige que se verifique uma correlação lógica entre indício e presunção de modo duplo[237], impondo que os indícios conduzam a uma só conclusão, no sentido positivo, e que excluam qualquer outra conclusão, no sentido negativo.

Esta relação entre o indício e a afirmação presumida não deverá surgir como uma surpresa na decisão, sob pena de comprometer o direito ao contraditório por parte do arguido que, assim, se veria privado de fornecer uma explicação alternativa, ou mesmo impeditiva, da vigência de tal raciocínio. Especialmente pela dificuldade que poderá apresentar para a defesa a produção de prova que contrarie aquela[238].

III. APROVEITABILIDADE DAS EXPERIÊNCIAS ESTRANGEIRAS – PRIMEIRAS CONSIDERAÇÕES

Começamos por referir que iríamos, com a brevidade e a assertividade que se impõe, analisar a questão da prova indiciária nas suas diversas vertentes nas experiências judiciais italiana e espanhola por serem estas as mais citadas na jurisprudência portuguesa.

No capítulo que se segue veremos o enquadramento que a jurisprudência portuguesa dá à temática da prova indiciária e uso que faz destes contributos. No entanto, antes de a isso passarmos, parece proveitoso

---

[236] Neste sentido, *Sentencia do Tribunal Supremo* 3556/2001 de 30 de abril, disponível para consulta em http://www.poderjudicial.es, *"entre uns factos e outros há-de haver uma conexão tal que, verificados os primeiros, se possa afirmar que se produziu o último porque as coisas ordinariamente ocorrem assim e assim o pode entender qualquer que faça um exame cuidadoso da questão. A este respeito fala-se das máximas de experiência e dos conhecimentos científicos com pretensões de proporcionar bases concretas ao raciocínio próprio deste segundo elemento de prova de indícios. Tudo pode servir, em cada caso, para estabelecer este raciocnio. O importante aqui é evidenciar que não se trata de normas jurídicas, mas simplesmente das meras regras de pensar, que conferem ao caso concreto um raciocínio que se pode valorar como adequado para conduzir desde os factos básicos (indícios) ao facto necessitado da prova".*
[237] Como o indica MIRANDA ESTRAMPES, Manuel, *Ob. Cit.*, pág. 244.
[238] PASTOR ALCOY, Francisco, *Ob. Cit.*, pág. 161, acrescentando ainda, na pág. 168 da mesma obra, que *"não se pode exigir a nenhuma das partes provas impossíveis ou diabólicas. Aí está um dos maiores perigos da prova de indícios: estimamos que pode ser mais fácil para a defesa combater um falso testemunho que falsos indícios. Para combater este perigo a subsidiariedade da prova indireta resulta essencial".*

deixar algumas notas a manter em mente quanto à aproveitabilidade de tudo quanto até agora dissemos.

Como tivemos oportunidade de ver a credibilidade reconhecida à prova indiciária é relativamente recente. Entre a má fama que ficou associada às presunções nos sistemas de prova taxada e a preocupação com os direitos fundamentais, garantias e liberdade do arguido no pós-guerra, os tribunais "refugiaram-se" no conforto da prova direta[239]. Exatamente porque este reconhecimento da utilizabilidade deste meio de prova indireta foi de construção lenta e essencialmente prática, se tornou inevitável o estudo que se vem fazendo.

A matéria-prima que se utilizou, quanto às previsões constitucionais, ao direito probatório, às exigências de fundamentação, mostram maiores diferenças no idioma do que na sua materialidade. Sendo certo que esse é um trabalho que hoje se faz nos tribunais portugueses.

A estabilidade que poderia advir de uma estatuição legal como a italiana é sempre questionável na medida em que, como vimos, tal preceito não existe no ordenamento espanhol e nem por isso os requisitos impostos são menos homogéneos. Face ao que vimos dir-se-ia que, quanto ao número de requisitos, tem essa ausência normativa o efeito contrário. Os requisitos impostos pelo *Tribunal Constitucional* e *Tribunal Supremo* são mais numerosos que a "gravidade, precisão e concordância" do *Codice di Procedura Penale*. No entanto, e em favor da verdade, esta numerosidade desfaz-se na análise, isto é, a tríade de requisitos italiana multiplica-se pela sua análise doutrinal e aplicação jurisprudencial.

Por exemplo, apenas com o requisito da gravidade, exige-se não apenas a circunstancialidade, como a existência de um raciocínio dedutivo que fundamente o enlace, sendo que a necessidade da prova direta do facto base se subentende como exigência jurisprudencial, aliás, de um modo bem mais inflexível que na experiência espanhola – aspetos que trataremos com mais cuidado adiante.

Foi possível verificar que a jurisprudência espanhola tem um amplo poder cognitivo em sede de recurso no que respeita ao controlo "for-

---

[239] Para uma interessante perspetiva sobre este assunto e uma análise dos requisitos para a admissibilidade da prova indiciária, em particular quanto ao crime de branqueamento de capitais, na jurisprudência espanhola, veja-se SIMÕES, Euclides Dâmaso, *Prova Indiciária (Contributos Para O Seu Estudo E Desenvolvimento Em Dez Sumários E Um Apelo Premente)*, in *Revista Julgar*, Nº 2, pág. 203 e ss.

mal" da prova indiciária. Esse controlo chega a assemelhar-se ao que, no direito processual penal, referiríamos como um recurso que incluía a matéria de facto.

Como veremos *infra* os tribunais portugueses, na maioria das suas decisões, vão beber a estas férteis fontes da sua doutrina na sua forma mais abstrata. Isto é referem-se os argumentos para a fiabilidade da prova indiciária, o seu confronto com a presunção de inocência entre outros pontos. Mas é no trabalho de enlace, isto é, na justificação que demonstra que estes requisitos se verificam que o esforço explicativo, muitas vezes, termina.

Analisaremos se isto se deve a uma limitação legal do próprio âmbito do recurso, com a particularidade dos poderes de cognição do Tribunal Constitucional nacional, ou de simplesmente não reconhecer a importância do controlo dos vários elementos da prova indiciária que não apenas a força probatória do facto presumido independentemente do modo como foi encontrado.

Deveria a jurisprudência dos tribunais de recurso portugueses limitar-se a reconhecer a admissibilidade da prova indiciária e os termos em que tal é possível abstratamente? Ou deverá, verificar se, no caso *sub iudice*, tais requisitos se verificam? Esta questão é vital, foi exatamente porque os tribunais de recurso italianos e espanhóis procedem a tal análise que toda a doutrina que vimos de expor foi construída.

Também não é menos verdade que uma ilegalidade ou nulidade na produção de um dado meio de prova, como um dos tipificados no Código de Processo Penal, fundamentaria a nulidade da decisão do tribunal inferior declarada pelo tribunal de recurso, poder-se-á dizer o mesmo no caso da prova indiciária? Neste caso, usando-se como critérios a observar não aqueles previstos no Código de Processo Penal especificamente mas as normas constitucionais e legais para a admissibilidade de qualquer meio de prova incluindo aqueles atípicos. Usando ainda como referência, requisitos de construção exclusivamente jurisprudencial.

Caso os tribunais de primeira instância não recorressem, e recorrem, à prova indiciária não poderiam os tribunais superiores empreender numa atividade criadora dos seus requisitos de admissibilidade e valoração. Mas são esses tribunais superiores que verdadeiramente criam e estabelecem uma linha jurisprudencial.

Apesar de tudo isto, esta invocação da doutrina estrangeira é um avanço jurisprudencial significativo. O reconhecimento, certo ou errado, que se possa considerar, da aptidão probatória da prova indiciária é imprescindível numa era dos chamados crimes de colarinho branco, de criminalidade organizada, de crimes com recurso a meios como a Internet, e a posição de que só a prova direta poderia fundamentar uma decisão condenatória tornaria tais crimes virtualmente impassíveis de punição. Além do mais, a força probatória da prova direta não é um dado adquirido, mas o resultado de uma avaliação casuística, pois, se um único indício dificilmente poderá provar um dado facto, a verdade é que o mesmo se poderá dizer de uma única prova direta[240].

Como tal, é a "infância" do recurso a este meio de prova, pelo menos assumidamente e com os requisitos que se indicam, que hoje se experiencia no direito penal português.

E, se por um lado, é esse caráter recente que justifica alguma ausência de originalidade e adaptação nas soluções que se estudarão de seguida. Por outro, devemos admitir que não se descortinam outros critérios que não os já existentes nos ordenamentos estudados.

A "descoberta" da prova indiciária, pela sua inovação, potencia a elaboração de uma jurisprudência cuidada, coerente e, acima de tudo, harmonizada com o direito processual penal português. Jurisprudência essa que começa a ser formulada.

---

240 Poderiamos aqui discutir, novamente, a questão da necessidade de indícios múltiplos que, como vimos, é resolvida de modo algo diverso nos ordenamentos que se analisaram. Com mais pertinência, cumpriria perguntar se a posição da jurisprudência italiana que defende que a concordância do resultado probatória do indício deverá ser formulado a partir da sua convergência com outro indício é pertinente. Se uma única prova direta poderá não ser suficiente para superar o *standard of proof* exigido, não se poderia defender que a existência de prova indiciária nesse sentido convergente aumentaria a sua capacidade persuasiva?

III. Capítulo

1. Prova indiciária e o direito processual penal português

Ficou mencionado que no sistema processual penal português vigora um princípio de livre admissibilidade da prova, meramente negando-se o recurso àquela que seja expressamente proibida pelos formalismos e garantias constitucional e legalmente consagrados.

Com esse mesmo pressuposto, analisamos sistemas penais que admitem a utilização da prova indiciária como fundamento de uma decisão condenatória. Deixamos, igualmente, adiantado que tal era o entendimento acolhido pela jurisprudência portuguesa[241]. Essencialmente, devido à inexistência de um sistema taxativo de provas e pela aplicação do princípio de livre apreciação da prova.

Como bem sublinha o Supremo Tribunal de Justiça[242], o raciocínio do tipo indutivo é transversal a toda a teoria da prova, na verdade imprescin-

---

[241] Reconhece-se outro ponto que, também, já foi focado por diversas vezes: *"[o]s indícios representam uma grande importância em processo penal, já que se não tem à disposição prova directa, sendo imperioso fazer um esforço lógico, jurídico-intelectual para o facto não ficar impune. Exigir a todo o custo a existência destas provas directas seria um fracasso em processo penal, ou forçar a confissão, o que constitui a característica mais notória do sistema de prova taxada e como expressão máxima a tortura."* – cfr. Acórdão do Supremo Tribunal de Justiça de 26 de janeiro de 2011, proc. 417/09.5YRPTR.S2, Armindo Monteiro, disponível para consulta em www.dgsi.pt.

[242] Sublinha-se tal facto no Acórdão do Supremo Tribunal de Justiça de 26 de outubro de 2011, proc. 119/05.5JELSB.S1, Santos Cabral, disponível para consulta em www.dgsi.pt, ao dizer-se que *"[a] prova indiciária, ou o funcionamento da lógica e das presunções, bem como das máximas da experiência, é transversal a toda a teoria da prova, começando pela averiguação do elemento subjectivo*

dível a qualquer área do conhecimento. A confiança reconhecida à capacidade do julgador de apreciar a prova segundo a lógica decorre desse princípio de livre apreciação da prova, conceito que cumpre, antes de mais, aprofundar.

Adiantemos que esta análise do princípio da livre apreciação da prova se impõe por ser também referido como critério de admissão e valoração da prova indiciária. No entanto, não é um requisito específico à prova indireta entre as provas atípicas. É esta sua geral aplicabilidade que impõe que se defina os seus recortes à luz da jurisprudência portuguesa, mesmo antes de serem tratados requisitos exclusivamente indicados para a prova indiciária.

Como já tivemos oportunidade de referir a construção da doutrina da prova indiciária é maioritariamente jurisprudencial[243], e o direito português não se excetua à regra. No entanto, antes que encetemos a análise da jurisprudência portuguesa mais recente nesta matéria, faremos uma breve referência ao princípio da livre apreciação da prova que, por norma, é invocado como primeiro argumento a favor da admissão da prova indiciária.

2. O princípio da livre apreciação da prova enquanto convicção e a prova indiciária

2.1. Livre apreciação da prova

Este princípio é evocado com frequência como fundamento para admitir certos tipos de prova, entre os quais a prova por presunções[244].

---

do crime, que só deste modo pode ser alcançado, até à própria creditação da prova directa constante do testemunho".
[243] *"Porque – nunca é demais lembrá-lo – o direito realiza-se através da judicativa decisão do caso concreto",* sublinhemos com MONTE, Mário Ferreira, *Um olhar sobre o futuro do Direito Processual Penal – razões para uma reflexão,* in *Que futuro para o direito processual penal: simpósio em homenagem a Jorge de Figueiredo Dias,* por ocasião dos 20 anos do código de processo penal português, Coimbra, Coimbra Editora, 2009, pág. 400.
[244] *"Costuma distinguir-se entre prova directa e prova indiciária, referindo-se aquela ao thema probandum, aos factos a provar, e respeitando a prova indirecta ou indiciária a factos diversos (instrumentais) do tema probatório, mas que possibilitam, pelo uso das regras da experiência, extrair ilações no domínio do thema probandum, de convicção racional e objectivável do julgador. A livre apreciação da prova é indissociável da oralidade com que decorre o julgamento em 1.ª instância., O citado art. 127º indica-nos um limite à discricionariedade do julgador: as regras da experiência comum e da lógica do homem médio suposto pela ordem jurídica. Sempre que a convicção seja uma convicção possível*

O princípio da livre apreciação da prova encontra-se, indissociavelmente, ligado à imperatividade da fundamentação das decisões judiciais, o que no que respeita à prova indiciária dará maior força ao juízo proferido pela primeira instância[245]. Ponto que focaremos *infra*, visto que se considera que a fundamentação da sentença deverá conter especificidades relativas à prova indiciária, e este estudo beneficiará de uma análise concentrada e articulada do tema.

Já anteriormente se disse que a prova funciona como garantia de um justo processo pela fixação do facto punível, da identidade do seu agente e, eventualmente, do dolo e da culpa com que este agiu. No entanto, o sentido que a prova possa tomar, a credibilidade de um dado elemento de prova, por vezes, em detrimento de um outro, são factores com pesadas consequências no resultado probatório e, inevitavelmente, na decisão proferida.

Nos tempos que correm é uma regra generalizada entre a nossa cultura jurídica e aquelas próximas que a apreciação da prova é livre. A livre ou íntima convicção[246], o livre convencimento, o *freie Beweiswürdigung* são termos equivalentes, preferências linguísticas que em nada afetam o sentido e alcance deste princípio[247].

É comum explicar-se o princípio da livre apreciação da prova por contraste com o sistema de prova legal no qual o valor a atribuir a cada meio

---

e explicável pelas regras da experiência comum, deve acolher-se a opção do julgador, até porque o mesmo beneficiou da oralidade e imediação da recolha da prova." – cfr. Acórdão do Supremo Tribunal de Justiça de 08 de outubro de 2008, Proc. 08P3068, Pires da Graça, disponível para consulta em www.dgsi.pt.

[245] Concomitantemente consagrados garantem o controlo da apeciação da prova, como refere NEVES, Rosa Vieira, *A livre apreciação da prova e a obrigação de fundamentação da convicção (na decisão final penal)*, Coimbra, Coimbra Editora, 2011, pág. 91.

[246] *"O processo enquanto procedimento intersubjectivamente controlável e de uma reconstituível logicidade formal (indutiva) move-se em dimensões antagónicas, a probabilidade em termos quantitativos e a verdade processual, o juízo de facto e a convicção (certeza moral), a controlabilidade intersubjectiva (lógica) e a justiça."* – cfr. LINHARES, José Manuel Aroso, *Ob. Cit.*, pág. 92.

[247] Refere MATTA, Paulo Saragoça da, *A livre apreciação da prova e o dever de fundamentação da sentença*, in *Jornadas de direito processual penal e direitos fundamentais*, Coimbra, Almedina, 2004, pág. 239, que no direito alemão, onde vigora o princípio da livre apreciação da prova, a jurisprudência considera que a convicção do tribunal pode assentar numa mera prova de indícios encontrando-se o tribunal, em todas as circunstâncias, vinculado pelas leis de pensamento e da experiência, assim como pelas regras sobre a prova.

de prova está legalmente fixado[248], o que, perdoe-se o pleonasmo, significa que a lei não deve fixar as conclusões que o juiz retirará dos diversos meios de prova, aliás em consonância com o estatuído no nº 2 do art. 607º do Código de Processo Civil que perdeu a anterior epígrafe "liberdade de julgamento", mas continua a prescrever a livre apreciação da prova segundo a "prudente convicção" do juiz.

No entanto, esta abordagem não é inteiramente esclarecedora, a livre apreciação da prova não é cabalmente livre, nem poderia ser, sob pena de se tornar inconstitucional e violadora do princípio da legalidade no seu sentido mais amplo. Por outro lado, a fixação legal da eficácia e valor probatório dos meios de prova, por necessariamente abstrata, também a tornaria violadora da Constituição, na medida em que impediria o tribunal de avaliar da concreta culpa de um dado arguido face às especificidades da prova admitida naquele concreto processo.

Formação e valoração da prova são dois conceitos inteiramente diferentes, com âmbitos processuais, também eles, diferenciados. Assim, a formação da prova está reservada ao controlo do legislador, único com competência para disciplina-la, enquanto a valoração está sujeita à competência exclusiva do juiz. Deste modo, entre o princípio da livre convicção e o princípio da legalidade existe um "ponto de confluência"[249].

Ora, retornando, em específico, ao tema que nos ocupa cumpre uma breve nota sobre o caso italiano[250], por este compreender uma norma em

---

[248] Como, aliás, o refre MESQUITA, Paulo Dá, *A Prova do Crime e o que se disse antes do Julgamento: estudo sobre a prova no processo penal português, à luz do sistema norte-americano*, Coimbra, Coimbra Editora, 2011, pág. 73, aquando da sua análise do perfil histórico-normativo da prova no processo penal português, que esta *"transição de um modelo de prova legal para um de prova moral" postulou a radical rotura entre a "retórica de objectividade e o subjectivismo radical"*. Numa construção pela positiva, é certo que *"a convicção probatória por que terá de resolver-se o juiz, em face do resultado da instrução, não é determinada por critérios formais mas será apenas aquela que o julgador assuma através de um juízo objectivo-material, atípico e concreto – i. e. o juiz é livre de decidir pela conclusão probatória que o mérito concreto da instrução produzida naquele caso unicamente justifique"* – veja-se NEVES, António Castanheira, *Sumários de Processo Criminal*, Coimbra, 1968, pág.44.
[249] CONTE, Mario, GEMELLI, Maurizio, LICATA, Fabio, *Ob. Cit.*, pág. 239 e 240.
[250] Tantas vezes invocado na jurisprudência portuguesa que afirma *"[n]ão tem, pois, suporte legal, nomeadamente em face do princípio da liberdade de prova consagrado no art. 125º do CPP a pretendida exigência de que a prova da factualidade típica resulte, necessariamente, de prova direta. Aliás, a lei processual portuguesa não faz sequer depender o valor probatório dos indícios de especiais características dos mesmos, contrariamente ao que sucede com o C.P.Penal italiano, cujo art. 192º nº 2 estabelece que, "A existência de um facto não pode ser inferido de indícios a menos que estes sejam graves, precisos e

que se prevê e limita o uso da prova indiciária, bem ilustra o ponto que se vem de explicitar. O legislador, ao circunscrever os requisitos segundo os quais o juiz poderá valorar a prova indiciária, mais que dar-lhe um consistente valor probatório (que impede a discriminação entre a prova direta e a prova indiciária[251]) limita, também, a medida em que a prova é produzida segundo o legalmente prescrito.

O objetivo de tal norma não é a limitação da livre apreciação. Mas solucionar um problema eminentemente prático, atinente à própria estrutura do procedimento lógico que conduz ao conhecimento indiciário pela tentativa de conciliar o princípio da livre apreciação e a preocupação com a imperatividade de uma elementar regra de valoração dos indícios. No fundo, uma preocupação de uma jurisprudência, que à semelhança da portuguesa, se vê, tantas vezes, "encurralada" entre a enunciação de princípios garantísticos de admissibilidade e valoração e a concepção da inviolabilidade da livre convicção.

Assim, é simples para a jurisprudência italiana defender que ainda que a prova direta dispense tais cuidados a sua idoneidade probatória não é superior à da prova indiciária que esteja legalmente admitida, apenas, no caso desta última, se exige que o juiz apresente os resultados inferenciais e o raciocínio que até eles conduziu. Face ao exposto a *Cassazione* afirma que sendo vigente o princípio basilar do *libero convincimento del giudice*, "*não há razão de ser para alguma distinção entre indícios e provas, quase a estabelecer uma hierarquia quanto à sua eficácia probatória, já que de qualquer elemento o juiz pode extrair argumentos decisivos para o próprio convencimento, com a única obrigação de especificar as razões através da motivação imunes de vícios lógico-jurídicos*"[252]. À parte da ausência de consagração normativa deste meio de prova, a situação portuguesa não é muito diferente. No entanto, presta-se a muitas outras considerações.

concordantes" nem tão pouco lhes são fixados limites, quer do ponto de vista do seu objecto, ou seja, quer de ordem quantitativa, como sucedia no antigo sistema de provas legais. Tal não significa, obviamente, que a inexistência de obstáculos à admissibilidade da prova indirecta ou circunstancial mesmo para prova da factualidade típica em julgamento, dispense especiais cautelas em sede de valoração da prova, pois é pacífico o entendimento segundo o qual o princípio da livre convicção do juiz na apreciação das provas não representa a substituição genérica do sistema de provas legais pelo arbítrio." – cfr. o já referenciado Acórdão do Supremo Tribunal de Justiça de 15 de setembro de 2010, proc. 173/05.6GBSTC. E1.S1, Fernando Fróis.

[251] SCAPINI, Nevio, *Ob.Cit.*, 40 e 41.
[252] Cass. 5 maio 1955, Marinelle, in *Riv. Proc. Pen.* 1955.

O princípio da livre apreciação da prova está, assim, numa relação de delicado equilíbrio entre a presunção de inocência, o dever de fundamentação das sentenças, o direito à tutela efetiva e o direito de recurso. E se o recurso serve como meio de sanação para uma eventual violação de um destes princípios ou deveres, é a fundamentação da sentença que permitirá tal controlo[253]. A tal ponto que o Tribunal Constitucional afirma categoricamente que *"dir-se-á que um bem estruturado e bem delimitado dever de fundamentação das decisões penais é o único mecanismo que garante a constitucionalidade do princípio* da livre *apreciação da prova"*[254], acrescentando que é a livre apreciação da prova que concretiza o direito à presunção de inocência assim negando, inequivocamente, que aquele princípio o possa violar[255]. Daí que a fundamentação seja uma imposição decorrente do art. 205º, nº 1 da Constituição.

A livre apreciação da prova é constitucionalmente limitada, único modo de garantir a sua harmonização com os princípios constitucionais. Esta limitação é tanto endógena, pois condiciona o processo de formação da convicção e a busca da verdade material, como exógena[256]. Entre as primeiras contam-se o grau de convicção exigido para que a decisão seja válida, a já mencionada proibição de certos meios de prova e a observância do princípio da presunção de inocência. A limitação exógena indicada refere-se ao princípio *in dubio pro reo,* pois condiciona o resultado da decisão. Sem prejuízo das limitações decorrentes da força probatória do caso julgado, da confissão do arguido, dos documentos autênticos e autenticados e da prova pericial, esta última não se encontra subtraída à livre apreciação do julgador pois este dispõe de outros meios de prova

---

[253] *"[C]onsequência necessária de tal premissa analítica seria a fatal insindicabilidade do decidido posto que a justificação ou fundamentação da decisão se transformaria ipso facto (e, pior que isso, ipso iure), num acto de fé do julgador, sem qualquer necessidade de correspondência objectiva com o processualmente demonstrado, na fase decisória final. Mais: rapidamente se concluiria, como a história o demonstra, que a fundamentação das decisões perderia totalmente a sua utilidade"*, alerta MATTA, Paulo Saragoça da, *Ob. Cit.,* pág. 240.
[254] Acórdão do Tribunal Constitucional de 19 de novembro de 1996, BMJ, nº 461, 93.
[255] Tribunal Constitucional nº 1165/96, proc. 464/97, recorrentemente citado na jurisprudência.
[256] Distinção de ALBUQUERQUER, Paulo Pinto, *Comentário do código de processo penal à luz da constituição da república e da convenção europeia dos direitos do homem,* 4ª ed. act.., Lisboa, Universidade Católica, 2011, pág. 345 e 346, que acompanharemos.

que podem dar elevo a factos que influem na validade do juízo técnico emitido pelo perito.

Esta exigência de motivação ou fundamentação, como se refere indistintamente, é um poder-dever do julgador que funciona, simultaneamente, como limite à livre apreciação e como pilar legitimador da decisão proferida. Importa que a valoração feita pelo julgador se funde em provas legalmente admissíveis e que a sua conclusão seja compreensível por terceiros[257].

A característica de dever reflete-se na garantia da constitucionalidade concreta do princípio da livre apreciação da prova mas, como referimos *supra* sobre a necessidade imposta pela jurisprudência espanhola de explicitar o raciocínio, tem, ainda, a dupla função de auto-controlo[258] e de justificação perante o arguido e restantes sujeitos processuais e a comunidade, como tal deverá expressar *"uma convicção objectivável, motivável, portanto capaz de impor-se aos outros"*[259]. É precisamente nesta sua última configuração "justificativa" que tem a natureza de dever com um cariz estadual, na medida em que é consequência do dever do Estado em eliminar a arbitrariedade no exercício dos poderes públicos[260].

Por força deste princípio a conclusão alcançada deverá ser um reflexo da livre convicção da entidade incumbida da decisão, e, nessa medida, é um meio de descoberta da verdade[261]. Enquanto tal, serve como argumento para admissão de qualquer meio probatório que permite a formulação da convicção. Razão pela qual não causa estranheza iniciar um tema relacionado com a admissibilidade e valoração da prova por este último

---

[257] *"[O] julgador aprecia livremente a prova produzida com sujeição às respectivas regras processuais de produção aos juízos de normalidade comuns a qualquer cidadão bem como às regras de experiência que integram o património cultural comum e decide sobre a demonstração daqueles factos, extraindo, em seguida, as conclusões inerentes á aplicação do direito"*, lê-se no Acórdão do Supremo Tribunal de jsutiça de 23 de fevereiro de 2011, proc.241/08.2GAMTR.P1.S2, Santos Cabral, disponível para consulta em www.dgsi.pt.

[258] *"[A] exigência de motivação acaba por ter uma função dupla, pré e pós-judicatória – naquela primeira fase permite ao julgador exercer um auto-controlo do acerto dos seus próprios juízos; na segunda fase permite à comunidade, e ao destinatário das medidas a tomar pelo sistema penal, compreender os critérios seguidos pelo julgador e aferir da respectiva legitimidade, razoabilidade e aceitabilidade."* – MATTA, Paulo Saragoça da, *Ob. Cit.*, pág. 255.

[259] DIAS, Jorge Figueiredo, *Ob. Cit.*, pág. 205.

[260] MATTA, Paulo Saragoça da, *Ob. Cit.*, pág. 265.

[261] FERREIRA, Manuel Cavaleiro de, *Ob. Cit.*, pág. 298.

ponto. Nem, tão-pouco, que a preocupação com a verdade que se postula neste princípio seja o primeiro argumento no recurso à prova indiciária, ainda que o instituto tenha maior relevância no ulterior momento de valoração.

Esta ideia de livre convicção, do modo como é alcançada e explanada à comunidade jurídica é essencial à prova indiciária[262]. O que, não negando os especiais cuidados que se deverá ter com a prova indireta, também, é aplicável à prova direta pois, mesmo quando toda a prova seja deste último tipo, a fundamentação da decisão deverá ir mais além da mera elencação da prova.

A motivação da sentença[263] é uma atividade imperativa, segundo aquele princípio que impõe que a decisão aplicada esteja ancorada na racionalidade e na verdade dos factos, nas regras da lógica, da ciência e da experiência. Assim sendo, como já se referiu, será uma decisão que se impõe perante os sujeitos processuais e a comunidade, ao permitir acompanhar de forma clara o raciocínio desenvolvido que culminou na decisão sobre a matéria de facto e de direito. E é exatamente nesta exposição de razões que se substancia o dever do juiz de fundamentar, como um pressuposto insuprível num sistema de direito processual adequado aos valores democráticos, que, portanto, não permite as decisões fundadas em argumentos de autoridade de quem as profere mas nas razões da mesma, o que pressupõe bem mais do que enumerar provas[264].

---

[262] ROSONI, Isabella, *Ob.Cit.*, pág. 97 refere *"[a] teoria da prova indiciária (ou presuntiva), como decorre da tradição clássica da ars disputandi, não é outra que não a tentativa de formalizar, segundo critérios de elencação e classificação agora em uso, a ciência empírica da convicção do juiz"*.

[263] Que nos termos do nº 2 do art. 374º do Código de Processo Penal deverá conter fundamentação onde "consta da enumeração dos factos provados e não provados bem como de uma exposição tanto quanto possível completa, ainda que concisa, dos motivos de facto e de direito, que fundamentam a decisão, com indicação a uma crítica das provas que serviram para formar a convicção do tribunal". Dissemos anteriormente que a fundamentação da sentença, ou motivação, enquanto termos equivalentes, garante a constitucionalidade do princípio da livre apreciação da prova. Nesse sentido, dispõe o art. 205º, nº 1, da Constituição, segundo o qual *"As decisões dos tribunais que não sejam de mero expediente são fundamentadas na forma prevista na lei"*. Mais de que um imperativo dirigido às entidades incumbidas da decisão esta prescrição funciona como uma garantia necessária num Estado de direito democrático, observa GOMES, Joaquim Correia, *A Motivação Judicial em Processo Penal e as suas Garantias Constitucionais*, in *Julgar*, nº 6, 2008, pág. 80.

[264] *"O entendimento que a lei se basta com a mera indicação dos elementos de prova frustra a "mens legis", impedindo de se comprovar se na sentença se seguiu um processo lógico e racional na apreciação

Esta é uma questão de tal relevância que o Tribunal Europeu dos Direitos do Homem defende que o direito à fundamentação da sentença é uma garantia de um julgamento equitativo, o *fair trial*. Com particular relevância para a questão da livre apreciação, entende a mesma instituição que a decisão proferida há-de explanar os motivos pelos quais se preferiu uma dada versão dos factos em detrimento de uma outra, também ela possível[265]. Sendo que sem esta fundamentação se perde uma importante garantia do julgamento equitativo, pois se a decisão não é controlável, tal garantia não tem vigência.

De sublinhar que tal exigência de um processo equitativo vem consagrada na Constituição, enquanto conceito aberto, pois tem um alcance mais extenso do que garantir o direito de defesa do arguido e a paridade entre as partes na sua relação processual[266].

2.2. O grau de convicção na decisão condenatória e o *Standard of proof* – a capacidade persuasiva da prova indiciária

Tendo como ponto assente que o tribunal terá de explicar a sua decisão nos canônes que acabamos de ver, a sua decisão funda-se numa convicção. Uma convicção racional, é verdade, mas, também, pessoal. E, se por um lado, se exige que essa convicção possa ser intelectualmente aceite por terceiros, igualmente importante é que seja uma convicção o mais próxima possível da certeza.

---

da prova, não sendo portanto uma decisão ilógica, arbitrária ou notoriamente violadora das regras da experiência comum na apreciação da prova. Tal entendimento assume assim uma concreta conformação violadora do direito ao recurso consagrado constitucionalmente." E, ainda, *"[a] exigência de motivação responde, assim, a uma finalidade do controle do discurso, neste caso probatório, do juiz com o objectivo de garantir até ao limite de possível a racionalidade da sua decisão, dentro dos limites da racionalidade legal. Um controle que não só visa uma procedência externa como também pode determinar o próprio juiz, implicando-o e comprometendo-o na decisão evitando uma aceitação acrítica como convicção de algumas das perigosas sugestões assentes unicamente numa certeza subjectiva"* – cfr. Acórdão do Supremo Tribunal de Justiça de 23 de abril de 2011, proc. 241/08.2GAMTR.P1.S2, Santos Cabral.

[265] Hadjianastassiou v. Grécia de 16 de dezembro de 1992, onde sobre um julgamento diante do Tribunal Militar se considerou que, com base no já mencionado art. 6º, os tribunais estão obrigados a apresentar os fundamentos nos quais basearam a sua decisão, sendo que invocar apenas a lei é uma falsa fundamentação. Disponível para consulta em http://www.iidh.ed.cr.

[266] MIRANDA, Jorge e MEDEIROS, Rui, *Ob. Cit.*, pág. 441.

Assim, como pressupostos da nossa análise, temos a posição jurisprudencial segundo a qual a prova indiciária não é uma prova menor[267], mas sim, uma prova com requisitos e cuidados especiais cujo recurso é inevitável sob pena de ficarem por punir inúmeros crimes. Ainda que a valoração de tal meio de prova dependerá da sua gravidade a ser livremente apreciada pelo julgador. Por fim, a convicção não é qualificável quantitativamente. Apesar disso, têm de existir critérios que qualifiquem o quão convicto deve estar o juiz que profere uma decisão condenatória.

Dissemos, também, que essa convicção se poderia localizar algures entre a certeza e a probabilidade para referir que todo o conhecimento se constrói em bases de probabilidade e verosimilhança. No entanto, apesar de se reconhecer tal pressuposto, a probabilidade em causa não pode ser baixa. O nível de convicção que se exige na prova que fundamente uma decisão penal condenatória é o mais rigoroso possível entre aqueles que a lei prevê. Como tal, antes de passarmos à questão da fundamentação propriamente dita temos de aferir qual o grau de convicção necessário para impor uma sanção penal.

Na Constituição portuguesa distinguem-se vários graus de convicção[268], como o da "prova além da presunção de inocência" previsto no art. 32º, nº 2, em consonância com o art. 6º, nº 2 da Convenção Europeia dos Direitos do Homem[269], conceito que densificar-se-á adiante com refe-

---

[267] Aliás, no sentido inverso pronuncia-se o Acórdão do Supremo Tribunal de Justiça de 23 de fevereiro de 2011, proc. 241/08.2GAMTR.P1.S2, Santos Cabral, *"[p]orém, estamos em crer que a exclusão de indícios contingentes e múltiplos que não deixam dúvidas acerca do facto indiciante como prova de um facto judiciário, e pela simples circunstância de serem resultado de prova indirecta, é arbitral e ilógica e constitui uma consequência de preconceitos considerando a prova indiciária como uma prova inferior"*.

[268] De acordo com a elencação apresentada por ALBUQUERQUER, Paulo Pinto, *Ob. Cit.*, pág. 346, encontram-se previstos: a prova além da presunção de inocência (art. 32º, nº 2 CRP e art. 6º, nº 2, CEDH), os indícios fortes (art. 27º, nº 3, b) CRP; art. 200º, nº 1 e 202º, nº 2 CPP), os sinais claros (art. 256º, nº 2 e 3 CPP), os indícios fundados (art. 174º, nº 5, a) CPP), os indícios suficientes (art. 277º, nº 2; 283º, nº 1; 285º, nº 2; 298º; 302º, nº 4; 308º, nº 1; 391º-A, nº 1 todos do CPP; a prova bastante (art. 277º, nº 1 CPP), os indícios (art. 171º, nº 1; 174º, nº 1 e 2; 246º, nº 5, a) CPP) relativos à imputação (art. 1º, f); 197º, nº 1; 198º, nº 1; 199º, nº 1 CPP), relativo à suposição (art. 210º CPP), o fundado receio (art. 142º, nº 1; 227º, nº 1; 228º, nº 2; 257º, nº 2, b) CPP), as suspeitas fundadas (art. 58º, nº 1, a); 250º; 272º, nº 1 CPP), e, finalmente, suspeito (art. 27º, nº 1, g); CRP e 1º, e) CPP).

[269] Do ponto de vista do direito europeu, no que respeita ao *fair trial* enquanto direito de cada homem, dir-se-ia que *"[o] direito a um julgamento justo é uma característica reconhecível de*

rência ao *standard of proof* e a máxima anglo-saxónica relativa à certeza *beyond any reasonable doubt*.

Podemos reconduzir as várias referências a quatro diferentes níveis de convicção: indícios para além da presunção de inocência, correspondente ao crivo do direito internacional criminal *guilt beyond reasonable doubt*; indícios fortes ou sinais claros correspondente ao crivo do *clear evidence* ou *dringend tatverdacht*; indícios suficientes ou prova bastante correspondente ao crivo da *reasonable suspicion* ou *probable cause* ou *hinreichende tatverdacht*; e, por fim, indícios fundados em suspeitas fundadas, fundado receio, e imputação do crime correspondente ao crivo *boa fide suspicion* ou *anfangsverdacht*[270].

Interessa-nos focar que os indícios para além da presunção de inocência são as razões que sustentam e relevam numa convicção indubitável, pois são os que, de acordo com os elementos conhecidos no momento da prolação da sentença, comprovam a verificação de determinado facto. O Tribunal Constitucional já admitiu claramente a sindicância como matéria de direito das razões que fundamentam o grau de convicção requerido pela decisão condenatória[271].

Chamamos aqui, inevitavelmente, à colação o conceito de *standard of proof*. A sua referência é inevitável. Ainda que em termos mais ou menos precisos se invocam logo à cabeça aquelas máximas que a cultura norte-americana inculca, como parte da cultura geral, de *"guilty beyond reasonable doubt"*, que soa tão lapidarmente esclarecedora na cultura desse país importada, mas que encerram uma grande significância jurídica. É também referenciado como essencial no direito britânico[272].

---

cada instrumento normativo internacional significativo que seja responsável pela protecção dos direitos humanos." – SUMMERS, Sarah J., *Fair trials: the european criminal procedural tradition and the European Court of Human Rights*, Oxford, Hart Publishing, 2007, pág. 97.

[270] ALBUQUERQUER, Paulo Pinto, *Ob. Cit.*, pág. 346.

[271] Por exemplo, num caso de condenação com base em busca domiciliária e apreensão de cocaína na casa do arguido, o Tribunal Constitucional afirmou a sindicabilidade do *"juízo prudencial baseado nas regras de experiência, segundo o qual quem possui na sua residência os objectos apreendidos nas condições específicas dos presentes autos não poderá deixar de ter conhecimento da sua existência"* sendo esse juízo *"suficiente para poder ser identificado e contestado em sede de recurso"* – cfr. Acórdão do Tribunal Constitucional nº 607/98, proc. nº 607/98.

[272] Neste caso é comum referir, ROBERTS, Paul, ZUCKERMAN, Adrian, *Ob. Cit.*, pág. 348 e ss., o *Whoolmington principle* que primeiramente exige que a acusação consiga chegar a julgamento e depois provar *"beyond reasonable doubt"*.

Partindo do princípio que a *burden of proof*[273], isto é o ónus da prova, está do lado da acusação, à partida se admite que, no direito penal, a lei não só não é inteiramente parcial, como admitidamente protege o arguido[274]. Neste sendido, *standard of proof* será o grau a partir do qual se poderá dizer que o ónus da prova foi cumprido, ou seja, o grau de certeza, ou por outra, a probabilidade que a prova produzida[275] deverá criar na mente do julgador. Assim, a acusação arcaria com as consequência da não persuasão.

Já em Portugal se diz que o princípio da investigação impõe que se recuse o reconhecimento de um princípio do ónus da prova e, consequentemente, dos problemas de repartição que lhe são inerentes[276]. Mesmo no que respeita à ideia de carga material da prova, visto não se poder falar de ónus da prova em sistemas jurídicos que, como o português, obrigam os juízes a indagar e apresentar prova *ex officio*[277].

A bem conhecida expressão, tantas vezes traduzida e utilizada pelos tribunais de inúmeros países, *"beyond reasonable doubt"* é na verdade a indicação do *standard of proof* que é dada aos jurados num julgamento, sendo certo que a explicação aos mesmos do que deva consubstanciar essa certeza é bastante discutida[278].

---

[273] Juntamente com o referido *burden of proof*, menciona-se o *burden of evidence* que basicamente consiste na obrigação de levantar uma determinada questão, assim, será imperativo que se reúnam os indícios suficientes necessários para o despacho de acusação ou de pronúncia, MURPHY, Peter, *Murphy on evidence*, 7ª ed, Londres, Blackstone, 2000, pág. 79 e ss.

[274] " (...) *em casos criminais a lei não procura manter uma balanço neutro entre as partes, mas sim certificar-se que o acusado não é condenado sem substanciais salvaguardas, uma das quais é a colocação do ónus da prova na acusação e requerer dela uma mais elevado standard of proof*" – MURPHY, Peter, *Ob. Cit.*, pág. 110.

[275] *"Para que seja possível a condenação não basta a probabilidade de que o arguido seja autor do crime, nem a convicção moral de que o foi. É imprescindível que, por procedimentos legítimos, se alcance a certeza jurídica, que não é desde logo a certeza absoluta, mas que, sendo uma convicção com géneses em material probatório, é suficiente para, numa perspectiva processual penal e constitucional, legitimar uma sentença condenatória. Significa o exposto que não basta a certeza moral, mas é necessária a certeza fundada numa sólida produção de prova."* – cfr. Acórdão do Supremo Tribunal de Justiça de 07 de abril de 2011, proc. 936/08.0JAPRT.S1, Santos Cabral.

[276] DIAS, Jorge Figueiredo, *Ob. Cit*, pág. 211.

[277] MESQUITA, Paulo Dá, *A prova do Crime...*, pág. 325.

[278] MACEWAN, Jenny, *Evidence and the Adversarial Process: the modern law*, Oxford, Hart Publishing, 2ª Ed., 1998, pág. 81 apresenta algumas dessas explicações dadas aos júris, sublinhando que, na maioria dos casos, a explicação tende a ser mais complexa do que a mera indicação de que a acusação deverá convencer o júri da culpa do arguido.

A questão poderia ocupar-nos indefinidamente. Inquestionável é a sua aplicação no processo penal português.

Vejamos, no caso da prova indiciária a questão prende-se com a certeza do indício, a força do raciocínio inferencial, o grau de probabilidade da inferência efetuada e a gravidade da presunção resultante. De todos esses factores há-de resultar a certeza possível num processo judicial[279], certeza que deverá ultrapassar a dúvida razoável[280].

Vimos que, consistentemente, se reconhece que a prova indiciária pode fundamentar uma decisão condenatória. Não podemos deixar de referir um outro fator. É possível, e até usual, que sejam apresentadas em juízo provas em sentido contrário cuja valoração fica ao critério do julgador. Algumas dessas provas serão diretas e outras tantas indiretas. Mesmo admitindo que a prova indiciária não é uma prova menor poderá ela ser valorada em detrimento da prova direta?

Face ao princípio da livre apreciação da prova a resposta há-de ser positiva, pois *"o juízo valorativo do tribunal tanto pode assentar em prova direta do facto, como em prova indiciária da qual se infere o facto probando, não estando excluída a possibilidade do julgador, face à credibilidade que a prova lhe mereça e as*

---

[279] Acórdão do Supremo Tribunal de Justiça de 07 de abril de 2011, proc. 936/08.0JAPRT.S1, Santos Cabral.

[280] *"Concluímos, assim, que não obstante assentar a sua decisão essencialmente em prova indirecta, o tribunal do júri julgou provada a factualidade típica relativamente ao arguido AA, "Para além de toda a dúvida razoável", enquanto regra enformadora do princípio da livre apreciação da prova acolhido no art. 127º do CPP e reverso do princípio in dubio pro reo, conclusão que nesta sede (apreciação do invocado vício de erro notório na apreciação da prova) se retira do texto da decisão recorrida, maxime da apreciação crítica da prova, mas que coincide igualmente com a conclusão a que se chega na apreciação da impugnação da decisão sobre a matéria de facto provada com base no teor dos depoimentos pessoais invocados pelo recorrente"* diz-se no Acórdão do Supremo Tribunal de Justiça de 15 de setembro de 2010, proc. 173/05.6GBSTC.E1.S1, Fernando Fróis. No que respeita às Relações, vejam-se o Acórdão do Tribunal da Relação do Porto de 29 de junho de 2011, proc. 233/08.1PBGDM.P3, Eduarda Lobo, *"A ilação derivada de uma presunção natural não pode, porém, formular-se sem exigências de relativa segurança, especialmente em matéria de prova em processo penal em que é necessária a comprovação da existência dos factos para além de toda a dúvida razoável. Há-de, pois, existir e ser revelado um percurso intelectual, lógico, sem soluções de continuidade, e sem uma relação demasiado longínqua entre o facto conhecido e o facto adquirido. A existência de espaços vazios, ou a falta de um ponto de ancoragem, no percurso lógico de congruência segundo as regras de experiência, determina um corte na continuidade do raciocínio, e retira o juízo do domínio da presunção, remetendo-o para o campo já da mera possibilidade física mais ou menos arbitrária ou dominada pelas impressões"* – disponível para consulta em www.dgsi.pt.

circunstâncias do caso, valorar preferencialmente a prova indiciária, podendo esta só por si conduzir à sua convicção."[281]

Aliás, são muitas as decisões que, considerando a admissão da prova por presunções nos casos em que a prova testemunhal é admitida, se indica que a primeira poderá até ser mais fiável que a segunda por depender menos de questões perceptoriais e do premeditado engodo da obscuridade do depoimento[282].

Isto porque a capacidade persuasiva da prova indiciária pode ser de tal modo elevada que não admite uma prova contrária, ainda que direta, com capacidade de convencimento superior que será, pois, desconsiderada.

3. Nota prévia à análise jurisprudencial

A jurisprudência neste tema não é propriamente vasta, não nos termos que se esperaria quando se pensa na valência que a prova indiciária poderia ter, pela sua amplitude, no processo penal.

Antes de mais cumpre explanar o critério utilizado na seleção da jurisprudência que invocaremos. Nem que não seja, primeiramente, face à variedade de termos pela quem a prova indiciária, circunstancial, artificial, lógica, por presunções é referenciada.

Tal circunstancialismo ultrapassa a questão semântica de referir a prova indiciária com esta terminologia ou como presunções judiciais.

---

[281] Acórdão do Supremo Tribunal de Justiça, 05 de julho de 2007, proc. nº 07P2279, Simas Santos. Neste sentido, diz Acórdão do Tribunal da Relação do Porto de 11 de janeiro de 2012, proc. 136/06.4GAMCD.P1, Pedro Vaz Pato, que *"o juízo valorativo do tribunal tanto pode assentar em prova directa do facto como em prova indiciária da qual se infere o facto probando, não estando excluída e probabilidade do julgador, face à credibilidade que a prova lhe mereça e as circunstâncias do caso, valorar preferencialmente a prova indiciária, podendo esta só por si conduzir à convicção".* Neste mesmo sentido, veja-se, entre outros o Acórdão do Tribunal da Relação de Évora de 29 de novembro de 2005, proc. 621/05-1, Ribeiro Cardoso, textos disponíveis para consulta em www.dgsi.pt.

[282] *"A associação que a prova indiciária proporciona entre elementos objectivos e regras objectivas leva alguns autores a afirmar a sua superioridade perante outro tipo de provas, nomeadamente prova directa e testemunhal, pois que aqui também intervém um elemento que ultrapassa a racionalidade e que será muito mais perigoso de determinar, como é o caso da credibilidade do testemunho.",* veja-se o Acórdão so Supremo Tribunal de justiça de 03 de março de 2009, proc.187/09.7YREVR.S1, Santos Cabral, neste sentido, ainda, os Acórdãos do Tribunal da Relação de Lisboa de 16 de novembro de 2010 proc. 3607/05.6TASNT.L1-5, da Relação de Coimbra de 24 de agosto de 2011, proc. 413/07.7TACBR.C1, da Relação de Évora de 10 dezembro de 2009, proc 43/07.3GEELV.E1, cujos textos se encontram disponíveis para consulta em www.dgsi.pt.

Nas decisões que analisaremos, que referem a prova indiciária por este termo, há uma preocupação com o seu tratamento que inexiste no que respeita às decisões que referem a prova por presunções judiciais simplesmente[283].

Também é de referir que, muitas vezes, a avaliação da prova à luz das regras de experiência segue exatamente os mesmos cânones, muito embora se sublinhe que enquanto a prova indiciária tem a finalidade de um meio de prova – pois, a sua formulação traz um *quantum* de conhecimento ao processo –, as regras de experiência são um juízo hipotético, uma formulação de uma regra pela repetição e como tal, sem um facto que sirva de base à sua aplicação, nada provam[284].

Apesar de ser relativamente recente o uso da terminologia "prova indiciária" no processo penal português, a verdade é que, à semelhança do que sucedia no direito espanhol, também se encontram algumas referências aos chamados "juízos de valor"[285] que mais não são do que ilações

---

[283] Vejamos, como exemplos, o Acórdão do Supremo Tribunal de Justiça de 10 de janeiro de 2008, proc. 07P4198, Carmona Mota, *"[a]demais, «são admissíveis [em processo penal] as provas que não forem proibidas por lei» (art. 125º do CPP), nelas incluídas as presunções judiciais (ou seja, «as ilações que o julgador tira de um facto conhecido para firmar um facto desconhecido»: art. 349º do CC). Daí que a circunstância de a presunção judicial não constituir «prova directa» não contrarie o princípio da livre apreciação da prova, que permite ao julgador apreciar a «prova» (qualquer que ela seja, desde que não proibida por lei) segundo as regras da experiência e a sua livre convicção (art. 127º do CPP). Não estaria por isso vedado às instâncias, ante factos conhecidos, a extracção – por presunção judicial – de ilações capazes de «firmar um facto desconhecido»"*. Nestes termos, do mesmo relator, ainda, os Acórdãos do Supremo Tribunal de Justiça de 8 de novembro de 2007, proc. 07P3164 e de 31 de janeiro de 2008, proc. 06P4805.

[284] Citemos o Acórdão do Supremo Tribunal de Justiça de 06 julho 2011, proc. 3612/07.6TBLRA.C2.S1, Helder Roque Juiz, disponível para consulta em www.dgsi.pt [último acesso em 05 de outubro de 2012], um recurso civil, onde se diz, com pertinência e valência no direito processual penal, que *"[a]s regras da experiência não são meios de prova, mas antes raciocínios, juízos hipotéticos do conteúdo genérico, assentes na experiência comum, independentes dos casos individuais em que se alicerçam, com validade, muitas vezes, para além do caso a que respeitem, adquiridas, em parte, mediante observação do mundo exterior e da conduta humana, e, noutra parte, mediante investigação ou exercício científico de uma profissão ou indústria, permitindo fundar as presunções naturais, mas sem abdicar da explicitação de um processo cognitivo, lógico, sem espaços ocos e vazios, conduzindo à extracção de facto desconhecido do facto conhecido, porque conformes à realidade reiterada, de verificação muito frequente e, por isso, verosímil."*, texto disponível para consulta em www.dgsi.pt.

[285] A título exemplificativo, *"[o] homem comum, médio, qualquer homem medianamente desperto para as realidades da vida, conhecedor das quantias que constituem os rendimentos, vencimentos, salários das pessoas e dos preços a pagar pelos produtos mais vulgares hoje em dia, saberá qualificar uma determinada*

retiradas dos factos provados com recurso ao "conhecimento do homem comum" e que, de facto, consubstanciam presunções judiciais que, como se disse, também vão sendo referidas[286].

São estes os pressupostos da pesquisa jurisprudencial efetuada, ou, em termos mais claros, os seus limites. Pretendemos estudar os condicionalismos formulados pela jurisprudência ao uso da prova indiciária, como tal, o estudo das decisões que meramente se referem à admissibilidade da prova por presunções, porque mais nada acrescentam que essa afirmação, não serão referidos. Acrescentemos que, na jurisprudência mais recente, são mais numerosas as decisões que falam de prova indiciária (mesmo quando nada se adiante sobre os cuidados a ter com esta) do que de prova por presunções.

Esta é uma tendência digna de nota. Mencionamos que a terminologia prova indiciária é relativamente recente. Ora a preocupação com esses requisitos de admissibilidade e as potenciais dificuldades de valoração surgiram com o vocábulo. Como se poderá ver, são decisões recentes, essencialmente da última década com uma marcada influência dos ordenamentos que estudamos, o que poderá significar uma mudança de paradigma no método como são utilizadas as presunções judiciais no processo penal.

Avançaremos como justificação para esta mudança, a "importação" feita pela jurisprudência nacional dos ordenamentos estrangeiros que já tantas vezes referimos.

A afirmação é possível porque as decisões portuguesas o mencionam expressamente. Seja na expressa invocação dos requisitos da lei italiana, na persistente invocação da doutrina de ambos os países. Vale a pena espe-

---

verba como sendo avultada, uma vez posto perante a sua expressão monetária em concreto averiguada. Este apuramento cabe ao tribunal e é perante ele que, na decisão da matéria de facto, o colectivo formula aquele juízo de valor, enquadrando ou não as quantias auferidas ou almejadas obter no tráfico e que são os factos puros, naquele qualificativo – cfr. nº 5 e 12 a 15 de III, o tribunal pode e deve retirar ilações dos factos – puros factos – provados, sendo essas ilações juízos de valor formados a partir desses factos e entendidos estes como acontecimentos concretos da vida real (...)" Acórdão do Supremo Tribunal de Justiça de 6 de janeiro de 1999, processo nº 1075/98, BMJ nº 483, fevereiro, 1999, pág. 21.

[286] *"[S]endo clara esta evidência, lícito era ao tribunal recorrido concluir, através de presunções, nos termos do artigo 349º do aludido Código, tratar-se de um cheque pós-datado que, em combinação com a declaração de extravio e solicitação do seu não pagamento (...) revela intenção do arguido de falsificação do cheque (...)"* – cfr. Acórdão do Supremo Tribunal de Justiça de 2 de maio de 1990, processo nº 40 863, BMJ nº 397, junho 1990, pág. 323.

cificar que os autores referidos são também, sistematicamente, os mesmos[287], ou nas decisões do *Supremo Tribunal* espanhol[288]. Influências que bem se notam nas páginas seguintes.

[287] A doutrina invocada, apesar de relativamente extensa, não é muito diversificada. E não é limitada a um destes dois países, por exemplo, no Acórdão do Supremo Tribunal de Justiça de 07 de abril de 2011, proc. 936/08.0JAPRT.S1, Santos Cabral, referencia-se a já citadas obras *"Prova Penale"* de Paolo Tonini e a *"La Prueba de indícios"* de Lopez Moreno. Uma obra repetidamente citada é *"La Prueba em Processo Penal"* de Marieta, referida no Acórdão do Supremo Tribunal de Justiça de 19 de dezembro de 2007, proc. 07P4203, Santos Cabral, e, por exemplo, nos Acórdãos do Tribunal da Relação de Coimbra de 24 de agosto de 2011, proc.413/07.7TACBR.C1, Jorge Dias e de 03 outubro de 2012, proc. 327/10.3PBVIS.C1, do mesmo relator. São também algumas as decisões em que se referem os autores citados por Euclides Dâmaso Simões, na sua obra já citada e publicada na revista Julgar, nomeadamente, as obras de "J. M. Asencio Melado, Presunción de Inocência y Prueba Indiciária, 1992, citado por in Prova Indiciária, Revista Julgar, nº 2, 2007, pág. 205). Francisco Alcoy, Prueba de Indicios, Credibilidad del Acusado y Presuncion de Inocencia, Editora Tirant Blanch, Valencia 2003, pág. 25; Climent Dúran, La Prueba Penal" conforme se lê no Acórdão do Supremo Tribunal de Justiça de 23 de setembro de 2010, proc. 65/09.0JACBR.C1.S1, Fernando Fróis. Esta obra de Francisco Alcoy é uma das preferidas, citada no Acórdão do Tribunal da Relação de Coimbra de 26 de março de 2014, Belmiro Andrade e o Acórdão do Tribunal da Relação de Coimbra 21-03-2012, proc. 460/10.1JALRA.C1, Paulo Valério, com referência ao mesmo artigo de Euclides Dâmaso Simões. Ainda do país vizinho *"El dolo y su prueba en el proceso penal"* de Ragués i Vallès – cfr. Acórdão do Tribunal da Relação do Porto 14 de dezembro 2011, proc. 442/08.3GALSD.P1, Eduarda Lobo. Ainda a obra *"La Mínima Actividad Probatória en el Proceso Penal"* de Miranda Estrampes, conforme os Acórdão do Tribunal da Relação de Évora de 03 de julho de 2012, proc. 846/09.4PBSTR.E1, Gilberto Cunha, Acórdão do Tribunal da Relação do Porto de 16-12-2009, proc. 17/95.5IDPRT.P1, Vasco Freitas e Acórdão do Tribunal da Relação de Coimbra de 19 de novembro de 2014, proc. 432/12.ITATNV.C1, Vasques Osório. Também referido no Acórdão do Tribunal da Relação de Évora de 06 de setembro de 2011, proc. 241/07.0PCSTB.E1, Fernando Ribeiro Cardoso que cita ainda a obra de Asencio Melado. Entre as obras italianas, particular destaque para Tonini (Acórdão do Tribunal da Relação de Coimbra de 31 de maio de 2006, proc. 1500/06, Gabriel Catarino, por exemplo), a referência *"La Prova per Indizi nel Vigente Sistema del Processo Penale"* de Nevio Scapini, Michele Taruffo, por exemplo no Acórdão do Tribunal da Relação de Lisboa 06 de novembro 2010, proc. 233/03.8PDFUN.L1-5, Filomena Lima. Por fim, referenciam-se algumas obras brasileiras, como a de Eduardo Araújo da Silva, "Crime Organizado-procedimento probatório", no Acórdão do Tribunal da Relação do Porto de 11 de janeiro de 2012, proc. 136/06.4GAMCD.P1, Pedro Vaz Pato. Estas são as obras que mais vezes se encontraram referenciadas. No entanto, há exemplos de decisões que fazem um levantamento de várias referências cuja consulta seria enriquecedora, nomeadamente no Acórdão do Supremo Tribunal de Justiça de 17 de junho de 2010, proc. 1/08.0FAVRS. E1-A.S1, Souto De Moura, e ainda no Acórdão do Tribunal da Relação de Guimarães de 19 de janeiro de 2009, proc. 2025/08-2, Cruz Bucho cuja elencação se reproduz no Acórdão

Começaremos, pois, por reunir os requisitos mais uniformemente referidos pelo Supremo Tribunal de Justiça. Referiremos, no entanto e quando oportuno, decisões dos Tribunais da Relação. Estes avaliam a questão com uma maior e mais intíma conexão com a matéria de facto, que seria lamentável perdermos neste trabalho pois permitem, mais que elencar os requisitos e critérios apontados pela jurisprudência, avaliar da sua coerência, mérito e concreta aplicação face à prova produzida sobre os factos base.

4. Critérios de admissibilidade e valoração da prova indiciária

Diz o Supremo Tribunal de Justiça, com toda a propriedade, que o *"processo penal português, como na generalidade dos ordenamentos jurídico-processuais, reconhece valor à prova indiciária, ou seja, à prova dos factos que integram o tema da prova com base em factos indiciários ou instrumentais e o auxílio das regras da experiência."*[289] Tal afirmação, já se viram as causas, poderia ser controversa, mas impõe-se uma análise do que diz a jurisprudência nacional. Acima de tudo daquilo que aplica, antes de lhe questionar a coerência.

---

do Tribunal da Relação de Guimarães de 25 janeiro de 2010, proc. 300/04.0GBBCL.G2 , do mesmo relator. Depois citando estas decisões encontramos o mesmo texto no Acórdão do Tribunal da Relação de Guimarães de 17 de maio de 2010, proc. 368/06.5GACBC.G1, Maria Augusta. Este é, aliás, um fenómeno reiterado neste tema, as várias sentenças tendem a referenciar não apenas os mesmo argumentos (como seria de esperar) mas nos exatos termos. Todas estas decisões se encontram disponíveis para consulta em www.dgsi.pt.

[288] Vejam-se os Acórdão do Tribunal da Relação do Porto de 11 de janeiro de 2012, proc. 136/06.4GAMCD.P1, Pedro Vaz Pato, do Tribunal da Relação de Guimarães de 22 de fevereiro de 2011, proc. 541/06.6GCVT.G1, Fernando Chaves, do Tribunal da Relação de Coimbra, 11-05-2005, proc.1056/05, Oliveira Mendes que, entre outros, referem específicas decisões do Tribunal Constitucional e do Tribunal Supremo de Espanha. Textos disponíveis para consulta em www.dgsi.pt.

[289] Por todos, veja-se o Acórdão do Supremo Tribunal de Justiça de 23 de setembro de 2010, proc. 65/09.0JACBR.C1.S1, relator Fernando Fróis, texto disponível para consulta em www.dgsi.pt. Entendimento que vai sendo secundado pelos Tribunais da Relação (veja-se, entre muitos, o Acórdão do Tribunal da Relação do Porto de 25 de fevereiro de 2005, proc. 1193/12.0GAMAI.P1, Elsa Paixão) os quais acrescentam que a prova indiciária não é um "minus" relativamente à prova directa – Acórdão do Tribunal da Relação de Lisboa, de 09 de abril de 2013, Aldo Casimiro.

Cumpre especificar, não se diz apenas que a prova indiciária é admissível, reconhece-se que ela é suficiente para, na conjugação dos indícios, fundamentar uma condenação do arguido[290].

O Supremo Tribunal de Justiça tem vindo a frisar que muito, embora não existam obstáculos à admissibilidade da prova indiciária, não é por isso que ficam dispensadas as cautelas em sede de valoração da prova. Isto pois, o princípio da livre convicção não significa que o sistema de provas legais tenha sido meramente substituído pela arbitrariedade do julgador[291].

Adientemos que as decisões analisadas não são inteiramente uniformes, no sentido, em que não se indica, em cada uma delas, todos e cada um dos requisitos que no seu conjunto podemos identificar. Quer-se com isto notar, que, por exemplo, decisões com uma forte influência da doutrina italiana mencionam certos requisitos que não são os mesmos que apresentam aquelas cuja influência é espanhola. Apesar disso, é possível reconduzir esses requisitos a núcleos identificáveis essencialmente por comparação àqueles que estudamos *supra*. Aliás, ver-se-á que certos requisitos vêm necessariamente juntos.

Claro está que, tratando-se de uma questão jurisprudencial, muitas das decisões focam os requisitos de valoração da prova indiciária, ou em melhores termos, os especiais cuidados que se crê devem ser observados com ela, para fundamentar a decisão. Assim, é comum iniciar-se o discurso do acórdão com referência ao princípio da prova livre e da livre apreciação da prova e só depois mencionar requisitos mais específicos e atinentes à questão prévia da sua configuração. No que respeita àqueles princípios, remetemos para o primeiro capítulo deste estudo.

A distinção entre critérios de admissibilidade e de valoração é complexa no que refere à prova indiciária.

---

[290] "*Nada impedirá, porém, que devidamente valorada a prova indiciária a mesma por si, na conjunção dos indícios permita fundamentar a condenação.*" – cfr. Acórdão do Supremo Tribunal de Justiça de 22 de outubro de 2008, proc. 08P3274, Santos Cabral, texto disponível para consulta em www.dgsi.pt.
[291] "*Daí que, particularmente no que respeita à prova indirecta, a insegurança dos indícios tenha de ser afastada por racionais cautelas na sua utilização.*", conforme se diz no já referenciado Acórdão do Supremo Tribunal de Justiça de 23 de setembro de 2010, proc. 65/09.0JACBR.C1.S1, Fernando Fróis.

Esta distinção entre admissibilidade e valoração é essencial ao controlo da prova indiciária, à própria fiabilidade do resultado probatório obtido. É, aliás, uma distinção lógica que poliariza dois momentos distintos que se regem por princípios e finalidades diversos. Enquanto a admissibilidade se prende, essencialmente, com o princípio da prova livre, a valoração remete-se ao princípio da livre apreciação da prova. O conceito de livre apreciação da prova opera, já não num momento de decisão sobre a admissão de determinado meio de prova em juízo, segundo o princípio da legalidade da prova, mas, sobre a eficácia e valor probatório das provas efetivamente produzidas.

A confusão parece prender-se com a questão de ser o próprio raciocínio subjacente à prova indiciária a ditar a sua admissibilidade. Referiu-se que a relevância é um dos primeiros critérios de admissão da prova, frisando que importa admitir a prova juridicamente relevante mas, também, a prova logicamente relevante. Ou seja, exige-se um apriorístico juízo de relevância sobre a própria inferência aquando da admissão da prova, concretamente que se aprecie a validade da conexão entre o facto base e o facto presumido ou ????. Um passo mais complexo do que aquele exigido para a prova direta, pois, neste caso, apenas se afere se aquele elemento de prova comprova ou desmente um dado enunciado fáctico[292].

O que se pretende com este reparo é sublinhar que a distinção entre requisitos de admissibilidade e critérios de valoração é controversa, e como tal, serão indicados por uma sequência pragmática, tentando analisar quais aqueles que com mais frequência são indicados pela jurisprudência portuguesa, agrupando-os quando ao mesmo se refiram.

A organização pela qual apresentaremos estes critérios referidos pela jurisprudência nacional é meramente isso: uma proposta de organização. No entanto, após a elencação dos vários requisitos, far-se-á um esforço de modo a destrinçar, tentando aferir se o requisito visa garantir que os indícios são admissíveis ou controlar o seu valor probatório. Pois, claro está, que embora um desses aspetos possa condicionar o outro, são, ainda assim, independentes.

---

[292] A questão seria também interessante no que respeita ao fim do inquérito, os indícios suficientes poderão parecer menos significativos se forem eles próprios decorrentes de prova indiciária. Claro está que, aquando da decisão de submeter o arguido a julgamento, o *standard* da prova é diferente, embora não menor, daquele necessário para a condenação, conforme também já tivemos oportunidade de referir.

Veremos que é frequente as decisões referirem-se a um mesmo critério ou requisito com termos distintos, ainda que próximos, o que, no fundo, mais não evidencia que a riqueza da língua, em nada interferindo com a imposição que se pretende ver observada. Selecionar-se-á o termo que parecer mais esclarecedor, indicando, sempre, os outros que tenhamos encontrado para referir a mesma realidade. Como já referimos, mas convém reiterar, a indicação de requisitos difere com as influências estrangeiras presentes. Também na nomenclatura sob a qual é designado acontece o mesmo.

Parece ser um facto evidente, mas antes há que referir que a jurisprudência que citaremos define prova indiciária nos termos que até aqui vimos tratando, ou seja, *"[a] prova indiciária é uma prova indirecta, baseada em indícios, também apelidada de prova lógica; indícios esses que são todas as provas conhecidas e apuradas a partir das quais, mediante um raciocínio lógico, pelo método indutivo, se obtém a conclusão firme, segura e sólida; a indução parte do particular para o geral e apesar de ser prova indirecta tem a mesma força que a testemunhal, documental ou outra."*[293]

Passaremos então a saber quais os requisitos que a jurisprudência portuguesa aponta como os necessários à admissão e valoração da prova indiciária. Fá-lo-emos acompanhando a estrutura de uma presunção: os requisitos relativos ao facto base, ou indício, seguidamente à inferência lógica e depois, finalmente, ao facto presumido[294].

---

[293] O já referenciado Acórdão do Supremo Tribunal de Justiça de 26 de janeiro de 2011, proc. 417/09.5YRPTR.S2, relator Armindo Monteiro.

[294] *"Na prova indiciária, mais do que em qualquer outra, intervém a inteligência e a lógica do juiz. Porém, qualquer um daqueles elementos intervém em momentos distintos. Em primeiro lugar é a inteligência que associa o facto indício a uma máxima da experiência ou uma regra da ciência; em segundo lugar intervém a lógica através da qual, na valoração do facto, outorgaremos à inferência feita maior ou menor eficácia probatória. (...) A lógica tratará de explicar o correcto da inferência e será a mesma irá outorgar à prova capacidade de convicção."* – cfr. Acórdão do Supremo Tribunal de Justiça de 03 de dezembro de 2009, proc. 187/09.7YREVR.S1, Santos Cabral.

5. Requisitos relativos ao indício

5.1. Certeza do indício

"Em primeiro lugar é necessário que os indícios sejam verificados, precisados e avaliados"[295], diz-se no Acórdão do Supremo Tribunal de Justiça de 07 de Abril de 2011.

Nesta mesma decisão, indica-se este como o primeiro de três momentos essenciais à prova indiciária. O segundo seria a combinação ou síntese desses indícios – que se presumem plurais na maioria das vezes sem, no entanto, se negar a utilização de um indício singular – e o terceiro, e último, a análise da presunção, ou seja, da relação entre o indício e o facto presumido.

Bem se percebe que o primeiro momento seja aquele que compreende a identificação e prova do facto base da presunção. Por aqui começaremos.

Esta é uma prescrição que funciona como ponto de partida claro e auspicioso de uma construção, também ela, cristalina. Pois, especifica os elementos que constituem a presunção, permitindo o seu controle, e, assim, evitando a eventual arbitrariedade.

Verificar, precisar e avaliar são três operações distintas que, embora não se especifique na jurisprudência, têm alcances diferentes, como decorre da própria especificidade do vocábulo jurídico. Por verificação quer parecer que se pretende impor que seja provada a existência dos indícios. Precisar há-de compreender os já conhecidos requisitos de precisão e independência. Já a avaliação parece referir a ideia de gravidade, isto é, de proximidade face ao *thema probandum*, já com um pendor menos ligado à delimitação do indício mas à sua valoração.

Assim, como nos ordenamentos estudados, o primeiro requisito é a certeza do indício: este deve estar provado. É um requisito material, sendo que na sua vertente formal se exige a sua especificação na sentença[296], como veremos adiante. Este requisito material densifica-se

---

[295] Proferido no proc. 936/08.0JAPRT.S, Santos Cabral, um entre muitos. Por exemplo, lê-se no já mencionado Acórdão do Supremo Tribunal de Justiça de 23 de fevereiro de 2011, proc. 241/08.2GAMTR.P1.S2, Santos Cabral, *"[n]a prova indiciária devem estar presentes condições relativas aos factos indiciadores; à combinação ou síntese dos indícios; à indiciária combinação das inferências indiciárias; e à conclusão das mesmas."*

[296] *"O indício, para servir de base probatória, tem como requisito de teor formal o facto de da sentença deverem constar os factos-base e a sua prova, os quais vão servir de base à dedução ou inferência, além*

na exigência de que os indícios estejam provados e sejam de natureza inequivocamente acusatória e contemporâneos do facto a provar[297].

A divergência é já a habitual. Deveremos considerar que *"requisito material é estarem os indícios plenamente comprovados por prova directa, os quais devem ser de natureza inequivocamente acusatória (...)"*[298] ou que a prova resultante de indícios seja admitida? Ou ainda, numa terceira opção, que *"[o] s indícios devem estar comprovados e é relevante que esta comprovação resulte de prova directa, o que não obsta a que a prova possa ser composta, utilizando-se, para o efeito, provas directas imperfeitas ou seja insuficientes para produzir cada uma em separado prova plena."*[299]

Decisões que admitidamente se fundem num facto base cuja prova se fez por indício a existir, não encontramos. A frequência com que se exige a certeza do indício parece indicar que o que se requer é que seja demonstrado por prova direta. Ou, pelo menos, uma certa relutância em tratar como atendível a hipótese.

---

de ali se explicitar o raciocínio através do qual se chegou à verificação do facto punível, explicitação essa necessária para controlar a racionalidade da inferência." – cfr. Acórdão do Supremo Tribunal de Justiça de 26 de janeiro de 2011, proc. 417/09.5YRPTR.S2, Armindo Monteiro, neste mesmo sentido e em termos análogos, Acórdão do Supremo Tribunal de Justiça de 09 de fevereiro de 2012, proc. 1/09.3FAHRT.L1.S1, Armindo Monteiro, disponível para consulta em www.dgsi.pt.

[297] Acórdão do Supremo Tribunal de Justiça de 11 de julho de 2007, proc. 07P1416, Armindo Monteiro, texto disponível para consulta em www.dgsi.pt.

[298] Acórdão do Supremo Tribunal de Justiça de 26 de janeiro de 2011, proc. 417/09.5YRPTR. S2, Armindo Monteiro. O mesmo se diz no Acórdão do Tribunal da Relação de Coimbra de 28 de agosto de 2011, proc. 413/07.7TACBR.C1, Jorge Dias, especificando a necessidade da prova direta de um dado indício (o depoimento de uma testemunha e as marcas de travagem no local, este último, em rigor, um vestígio), diz que *"[o] que não se pode admitir é que a demonstração do facto indício que é a base da inferência seja também ele feito através de prova indiciária, atenta a insegurança que tal provocaria"*, no mesmo sentido veja-se o Acórdão do Supremo Tribunal de 26 de setembro de 2012, proc. 101/11.OPAVNO.S1, Armindo Monteiro, cujo texto integral se encontra disponível para consulta em www.dgsi.pt.

[299] Acórdão do Supremo Tribunal de Justiça de 23 de fevereiro de 2011, proc. 241/08.2GAMTR.P1.S2, Santos Cabral. De 09 de fevereiro de 2012, proc. 233/08.1PBGDM. P3.S1, Santos Cabral, muito invocados pela segunda instância. A título exemplificativo, Acórdão do Tribunal da Relação do Porto de 29 de junho de 2011, proc. 233/08.1PBGDM. P3, Eduarda Lobo; do Tribunal da Relação de Évora de 01 de março de 2005, proc. 1481/04-1, Orlando Afonso; Acórdão do Tribunal da Relação do Porto de 16 de dezembro de 2009, proc. 17/95.5IDPRT.P1, Vasco Freitas, cujos textos se encontram disponíveis para consulta em www.dgsi.pt.

5.2. Caráter incriminatório do indício

Pela jurisprudência citada nota-se que se sublinha o caráter *"inequivocamente acusatório"* dos indícios, o que parece ter uma influência da jurisprudência espanhola que compreendia este conceito acusatório na exigência de uma *minima actividad probatoria* que reunisse *pruebas de cargo*[300]. Uma de muitas influências vindas de Espanha, pois, a inexistência de uma previsão normativa sobre a prova indiciária torna-se particularmente útil, dado o paralelismo.

Este parece um requisito bastante atendível e que decorre do próprio rigor lógico na formulação da presunção. Ou seja, o indício é admitido, enquanto prova relevante, se for hipoteticamente útil na determinação do crime, do seu agente ou de qualquer elemento do tipo.

Sublinhemos o termo "inequivocamente". Em bom rigor inequívoco será o indício preciso, o indício necessário. O que parece reduzir a utilidade deste requisito face àquele.

Um indício que permita mais que uma inferência, ambas num mesmo sentido de existência de um facto probando, sempre será mais válida que uma presunção frágil o suficiente para permitir, simultaneamente, concluir por uma facto presumido incriminatório e outro absolutório.

No entanto, vimos que a influência aqui parece ser espanhola, enquanto a precisão é um requisito tradicionalmente italiano. Pelo que cremos ser este um requisito complementar daquele.

---

[300] *"Muito embora em Espanha a prova indiciária também não tenha uma regulação legal específica, a jurisprudência (constitucional e do Tribunal Supremo) tem efectuado uma construção rigorosa sobre as suas condições de operatividade, que poderá sintetizar-se nos seguintes termos: O direito à presunção de inocência poderá ser posto em causa através de uma prova indirecta ou derivada de indícios sempre que concorram as seguintes condições: a) Pluralidade dos factos-base ou indícios; [trata-se de uma exigência comum em várias legislações penais, como por exemplo em Itália, onde o art. 192º, n2 CP italiano exige que os indícios sejam graves, precisos e concordantes] b) Os factos base [factos indirectos] devem estar suportados por prova de carácter directo; c) Carácter periférico do facto-base relativamente ao facto [directo] a provar; d) Interrelação entre os factos-base; e) Racionalidade da inferência; f) Expressão da motivação de como se chegou à inferência na decisão recorrida.",* segundo o Tribunal da Relação de Évora de 10 de dezembro de 2009, proc. 43/07.3GEELV.E1, Edgar Valente – texto integral disponível para consulta em www.dgsi.pt [último acesso em 15 de outubro de 2012].

5.3. Circuntancialidade e Contemporaneidade

Este primeiro critério de circunstancialidade, ou, por vezes, da necessidade de apresentar o indício um caráter periférico, parece ser de influência espanhola[301].

Explicitemos, com isto se refere a conexão entre o facto base e o facto presumido, a circunstancialidade invocada em Espanha como a exigência de um nexo que conecte material e diretamente o facto presumido e o seu agente, ou seja devem ser factos periféricos do facto a provar.

Não se encontram decisões em que se aprofunde o conceito de contemporaneidade em mais do que a sua exigência[302], dizendo-de que os indícios deverão ser de natureza inequivocamente acusatória e contemporâneos do facto a provar[303]. Estes são dois requisitos que limitam a admissibilidade dos indícios àqueles que apresentem uma ligação temporal e material com o *thema probandum*, de modo a limitar o erro que possa surgir de uma falsa conexão com este.

5.4. Independência e interrelação

Uma outra especificação dita que os "*indícios devem também ser independentes e, consequentemente, não devem considerar-se como diferentes os que constituam momentos, ou partes sucessivas, de um mesmo facto*"[304], uma vez que a

---

[301] "*Em Espanha (como nos EUA) onde se faz largo uso de tal meio de prova, exige a jurisprudência para validade do indício os seguintes pressupostos: – De carácter formal: a sua expressão na sentença em factos-base, plenamente comprovados, que vão servir de apoio à dedução ou inferência, a afirmação do raciocínio através do qual se chegou à convicção da verificação do facto punível e da participação do acusado nele; no plano substancial não se dispensa a plena comprovação dos factos indiciários por prova directa, de inequívoca natureza acusatória, devendo aqueles ser plurais ou únicos, mas, então, de especial força probatória, contemporâneos do facto, sendo vários devem estar interligados de modo a que se reforcem mutuamente*" lê-se Acórdão do Supremo Tribunal de Justiça de 09 de fevereiro de 2012, proc. 1/09.3FAHRT.L1.S1. O mesmo se diz nos Acórdãos do Tribunal da Relação de Évora de 22 de novembro de 2011, proc. 415/09-9TASLV.E1, Edgar Valente e no do Tribunal da Relação de Évora de 24 de abril de 2012, proc. 145/08.9GAVRS.E1, Carlos Berguete Coelho. Textos disponíveis para consulta em www.dgsi.pt.

[302] Acórdão do Supremo Tribunal de Justiça de 12 de setembro de 2007, proc. 07P4588, Armindo Monteiro.

[303] Acórdão do Supremo Tribunal de Justiça de 11 de Julho de 2007, proc. 07P1416, Armindo Monteiro, texto disponível para consulta em www.dgsi.pt.

[304] Acórdão do Supremo Tribunal de Justiça de 23 de fevereiro de 2011, proc. 241/08.2GAMTR.P1.S2, Santos Cabral e, ainda, de 09 de fevereiro de 2012, proc. 233/08.1PBGDM.P3.S1, Santos Cabral. Este último, também, disponível para consulta em www.dgsi.pt.

errónea multiplicação de indícios não só afectaria a fiabilidade do resultado, como toda a credibilidade da prova[305].

No entanto, apesar de cumprir considerar separadamente os indícios que não são unos, há que admiti-los apenas se interrelacionados[306]. Isto é, quando com base numa pluralidade de indícios se conclui por um facto probando, estes indícios têm de concorrer *"articuladamente para uma solução única, a qual se mostra suportada pelas regras de normalidade e surge como a única que os factos-indícios, de forma segura, autorizam (inequívoca, portanto)."*[307]

5.5. Gravidade

A tradição italiana tem uma forte influência e, como tal, também se indica como requisito, *"um juízo de acertamento da matéria de facto pertinente para a decisão releva de um conjunto de meios de prova, que pode inclusivamente ser indiciária, quando os indícios sejam graves, precisos e concordantes como se exprime o Código de Processo Penal italiano, ao seu art. 192º, n. 2, o qual, em muitos aspectos, e como se sabe, foi fonte inspiradora do nosso."*[308] Sendo que o Supremo Tribunal de Justiça também oferece uma definição do sentido em que se consubstanciam tais requisitos *"[a]s presunções naturais filiam-se*

---

[305] *"Porém, o facto de também relativamente à prova indirecta funcionar a regra da livre convicção não quer dizer que na prática não se definam regras que, de forma alguma se poderão confundir com a tarifação da prova. Assim, os indícios devem ser sujeitos a uma constante verificação que incida não só sobre a sua demonstração como também sobre a capacidade de fundamentar uma lógica dedutiva; devem ser independentes e concordantes entre si"* – cfr. Acórdão do Supremo Tribunal de Justiça de 22 de outubro de 2008, proc. 08P3274, Santos Cabral.

[306] Acórdão do Supremo Tribunal de Justiça de 10 de maio de 2012, proc. 1164/09.3JDLSB.L1.S1, Rodrigues Da Costa.

[307] Acórdão do Tribunal da Relação de Évora de 06 de setembro de 2011, proc. 241/07.0PCSTB.E1, Fernando Ribeiro Cardoso, texto disponível para consulta em www.dgsi.pt.

[308] Acórdão do Supremo Tribunal de Justiça de 08 de novembro de 1995, proc. 048149, Lopes Rocha. Neste sentido, veja-se ainda o Acórdão do Supremo Tribunal de Justiça de 07 de abril de 2011, proc. 936/08.0JAPRT.S1, Santos Cabral, *"[p]or qualquer forma é incontornável a afirmação de que a gravidade do indício está directamente ligada ao seu grau de convencimento: é grave o indício que resiste ás objecções e que tem uma elevada carga de persuasividade como ocorrerá quando a máxima da experiência que é formulada exprima uma regra que tem um amplo grau de probabilidade. Por seu turno é preciso o indicio quando não é susceptível de outras interpretações. Mas sobretudo, o facto indiciante deve estar amplamente provado ou, como refere Tonini corre-se o risco de construir um castelo de argumentação lógica que não está sustentado em bases sólidas. Por fim os indícios devem ser concordantes, convergindo na direcção da mesma conclusão facto indiciante."*

em indícios graves, precisos e concordantes. Graves, porque os indícios resistem à objecção, porque convincentes, precisos, na medida em que outra sua interpretação é frágil; concordantes no sentido de que a partir de um raciocínio pelo método indutivo se obtém, a partir de um facto conhecido, um facto desconhecido, sólido e firme, sua normal e típica consequência, ou seja quando convergem para uma conclusão postulada por todos ou pela sua generalidade, quando todos são no mesmo sentido."[309]

Por um lado é grave o indício que tenha um elevado grau de conexão com o facto presumido que se pretende provar. Por outro, esse juízo de conexão pode não relevar, pois, em consonância com o princípio da livre apreciação da prova, a força probatória do indício é deixada à livre convicção do julgador o que, aliás, evita que a prova seja valorada aquando da sua admissão, assim, violando o princípio do contraditório. É também um juízo que não é possível formular aprioristicamente, na medida em que exige a invocação da máxima de experiência e a sua aplicação ao caso concreto para discernir o facto presumido. A valoração que se faça sobre esse facto presumido é efetuada na íntima convicção do julgador.

5.6. Precisão

Em conexão com o requisito de gravidade há que tratar da precisão. Não se pode acrescentar muito ao que se disse *supra* sobre o requisito de precisão. É preciso o indício necessário, quantas menos ilações permita formular, mais preciso será e maior será o seu valor probatório[310].

---

[309] Acórdão do Supremo Tribunal de Justiça de 18 de maio de 2011, proc. 420/06.7GAPVZ. S1, Armindo Monteiro, e, veja-se, ainda, o Acórdão do Supremo Tribunal de Justiça de 07 de abril de 2011, proc. 936/08.0JAPRT.S1, Santos Cabral, *"[p]or qualquer forma é incontornável a afirmação de que a gravidade do indício está directamente ligada ao seu grau de convencimento: é grave o indício que resiste ás objecções e que tem uma elevada carga de persuasividade como ocorrerá quando a máxima da experiência que é formulada exprima uma regra que tem um amplo grau de probabilidade. Por seu turno é preciso o indicio quando não é susceptível de outras interpretações. Mas sobretudo, o facto indiciante deve estar amplamente provado ou, como refere Tonini corre-se o risco de construir um castelo de argumentação lógica que não está sustentado em bases sólidas. Por fim os indícios devem ser concordantes, convergindo na direcção da mesma conclusão facto indiciante."*

[310] Diz o Acórdão do Supremo Tribunal de Justiça de 06 de setembro de 2006, proc. 06P1392, Silva Flor, texto disponível para consulta em www.dgsi.pt, *"[q]uando um facto não possa ser atribuído senão a uma causa, o indício diz-se necessário e o seu valor probatório aproxima-se do da prova directa. Quando o facto pode ser atribuído a várias causas, a prova de um facto que constitui uma dessas causas é também somente um indício provável ou possível. Para dar consistência à prova será então necessário afastar toda a espécie de condicionamento possível do facto probando menos um. A prova*

Por vezes, é referenciado como a exigência de que os indícios sejam inequívocos[311].

O Supremo Tribunal de Justiça "mede" esta precisão especificando que a *"prova, sendo indirecta ou indiciária, é de tal forma lógica e verosímil, de acordo com a experiência da realidade das coisas que comummente se tem, que praticamente não admite outra conclusão, a não ser a da efetiva utilização de crianças no tráfico em que os arguidos estavam envolvidos."*[312]. Já se referiu que este requisito de precisão pode exigir que, através de provas complementares, outras ilações sejam eliminadas entre as possíveis, ou seja, que outras conclusões sejam inteiramente afastadas como totalmente inverosímeis[313].

só se obterá, assim, excluindo, por meio de provas complementares, hipóteses eventuais e divergentes conciliáveis com a existência do facto indiciante. Por meio destas investigações se poderá transformar a mera possibilidade, que o indício revela, em necessidade."

[311] Diz-se no Acórdão do Tribunal da Relação de Évora de 06 de setembro de 2011, proc. 241/07.0PCSTB.E1, Fernando Ribeiro Cardoso, texto disponível para consulta em www.dgsi.pt, que se impõe que os *"indícios sejam inequívocos, ou seja, tendo em conta uma observação de acordo com as regras da experiência, que tais indícios afastem, para além de toda a dúvida razoável, a possibilidade dos factos se terem passado de modo diverso daquele para que apontam aqueles indícios probatórios. (...) Qualquer outra explicação para os factos indícios padecia, face a estes elementos, de um duplo problema: seria necessariamente inverosímil ou improvável e não encontrava apoio em qualquer elemento objectivo, directamente discernível.*

Assim, e não obstante não ter sido produzida nenhuma prova directa quanto à intenção do arguido amolgar o carro do assistente, e sendo essa factualidade insusceptível de apreensão directa, se não for admitida pelo próprio (através da confissão) por pertencer à vida interior do agente, mesmo assim, é possível captar a sua existência através de factos materiais comuns, donde o mesmo se possa concluir, entre os quais surge, com maior representação, o preenchimento dos elementos integrantes da infracção, avaliados e apreciados, segundo o princípio da normalidade, fundando-se a convicção do julgador em presunções naturais ligadas ao princípio da normalidade e a regras de experiência comum."

[312] Concluindo que *"[a]liás, dado o assinalado uso intenso de enunciados performativos e a intervenção directa de crianças na interlocução, poderia dizer-se, sem esforço, que a prova assim obtida é equivalente à prova directa de determinado facto. Seria preciso negar a existência da própria conversação para se atingir o facto que ela designa ou institui."* – Acórdão do Supremo Tribunal de Justiça de 30 de junho de 2011, proc. 83/08.5JAFUN.L1.S1,Rodrigues da Costa, texto disponível para consulta em www.dgsi.pt.

[313] *"Destas proposições objectivas [o arguido tinha uma faca ou navalha na mão, no momento das agressões na zona do portão empunhava-a sem que mais nenhum dos contendores tivesse qualquer objecto semelhante, cercaram a vítima e num momento imediatamente posterior envolveram-se em agressões à vítima, o arguido desferiu um golpe mais forte com a mão na vítima que de imediato deu um "grito de morte", o arguido regressa para a feira e é imediatamente visto com a faca na mão esquerda, a vítima fica agarrada ao peito a jorrar sangue, diz "deram-me uma facada" ou "aqueles gajos deram-me uma facada", desfalece pouco depois e chega já cadáver ao hospital] resulta, em nosso entendimento, que não apenas o arguido AA desferiu este golpe que é relatado pela testemunha KK, como também é nossa firme*

5.7. Concordância: pluralidade e indício único

Vimos anteriormente que a questão do indício único causa algumas discussões nos ordenamentos do nosso próximos, e, ainda que na jurisprudência nacional a discussão não seja tão acesa, já se encontram algumas contradições nas decisões. Contradições essas nem sempre claras, é certo.

Cumpre notar que apesar de se ter dito com frequência que se impõe fazer prova, a singularidade do termo não deverá induzir em erro: os factos a provar são múltiplos. O que necessariamente esclarece que um único indício considerado grave[314] poderá fazer prova de um único facto, atendendo à própria natureza do mesmo isso poderá bastar, sem que se imponha a sua multiplicidade na medida em que não faz prova de todos os factos que consubstanciam o *thema probandum*.

Usemos o tráfico de estupefacientes, um dos mais ilustrativos exemplos que voltaremos a usar pois "*[a] prova directa dos factos praticados pelas redes clandestinas de traficantes de droga e de branqueamento de capitais é, devido ao hermetismo com que actuam, viabilizada pela enorme capacidade de camuflagem de que se revestem, praticamente inviável, por isso a prova indiciária ou indirecta desempenha capital valor e não é proibida pela Convenção de Viena contra Droga de 1988*, escreveu-se na decisão do Supremo Tribunal de Espanha, nº 560/2005, de 19.5.2006"[315], crime no qual a prova indiciária é tantas vezes invocada e do qual já se vai construindo um certo "tipo" de indícios considerados suficientes[316].

---

convicção que este golpe se traduziu na facada que provocou a lesão que causou a morte da vítima." – Acórdão do Supremo Tribunal de Justiça de 15 de setembro de 2010, proc. 173/05.6GBSTC. E1.S1, Fernando Fróis.

[314] No Acórdão do Tribunal da Relação de Évora de 08 de abril de 2010, proc. 40/07.9GATVD. E1, Martinho Cardoso; Acórdão do Tribunal da Relação do Porto de 08 de outubro de 2014, proc. 434/12.8PASJM.P1, Elsa Pereira.

[315] Acórdão do Supremo Tribunal de Justiça de 09 de fevereiro de 2012, proc. 1/09.3FAHRT. L1.S1, Armindo Monteiro.

[316] Neste ponto, é pertinente invocar um Acórdão do Tribunal da Relação de Coimbra, de 30 de março de 2011, proc. 10/10.0PECTB.C1, Paulo Guerra, "*[e]ntendemos, assim, que há que ultrapassar os rígidos cânones da valoração pelo julgador exclusivamente da prova directa, para atribuir à prova indirecta, indiciária ou por presunções judiciais o seu específico relevo nos casos de maior complexidade, como é o do tráfico de estupefacientes.*", exatamente por ser a mais usual a prova indiciária é admitida pela Convenção de Viena de 1988 contra o tráfico ilícito de estupefacientes (art. 3º. Nº3). *Adiante, na mesma decisão, indicam-se como indícios o aumento de património do arguido sem a existência de actividade laboral ou negócios lícitos; relacionamento com outras pessoas ligadas ao tráfico ou consumo; antecedentes criminais com anteriores actos de tráfico; elevada quantia em dinheiro*

Ora, a jurisprudência entende, pacificamente, que considerando provado que a quantia objeto de tráfico é significativa considerando os valores de mercado, é aceitável que tal facto, independentemente de outras considerações sobre as quantias monetárias apreendidas, leve à conclusão de que o arguido teria de estar inserto numa organização estruturada para o grande tráfico. Segunda a regra de experiência que dita que a dimensão dos estupefacientes apreendidos compreende o recurso de vários meios e pessoas, o que qualificaria o ilícito já como um crime de tráfico agravado[317]. Ou seja, a quantidade, ou qualidade[318], indicia a intenção de tráfico e, ao mesmo tempo, quando considerada substancial, indi-

em seu poder sem justificação." No seguimento do que dissemos anteriormente, em Espanha há uma grande tradição em elencar indícios em determinados tipos de ilícito, entre os quais o tráfico e, portanto, esta decisão cita várias decisões do Tribunal Supremo (Ac. Nº 190/2006 de 1 de março de 2006, Ac nº 392/2006 de 6 de abril de 2006, Ac nº 562/2006 de 11 de maio, 560/2006 de 19 de maio, 557/2006 de 22 de maio, 970/2006 de 3 de outubro). Passamos a citar a interpretação feita de tais contributos pelo Acórdão do Tribunal da Relação de Coimbra de 30 de março de 2011, proc. 10/10.0PECTB.C1, Paulo Guerra, "*[p]or falta de prova directa, há que recorrer aos critérios da prova indirecta ou indiciária que o Tribunal Constitucional considera bastante para infirmar a presunção de inocência: a) a quantidade de capital lavado ou branqueado; b) a vinculação ou conexão desse capital com actividades ilícitas ou com pessoas ou grupos relacionados com as mesmas; c) o aumento desproporcionado do património durante o período de tempo a que se refere aquela vinculação ou conexão: d) a inexistência de negócios ou actividades ilícitas que justifiquem esse aumento patrimonial; 4. Cumprem-se todos esses requisitos quando: a) o arguido possui uma embarcação de transporte rápido registado em seu nome, apesar de não ter emprego estável; b) tem antecedentes policiais (declarações dos arquivos da Guarda Civil) que o relacionam com o narcotráfico e, concretamente, com outro co-arguido que tem antecedentes judiciais por tráfico de droga.*"

[317] Acórdão do Supremo Tribunal de Justiça de 26 de outubro de 2011, proc. 119/05.5JELSB.S1, Santos Cabral, onde a quantidade de droga apreendida era de 597,7 kg, o que, considerando os valores de mercado, permite considerar um valor superior à dezena de milhão de euros, segundo se indica no acórdão que ora se acompanha. Ainda sobre o relevo da quantidade, o Acórdão do Tribunal da Relação do Porto de 04 de junho de 2014, proc. 29/09.35PRT-B.P1, Pedro Vaz Pato.

[318] O mesmo se diga sobre a qualidade, "*[c]omo elementos coadjuvantes relevantes e decisivos surgem, então, a quantidade e a qualidade da droga. Esta última constitui aqui um elemento da importância vital, revelando-se como um instrumento técnico (às vezes único) para demonstrar o destino para terceiros do estupefaciente possuído. É preciso que nos fundamentemos na quantidade da substância, quando outros dados não existem, sendo que a apreciação da quantidade detida deve apoiar-se em módulos do carácter qualitativo avultando o grau de pureza da substância estupefaciente e seu perigo para a saúde, porque não é o mesmo ter 100 g de heroína ou de cocaína do que ter 100 g de haxixe.*", conforme se diz no Acórdão do Supremo Tribunal de Justiça de 19 de dezembro de 2007, proc. 07P4203, Santos Cabral.

cia uma organização de meios que, por si, serve como único e suficiente indício para aferir da gravidade do ilícito e da sua qualificação jurídica.

No seguimento desta influência italiana, a par da prova direta, exige-se que os indícios sejam plurais[319], de forma nem sempre inequívoca[320]. Na verdade, com várias exceções, também se refere o indício absolutamente credível[321] enquanto a *"singular potencia acreditativa"*, ou exigir, alternativamente, que *"devendo aqueles ser plurais ou únicos, mas, então, de especial força probatória, contemporâneos do facto, sendo vários devem estar interligados de modo a que se reforcem mutuamente"*[322].

O que seja a especial força probatória é claramente algo que fica à controlada discricionariedade da livre apreciação da prova. Acompanhemos o Acórdão do Supremo Tribunal de Justiça de 9 de Fevereiro de 2012[323], onde se defende que os indícios devem ser vários quando o resultado se não fundamente em leis naturais que não admitem exceção. Considerando a imprecisão que daqui resulta, menciona-se, na decisão referida, um critério bastante mais claro e pragmático *"apenas se pode formular a exigência daquela pluralidade de indícios quando os mesmos considerados isoladamente não permitirem a certeza da inferência. Porém, quando o indício mesmo isolado é veemente, embora único, e eventualmente assente apenas na máxima da experiência o mesmo será suficiente para formar a convicção sobre o facto."* Isto

---

[319] Acórdão do Supremo Tribunal de Justiça de 26 de janeiro de 2011, proc. 417/09.5YRPTR.S2, Armindo Monteiro,

[320] Por exemplo, diz-se no Acórdão do Supremo Tribunal de Justiça de 12 de setembro de 2007, proc. 07P4588, Armindo Monteiro, *"[a] prova indiciária é suficiente para determinar a participação no facto punível se da sentença constarem os factos-base (requisito de ordem formal) e se os indícios estiverem completamente demonstrados por prova directa (requisito de ordem material), os quais devem ser de natureza inequivocamente acusatória, plurais, contemporâneos do facto a provar e, sendo vários, estar interrelacionados de modo a que reforcem o juízo de inferência."*, ficando, assim, por esclarecer se estes têm de ser plurais, ou, se é um requisits eventual que verificando-se impõe a concordância.

[321] Como no Acórdão do Tribunal da Relação de Coimbra, 11 de maio de 2005, proc.1056/05, Oliveira Mendes, *"existência de uma pluralidade de dados indiciários plenamente provados ou absolutamente credíveis (– Excepcionalmente casos há em que basta um só indício pelo seu especial valor, como sucede, por exemplo, com a posse de estupefacientes para o tráfico – cf. a decisão do Supremo Tribunal espanhol de 21 de novembro de 2000, referenciada por Francisco Pastor Alcoy, ibidem.)"*.

[322] Acórdão do Supremo Tribunal de Justiça de 09 de fevereiro de 2012, proc. 1/09.3FAHRT.L1.S1, Armindo Monteiro.

[323] Proferido no processo 233/08.1PBGDM.P3.S1, Santos Cabral, reiterando a posição apresentada pelo mesmo relator em 23 de fevereiro de 2011 no proc. 241/08.2GAMTR.P1.S2.

pois, a exigência de um determinado número de indícios concordantes seria irrazoável por tornar meramente uma questão de matemática aquilo que é um problema de lógica.

Ora nenhuma destas decisões nega o incontornável. Tal como no que se refere à prova direta[324], a pluralidade aumenta a probabilidade. Uma pluralidade que se quer "densa e convergente"[325]. E não apenas isso, a jurisprudência nacional nota aquilo que a doutrina italiana refere sobre a possibilidade de indícios menos graves, na sua convergência, tomaram maior relevo probatório[326].

No caso de pluralidade, seja ela necessária ou não, diz-se que os *"indícios devem ser concordantes, convergindo na direcção da mesma conclusão do facto indiciante"*[327]. Essa convergência deve respeitar ao tempo, ao lugar e todas as demais circunstâncias relativas ao facto presumido[328].

---

[324] "É claro que a valoração das provas produzidas têm de ser apreciadas não apenas por aquilo que isoladamente valem, mas também valorizadas globalmente, isto é no sentido que assumem no conjunto de todas elas." No Acórdão do Supremo Tribunal de Justiça de 06 de setembro de 2006, proc. 06P1392, Silva Flor.

[325] Mais uma vez com referência ao crime de tráfico de estupefacientes, sublinha-se no Acórdão do Supremo Tribunal de Justiça de 26 de outubro de 2011, proc. 119/05.5JELSB. S1, Santos Cabral, *"a decisão recorrida parte de uma pluralidade de indícios que se consubstanciam em meios de prova de tipos diversos para concluir pela responsabilização criminal do arguido. Sinteticamente, perguntaremos se a disponibilidade injustificada de grandes somas de dinheiro; as viagens ao Brasil e aos locais de expedição da cocaína dissimulada e os contactos com traficantes; a proximidade física e jurídica com a logística relacionada com a droga; a manifesta desproporcionalidade entre o património e os proventos não constituem indícios graves, precisos e convergentes da intervenção criminosa no tráfico de droga. E a conclusão é a de que não só a prova indiciária é suficiente, como também a de que ela se apresenta densa e convergente, ao apontar da autoria pelo recorrente do crime praticado."* Sublinhando o mesmo aspecto, entre outros, Acórdão do Supremo Tribunal de Justiça de 07 de abril de 2011, proc. 936/08.0JAPRT.S1.

[326] "Os factos indiciadores devem ser objecto de análise crítica dirigida à sua verificação, precisão e avaliação o que permitirá a sua interpretação como graves, médio ou o ligeiro. Porém, e como refere Bentham, não é pela circunstância de se inscreverem nesta última espécie que os indícios devem ser afastados pois que o pequeno indício conjugado com outros pode assumir uma importância fundamental." – cfr. Acórdão do Supremo Tribunal de Justiça de 09 de fevereiro de 2012, proc. 233/08.1PBGDM.P3.S1, Santos Cabral e de 07 de abril de 2011, proc. 936/08.0JAPRT. S1, com o mesmo relator.

[327] Acórdão do Supremo Tribunal de Justiça de 07 de abril de 2011, proc. 936/08.0JAPRT.S1, Santos Cabral refere *"[a]o ocupar-se da prova por concurso de indícios e estabelecer que condições devem estes reunir para fazer prova plena, os autores exigem, uniformemente, a concordância de todos os indícios, pois que sendo estes factos acessórios de um facto principal, ou partes circunstâncias de um único facto, de um drama humano devem necessariamente ligar-se na convergência das três unidades: o tempo, o lugar*

III. CAPÍTULO

Esta imposição de que os indícios se conjuguem entre si, *"de maneira a produzir um todo coerente e natural"* é aplicável não apenas a cada um dos factos indiciários mas, também, às inferências deles resultantes. É elementar que se os factos base convergem num mesmo sentido não poderão permitir conclusões diversas, ou em melhores termos, não se poderá chegar ao conhecimento de factos presumidos incompatíveis entre si[329]. À semelhança do que sucede no caso italiano, a concordância entre os indícios vale como critério valorativo.

Numa última nota vale referir que, enquanto a jurisprudência italiana vai negando que a prova indiciária seja utilizada quando seja concordante não com outro indício mas com um meio de prova direta, a jurisprudência portuguesa parece encarar a questão em sentido oposto[330].

---

e acção por forma, a que cada indício esteja obrigado a combinar-se com os outros ou seja a tomar o seu lugar correspondente no tempo e espaço e todos a coordenar-se entre si segundo a sua natureza e carácter ou segundo relações de causa a efeito."

[328] Acórdão do Supremo Tribunal de Justiça de 23 de fevereiro de 2011, proc. 241/08.2GAMTR.P1.S2, Santos Cabral.

[329] Acórdão do Supremo Tribunal de Justiça de 09 de fevereiro de 2012, proc. 233/08.1PBGDM.P3.S1, Santos Cabral. Veja-se o Acórdão do Tribunal da Relação do Porto de 29 de junho de 2011, proc. 233/08.1PBGDM.P3, Eduarda Lobo, no qual se considerou que, com corroboração da prova testemunhal, era prova suficiente da imputabilidade do crime ao arguido os seguintes indícios: o arguido apresentava lesões causadas pelo fogo (facto base fixado através de prova testemunhal); a existência de garrafões com gasolina no local do crime (prova testemunhal e pericial); o arguido sofria de problemas que o levavam a ouvir vozes (prova pericial) e a crer que o vizinho planeava matá-lo; vizinho ouviu uma discussão em que um dos interlocutores dizia o mesmo; o incêndio resultou de derrame de gasolina à porta de três pessoas. Considerou-se ainda pertinente a ausência de contra-indícios na medida em que *"extrai-se que outra não poderia ter sido a conclusão do tribunal relativamente à imputação da autoria dos factos ao arguido".*

[330] *"É claro que esta prova materializada nas transcrições das intercepções telefónicas não é uma prova directa; é uma prova indiciária ou indirecta, mas que, conjugando-se com factos resultantes de prova directa e com as regras gerais da experiência comum, nos permite inferir com segurança que os factos ocorreram, tal como relatados nas conversações telefónicas, muitas delas adquirindo até o aspecto de uma ordem ou de um facere, através da utilização de enunciados performativos: "Vai entregar"; "vai levar"; "vou-te já entregar"; "contacta novamente"; "liga já a F..."; "Trás-me 5 do branco"; "trás um daquilo"; "vem aqui que eu tenho negócio"; "tem que trazer das duas qualidades"; "está gente à espera, despacha-te", etc."*, lê-se Acórdão do Supremo Tribunal de Justiça de 20 de junho de 2011, proc. 83/08.5JAFUN.L1.S1, Rodrigues da Costa.

6. Requisitos relativos à inferência

6.1. Regras de experiência

Como já tivemos oportunidade de referir, as regras de experiência, ou máximas, vocábulo privilegiado pela jurisprudência e doutrina italiana, são sempre utilizadas neste tipo de prova como elemento imprescindível à formulação da presunção[331]. O que é inevitável uma vez que dependem do *id quod plerumque accidit* e, por isso mesmo, originam um juízo não de certeza, mas de probabilidade[332], e cedem face a prova direta ou contra-indícios que comprovem a sua não aplicabilidade ao caso concreto.

O uso que a jurisprudência nacional faz das regras de experiência, enquanto *"ensinamentos empíricos que o simples facto de viver nos concede em relação ao comportamento humano e que se obtém mediante uma generalização de diversos casos concretos tendem a repetir-se ou reproduzir-se logo que sucedem os mesmos factos que serviram de suporte [para] efectuar a generalização"*[333], não apresenta qualquer particularidade face ao uso que delas é feito tanto no processo penal espanhol, como no italiano. Isto porque a necessidade de recorrer a esta prova também entre nós, decorre da facilitação que permitem do conhecimento pelo tribunal dos factos relevantes quando não existe prova direta. Noutras circunstâncias, como já se referiu, a prova direta é impossível e como tal o seu uso é, à partida, inevitável. De que

---

[331] Como tal, *"[a] máxima da experiência constitui a origem de toda a presunção – em combinação com o facto presumido que é o ponto de partida inverso e é o fundamento da mesma por aplicação do princípio da normalidade"* diz-se no Acórdão do Supremo Tribunal de Justiça de 07 de abril de 2011, proc. 936/08.0JAPRT.S, Santos Cabral. A tal ponto que afirma LINHARES, José Manuel Aroso, *Ob. Cit.*, pág. 75, que a busca do conhecimento probatório procura uma "solução" com referência sistémica, no que respeita à prova indiciária, neste contexto a determinação do facto apresenta-se enquanto *"problema de determinação da premissa maior"*, ou seja, da máxima de experiência. A título exemplificativo lê-se no Acórdão do Supremo Tribunal de Justiça de 24 de outubro de 2012, Santos Cabral, sobre vestígios de ADN no local do cine quea: "conexão é imposta por regras de experiência e pela prova indiciária existente, ou seja, é lógica a conclusão de que, inexistindo explicação razoável para a presena de ADN do arguido, o mesmo esteve no local com os restantes arguidos, seus companheiros e conterrâneos".

[332] *"Na formação da convicção judicial intervêm provas e presunções, sendo certo que as primeiras são instrumentos de verificação directa dos factos ocorridos, e as segundas permitem estabelecer a ligação entre o que temos por adquirido e aquilo que as regras da experiência nos ensinam poder inferir."* – cfr. Acórdão do Supremo Tribunal de Justiça de 27 de maio de 2012, proc. 58/08.4JAGRD.C1.S1, Santos Cabral.

[333] Acórdão do Supremo Tribunal de Justiça de 23 de fevereiro de 2011, proc. 241/08.2GAMTR.P1.S2, Santos Cabral.

III. CAPÍTULO

outro modo se provariam processos psíquicos como a culpa, o dolo, como provar a intenção de cometer um crime?[334]

Brevemente, notemos que a homogeneidade com que são tratadas as regras de experiência é surpreendente.

Admite-se o mesmo juízo de verosimilhança[335] enquanto conhecimento comum derivado do juízo de probabilidade que resulta da regra

---

[334] Lê-se, significativamente, no Acórdão do Supremo Tribunal de Justiça de 22 de outubro de 2008, proc. 08P3274, Santos Cabral que *"[o] meio probatório por excelência a que se recorre na prática para determinar a ocorrência de processos psíquicos sobre os quais assenta o dolo não são as ciências empíricas, nem tão-pouco a confissão auto-inculpatória do sujeito activo. As enormes dúvidas que suscita a primeira e a escassa incidência prática da segunda levam a que a maioria das situações acabe por se resolver através de um terceiro meio de prova: a chamada prova indiciária ou circunstancial, plasmada nos juízos de inferência. A conclusão é então imposta pela aplicação das regras da experiência – premissa maior – aos factos previamente provados e que constituem a premissa menor."* No caso em apreço, em tal decisão, o Supremo Tribunal de Justiça considerou acertada a decisão recorrida que deu por provado pela conjugação de depoimentos e fotografias que o arguido acelerou o seu veículo e atropelou a vítima, que não poderia ter deixado de ver, e fê-lo sabendo que iria passar por cima do corpo da mesma e da dimensão do veículo que tripulava. Isto é, deu por provado a intenção de matar. E, assim, se diz *"[n]a verdade, ninguém pode pretender não configurar que ao acto de passar com tal veículo por cima do corpo de um ser humano se siga a morte deste, como consequência necessária e previsível daquele acto. Aliás, ao que se perspectiva, o acto de atropelar alguém naquelas circunstâncias é mais idóneo a provocar a morte da vítima do que grande parte dos ataques que se possam imaginar com arma branca ou mesmo com arma de fogo. (...) Resultando demonstrado, no caso concreto, que o que estava em causa era a possibilidade de o arguido ser detectado e responsabilizado pela subtracção de combustível, ou seja, uma "bagatela penal", e que tal circunstância não evitou que, perante a possibilidade de ser interceptado, tivesse optado pela utilização do veículo que conduzia como instrumento, conduzindo-o por forma a violar o mais essencial de todos os bens, a vida de quem apenas tentava proteger a sua propriedade perante a sua actuação ilícita, é patente que a conduta do arguido se inscreve numa olímpica indiferença perante a vida de terceiro, com o intuito de fugir à responsabilidade pelos seus actos, sendo intensa a culpa, bem como o grau de censura e reprovação que aquela merece, pelo que não oferece qualquer crítica a qualificação do crime de homicídio."*

[335] E "as regras de experiência" a que alude o citado artigo 127º do Código português tem aqui um importante papel na convicção do tribunal. Pois, como se diz no acórdão recorrido, ao arguido foi apreendida quantidade de heroína, já dividida em doses individuais devidamente acondicionadas e prontas a serem entregues aos consumidores e na sua residência foi apreendido plástico próprio para embalar os estupefacientes, após a divisão, acrescentando que "tudo isso é indicador de tráfico, já que o consumidor não adopta este tipo de actuação". Assim, o que seria contrário às "regras de experiência" era que o arguido, se apenas detivesse a substância estupefaciente para seu consumo pessoal, se desse ao trabalho minucioso de a dividir por panpletes e com eles andasse na rua, como ficou provado, para mais existindo na sua residência um plástico próprio para embalar droga, como também ficou provado." – cfr. Acórdão do Supremo Tribunal de Justiça de 08 de novembro de 1995, proc. 048149, Lopes Rocha.

de experiência. O ponto referencial continua a ser, salvo nos juízos técnicos, o homem comum[336], na medida em que tais regras de experiência devem ser aceites como tal. Isto é, qualquer cidadão mediamente formado e atento deve aceitar que a regra de experiência concretamente aplicada reflete o modo como naturalmente os factos de um certo tipo se desenvolvem, que outro resultado não seria aceitável[337]. Este controlo exige, portanto, que a regra de experiência resulte claramente da motivação da decisão.

A divisão operada pela jurisprudência nacional é já a conhecida, as regras de experiência dividem-se em dois grupos *"por um lado, as leis científicas e, por outro, todas aquelas ilações que não são mais que regras de experiência quotidiana"*[338], sendo certo que o grau de probabilidade reconhecido às leis científicas carrega um mais elevado grau de certeza[339]. É esta a ideia subjacente à exigência, que vimos anteriormente, sobre a necessidade de

---

[336] Em particular da formação que um juiz apresenta, pois *"[u]sando tais regras de experiência entendemos que o juiz pode utilizar livremente, sem necessidade de prova sobre elas, as regras de experiência cujo conhecimento se pode supor numa pessoa com a sua formação (concretamente formação universitária no campo das ciências sociais)."* – cfr. Acórdão do Supremo Tribunal de Justiça de 23 de fevereiro de 2011, proc. 241/08.2GAMTR.P1.S2, Santos Cabral.

[337] *"Na dimensão valorativa das "regras da experiência comum" situam-se as descontinuidades imediatamente apreensíveis nas correlações internas entre factos, que se manifestem no plano da lógica, ou da directa e patente insustentabilidade ou arbitrariedade; descontinuidade ou incongruências ostensivas ou evidentes que um homem médio, com a sua experiência de vida e das coisas, facilmente apreenderia e delas se daria conta."* – cfr. Acórdão do Supremo Tribunal de Justiça de 06 de outubro de 2010, proc. 936/08.JAPRT, Henriques Gaspar.

[338] Acórdão do Supremo Tribunal de Justiça de 27 de maio de 2010, proc. 58/08.4JAGRD.C1.S1, Santos Cabral, acrescentando-se no douto acórdão *"[a]s primeiras formam-se a partir dos resultados obtidos pelas investigações das ciências, a que se atribui o carácter de empíricas, enquanto as outras assentam na denominada experiência quotidiana que surge através da observação, ainda que não exclusivamente científica, de determinados fenómenos ou práticas e a respeito das quais se pode estabelecer consenso."* Também neste sentido o Acórdão da mesma instância de 27 de fevereiro de 2003, proc. 03P140, Carmona da Mota e de 16 de dezembro de 2014, proc. 49/14.6YKLSB, Santos Cabral.

[339] Diz Santos Cabral no Acórdão do Supremo Tribunal de Justiça de 07 de abril de 2011, proc. 936/08.0JAPRT.S1 que *"[e]m matérias que impliquem especiais competências técnicas científicas ou artísticas, e que se fundamentam naquelas leis, é evidente que a margem de probabilidade será cada vez mais reduzida e proporcionalmente inversa á certeza da afirmação científica. Como refere Dellepiane só quando a premissa maior é uma lei, que não admite excepções, a inferência que consubstancia a prova indiciária revestirá a natureza de uma dedução rigorosa. A inferência só é certa, por excepção, quando se apoia numa lei geral e constante, ou seja, quando deixa de ser uma inferência analógica para passar a ser uma dedução rigorosa."*

III. CAPÍTULO

indícios múltiplos no caso da ilação não se fundar em leis naturais que não admitem exceção.

Com igual frequência se invoca o princípio da causalidade, naquele já nosso conhecido sentido de que, encontrando-se perante um dado efeito, é possível presumir a sua causa normal e vice-versa[340]. Em articulação com o princípio da causalidade é, como seria de esperar, invocado o princípio da oportunidade como ferramenta de eleição da concreta causa, ou efeito, no caso de abstratamente se mostrarem possíveis várias[341].

Refere-se, ainda, sem particularidades de maior relevo, o princípio da normalidade[342]. Tal princípio releva da constância da dinâmica natural que, com leis mais ou menos estáveis, conduzem o comportamento. É pela generalizada convicção segundo a qual as coisas normalmente se passam de um dado modo que o princípio da causalidade permite presumir a causa ou o efeito consoante o facto conhecido[343].

---

[340] *"O princípio da causalidade significa formalmente que a todo o efeito precede uma causa determinada, ou seja, quando nos encontramos face a um efeito podemos presumir a presença da sua causa normal. Aceite uma causa, normalmente deve produzir-se um determinado efeito e, na inversa, aceite um efeito deve considerar-se como verificada uma determinada causa."* – cfr. Acórdão do Supremo Tribunal de Justiça de 27 de maio de 2010, proc. 58/08.4JAGRD.C1.S1, Santos Cabral. Ainda o Acórdão do Supremo Tribunal de Justiça de 16 de janeiro de 2014, proc. 14/07.OTRLSB.S1, Raul Borges onde, aliás, se ???? alguns dos mais recortes artigos doutrinais nacionais sobre a prova indiciária.

[341] *"A análise das características próprias do facto permitirá excluir normalmente a presença de um certo número de causas pelo que a investigação fica reduzida a uma só causa que poderá considerar-se normalmente como a única produtora do efeito. Provado no caso concreto tal efeito deverá considerar-se provada a existência da causa."* – cfr. Acórdão do Supremo Tribunal de Justiça de 07 de abril de 2011, proc. 936/08.0JAPRT.S1, Santos Cabral.

[342] Vejam-se os Acórdãos do Supremo Tribunal de Justiça de 23 de fevereiro de 2011, proc. 241/08.2GAMTR.P1.S2, e de 27 de maio de 2010, proc.58/08.4JAGRD.C1.S1, ambos relatados por Santos Cabral, e ainda o Acórdão do Tribunal da Relação do Porto de 14 de janeiro de 2015, proc. 502/12.6PJPRT.P1, Esuardo Lobo explicitando a função de cada um dos princípios: causalidade, oportunidade e normalidade.

[343] *"No mesmo sentido se pronuncia Clement Duran quando refere que o princípio da normalidade se torna o fundamento de toda a presunção abstracta. Tal normalidade deriva da circunstância de a dinâmica das forças da natureza e, entre elas, das actividades humanas existir uma tendência constante para a repetição dos mesmos fenómenos. O referido principio está intimamente ligado com a causalidade: as mesmas causas produzem sempre os mesmos efeitos e tem justificação na existência de leis mais ou menos imutáveis que regulam de maneira uniforme o desenvolvimento do universo."* – Acórdão do Supremo Tribunal de Justiça de 07 de abril de 2011, proc. 936/08.0JAPRT.S1, Santos Cabral.

É em virtude da aplicabilidade de tais princípios que a jurisprudência fixa um interessante ponto, ao referir que o fundamento que justifica a utilização, pelo juiz, dos seus conhecimentos sobre as regras de experiência são "*as mesmas que impõem a desnecessidade de fixação de factos notórios.*"[344]

Abstratamente é possível questionar a aplicabilidade destas recomendações mas a verdade é que são bastante claras. Vejamos um exemplo: considera o Supremo Tribunal de Justiça que nada tem de questionável a decisão que considera que uma quantidade considerável de armas, respectivos componentes e munições não é mantida em condições de funcionamento sem que para ela haja uma finalidade ulterior, pois ditam as regras de experiência que, não havendo outra justificação, estas se deverão destinar ao tráfico[345]. O exemplo é cristalino, e a regra de experiência, notória.

6.2. Fiabilidade do raciocínio – existência de um nexo direto, preciso e conciso

Quanto à inferência diz-se que, após a prova do facto base e a seleção da regra de experiência, "*[a] lógica tratará de explicar o correcto da inferência e será a mesma irá outorgar à prova capacidade de convicção.*"[346]

---

[344] Acórdão do Supremo Tribunal de Justiça de 23 de fevereiro de 2011, proc. 241/08.2GAMTR.P1.S2, Santos Cabral.

[345] Arrancando a decisão recorrida do postulado de que existe uma "*presunção natural de que o arguido destinava armas, componentes e munições à venda ou, por qualquer outro título, à cedência a terceiro, (...) com base na constatação óbvia de que, em condições normais e de acordo com as regras da experiência de vida e das coisas, ninguém dispõe de um semelhante arsenal de armas e munições, em condições de funcionamento, sem ter uma finalidade exterior ou sequencial que lhe dê um mínimo sentido, como seja a circulação através de alguma forma de comércio ou cedência de alguma ou algumas dessas armas e respectivas munições. Na verdade, enquanto produto dessas regras da experiência do homem médio, tal presunção natural permite inferir que esse destino é a consequência normal, típica e crível da detenção em semelhante quantidade e diversidade de armas e munições. O funcionamento dessa presunção é possível porquanto entre o facto adquirido e os factos conhecidos são estabelecidas relações graves, precisas e concordantes, em termos de aquele primeiro facto (desconhecido) se afirmar, com uma probabilidade próxima da certeza, como uma consequência natural dos factos demonstrados*", entendemos que os contra indícios produzidos não contêm uma força que, à face das regras da experiência, manifestamente não comportam, pelo que, a decisão recorrida enferma do vício do art. 410º, nº 2, al. c), do CPP, nomeadamente de erro notório na apreciação da prova ao considerar relevantes face às regras da experiência os contra indícios relativos ao crime de tráfico de armas." – cfr. Acórdão do Supremo Tribunal de Justiça de 07 de abril de 2011, proc. 936/08.0JAPRT.S1, Santos Cabral.

[346] Acórdão do Supremo Tribunal de Justiça de 22 de outubro de 2008, proc. 08P3274, Santos Cabral.

III. CAPÍTULO

Dissemos, logo no início deste capítulo, que após a prova dos factos base se seguiria a sua combinação ou síntese, na expressão utilizada pela jurisprudência, ou seja, primeiramente a demonstração de um indício que invoca na mente do julgador uma dada regra de experiência ou da ciência, e que resultará, num terceiro e último momento, no facto presumido[347]. Portanto, quando se refere a força da inferência, na verdade, referem-se os procedimentos lógicos e os juízos de avaliação que uniram o facto base, a regra de experiência e o facto presumido numa unidade coerente[348].

Os critérios para aferir a racionalidade da inferência são os já conhecidos, esta deve ser razoável, afastar-se da arbitrariedade e não ser infundado, obedecendo às leis da lógica e experiência e deles decorrerem naturalmente com *"um nexo directo, preciso e conciso segundo as regras do critério humano"*[349].

O que se controla é a relação entre o conhecido e o desconhecido, isto é, o funcionamento da presunção: a verificabilidade da lógica é sempre complexa. Confirmar a observação dos requisitos que vimos *supra* relativamente ao facto presumido é, necessariamente, avaliar esta inferência que agora analisamos. É por força dela que a ligação entre o facto desconhecido e o facto probando se faz[350], o que, em muito, dificulta a

---

[347] Acórdão do Supremo Tribunal de Justiça de 07 de abril de 2011, proc.936/08.0JAPRT.S1, Santos Cabral,

[348] *"(...) na passagem do facto conhecido para a aquisição (ou para a prova) do facto desconhecido, têm de intervir, pois, juízos de avaliação através de procedimentos lógicos e intelectuais, que permitam fundamente afirmar, segundo as regras de experiência, que determinado facto, não anteriormente conhecido nem directamente provado, é a natural consequência, ou resulta com toda a probabilidade próxima da certeza, ou para além de toda a dúvida razoável, de um facto conhecido."* – segundo o Acórdão do Tribunal da Relação do Porto de 29 de junho de 2011, proc. 233/08.1PBGDM. P3, Eduarda Lobo.

[349] Acórdão do Supremo Tribunal de Justiça de 09 de fevereiro de 2012, Processo: 1/09.3FAHRT.L1.S1, Armindo Monteiro. E, ainda, neste mesmo sentido, lê-se no Acórdão do Supremo Tribunal de Justiça de 26 de janeiro de 2001, proc. 417/09.5YRPTR.S2, Armindo Monteiro.

[350] A doutrina brasileira que também começa a crescer nesta temática, refere como requisito para a eficácia probatória da prova indiciária a necessidade de exclusão da hipótese de azar para referir a possibilidade de existir uma false conexão entre o indício e o facto apurado que acontece por mero acaso. Para que a prova indiciária seja probatoriamente eficaz é necessário descartar a possibilidade de erro. SILVA, Eduardo Araujo da, *Crime organizado: procedimento probatório*, São Paulo, Atlas, 2003, pág. 155 e 156.

análise compartimentada destas questões. É, também, o ponto da presunção mais frágil[351].

Relembramos o que se disse *supra* sobre se alguns dos requisitos indicados se deveriam referir aos indícios ou à própria presunção. Apesar dos indícios não poderem ser contraditórios entre si, sob pena de se excluírem mutuamente, também as inferências que originam *"devem ser convergentes ou seja não podem conduzir a conclusões diversas"*[352]. Ora tal validade sempre se aferirá em relação à regra de experiência aplicada.

Ilustremos a questão. Usando, mais uma vez, como exemplo o crime de tráfico de estupefacientes, o Supremo Tribunal de Justiça tem vindo a considerar, no que respeita ao seu transporte marítimo, que não é possível aos tripulantes de uma dada embarcação desconhecer o que transportam quando utilizam uma embarcação modificada, de modo a não acomodar conforme o legalmente estabelecido a tripulação, são experientes na navegação e, ainda assim, viajam por rotas que, não apenas, não são frequentadas durante estações do ano que as tornam perigosas como são conhecidas como sendo rotas da droga[353]. Vejamos, os indícios são con-

---

[351] *"Relativamente à imputação do crime de branqueamento de capitais verifica-se que a recorrente não convoca este Supremo Tribunal para a decisão de uma questão de direito, mas tão somente se refere à sua discordância em relação à inferência feita pelo tribunal de primeira instância e corroborada pelo Tribunal da Relação. Significa o exposto que, fundamentalmente, está em causa a matéria de facto considerada provada e, especificamente, a forma como as instâncias entenderam equacionar a denominada prova indiciária. Perante a actividade ilícita exercida pela recorrente bem como aos respectivos proventos presumiu-se que a aquisição de viaturas feita pelo DD na Alemanha traduzia uma forma de transformação dos mesmos em bens no caso automóveis. Tal inferência conduz uma linha de lógica argumentativa válida e racional face às regras da experiência e não se vislumbra motivo para a considerar como objecto de crítica. Na verdade, a actividade probatória é constituída pelo complexo de actos que tendem a formar a convicção da entidade decidente sobre a existência, ou inexistência, de uma determinada situação factual."*, lê-se no Acórdão do Supremo Tribunal de Justiça de 03 de dezembro de 2009, proc 187/09.7YREVR.S1, Santos Cabral.

[352] Acórdão do Supremo Tribunal de 23 de fevereiro de 2011, proc. 241/08.2GAMTR.P1.S2, Santos Cabral. Sobre a regra de experiência enquanto premissa maior, vejam-se os Acórdãos de 09 de julho de 2014, proc. 1164/09.3JDLABLZ.S1, de 27 de novembro de 2013, proc. 37/12.7JACBR.C1.S1, ambos relatados por Santos Cabral.

[353] Acórdão do Supremo Tribunal de Justiça de 09 de fevereiro de 2012, proc.1/09.3FAHRT.L1.S1, Armindo Monteiro onde se diz que *"[a] dificuldade de obtenção de prova directa foi acentuada e sentida pelo tribunal de 1.ª instância que, ante a alegação de desconhecimento de transporte de heroína na embarcação, comandada pelo arguido R e de que era tripulante o arguido J, fez claro uso da prova por indícios, para, a final, lhes imputar a co-autoria material do crime, para tanto se socorrendo de um avultado elenco de fatos provados, descrevendo-os e ordenando-os assim: – a grande experiência que os*

vergentes, apontam numa mesma direção, facto que só podemos avaliar porque automaticamente sabemos que ditam as máximas de experiência que a tripulação não poderia desconhecer estes factores. É porque a regra de experiência surge, imediatamente, face à informação que se retira dos indícios que podemos, à partida, avaliá-los como convergentes. E se de parte destes indícios se infere que as embarcações são modificadas para uma carga específica, de outros, que são convergentes, se infere que a tripulação sabia qual seria tal carga. A máxima de experiência é a mesma, e o salto de lógica nela fundado, a inferência, resulta na intenção de tráfico.

6.3. A inexistência de contra-indícios

É na aplicação da regra de experiência que releva a existência de contra-indícios. A inferência é afastada se a regra de experiência não pode ser aplicada em face de outros factos. Se existem indícios que afastem a aplicação de tal regra, o facto presumido não terá qualquer valor probatório.

arguidos possuem em matéria de barcos e navegação; – o facto de terem feito a viagem numa época do ano em que não são usuais tais travessias transatlânticas, face às condições atmosféricas adversas que ocorrem no percurso e que exigem muito dos barcos e dos tripulantes; – o facto de a embarcação estar munida com três botes, quando necessitava apenas de um, quanto muito, dois; – o facto de os botes em causa não serem possuidores da respectiva palamenta, sendo certo que o terceiro bote – tipo zebro – que se encontrava na embarcação possuía toda a sua palamenta e estava apto a exercer as suas funções de apoio à embarcação; – o facto de os arguidos aquando da fiscalização não terem apresentado a palamenta (motor e remos, adiantamos) dos botes, afirmando desconhecimento quanto a esta matéria, sem qualquer explicação plausível para a presença dos mesmos no convés da embarcação; – o facto destas embarcações, manifestamente, para qualquer pessoa, ainda que não familiarizada com o transporte nas mesmas e ainda que desconhecedora da sua configuração, apresentarem um aspecto interior que não era minimamente compatível com qualquer embarcação que se destine a transportar pessoas (o que os arguidos não podiam deixar de constatar); – o facto de os botes estarem acondicionados de forma adaptada, sobre as escotilhas, não permitindo a sua abertura, situação a todos os títulos anómala; – o facto de os botes conterem lonas e cintas novas, e estas particularmente fortes, que não se justificariam em situação de suporte de um bote com o seu peso normal; – o facto de ambos os arguidos terem falseado a verdade quanto ao transporte de botes desta natureza, noutras ocasiões em que a embarcação aportou em território nacional e em que eram tripulantes dessa embarcação, situação que foi confirmada por prova documental; – o facto de ambos os arguidos serem homens experientes, nomeadamente nas rotas, que são bem conhecidas dos Tribunais, de tráfico de estupefacientes provenientes da América com destino à Europa, tendo, aliás, o arguido M uma experiência de prisão devido a uma situação de tráfico."

Como tal a inexistência de contra-indícios é, igualmente, indicada como um dos requisitos da prova indiciária[354], pois, a sua verificação *"cria uma situação de desarmonia que faz perder a clareza e poder de convicção ao quadro global da prova indiciária."*[355] Segundo o Supremo Tribunal de Justiça, os contra-indícios, são *"factos que visam o enfraquecimento da responsabilidade do arguido, sustentada na prova indiciária, são de duas ordens – uns impedem absolutamente, ou pelo menos dificilmente permitem que se atribua ao acusado o crime (estes factos recebem muitas vezes o nome de indícios da inocência ou contra presunções); os outros debilitam os indícios probatórios, e consubstanciam a possibilidade de afirmação, a favor do acusado, de uma explicação inteiramente favorável sobre os factos que pareciam correlativos do delito, e davam importância a uma convicção de responsabilidade criminal. Denominam-se de contra indícios e emergem em função da necessidade de contrapor aos indícios culpabilizantes outros factos indício que aniquilem a sua força á face das regras de experiência"*[356].

Ou seja, quando se fala de contra-indícios alude-se a duas realidades diferentes: por um lado, indícios que apontam numa direção diferente daquela resultante da presunção realizada com indícios de caráter incriminatório, e, por isso, se anulam mutuamente. Por outro, aqueles que enfraquecem a presunção por permitir uma outra conclusão, causa ou efeito para aquele indício, igualmente provável. No fundo, estes últimos são, na maioria dos casos, as justificações apresentadas pelos arguidos para a verificação de uma dado indício incriminatório[357].

---

[354] Veja-se o já mencionado Acórdão do Supremo Tribunal de Justiça de 07 de abril de 2011, citado no Acórdão do Tribunal da Relação do Porto de 29 de junho de 2011, proc. 233/08.1PBGDM.P3, Eduarda Lobo.

[355] Acórdão do Supremo Tribunal de Justiça de 09 de fevereiro de 2012, proc. 233/08.1PBGDM.P3.S1, Santos Cabral e de 23 de fevereiro de 2011, proc. 241/08.2GAMTR. P1.S2, do mesmo relator.

[356] Acórdão do Supremo Tribunal de Justiça, 07 de abril de 2011, proc. 936/08.0JAPRT. S1., Santos Cabral, acrescenta que *"[t]al como perante os indícios, também para o funcionamento dos contra indícios é imperioso o recurso às regras da experiência e a afirmação de um processo lógico e linear que, sem qualquer dúvida, permita estabelecer uma relação de causa e efeito perante o facto-contra indiciante infirmando a conclusão que se tinha extraído do facto indicio. Dito por outras palavras o funcionamento do contra indício, ou do indício de teor negativo, tem como pressuposto básico a afirmação de uma regra de experiência que permita, perante um determinado facto, a afirmação de que está debilitada a conclusão que se extraiu dos indícios de teor positivo."*

[357] Um bom exemplo consta no Acórdão do Supremo Tribunal de Justiça de 15 de julho de 2008, 08P1787, Souto de Moura, *"[n]a verdade a versão dos arguidos, no sentido de terem sido contratados para proceder ao transporte de vinho quando na verdade estava em causa transporte de*

III. CAPÍTULO

Dissemos *supra* que os contra-indícios eliminam o valor probatório da prova indiciária. Cumpre especificar que não basta que eles sejam invocados, há que fazer deles prova. Por exemplo, o silêncio do arguido não impede a formulação de uma presunção no sentido de que se não foi por este apresentada uma justificação alternativa, não deverá esta existir[358]. Como tal, para que relevem os contra-indícios devem possuir as mesmas características que formulam a força probatória da prova indiciária[359], ou seja, depende da validade da inferência e da aceitabilidade da regra de experiência, do mesmo modo do cumprimento dos requisitos relativos ao indício, em particular a sua gravidade, precisão e concordância[360].

cocaína, em face das regras da experiência, era já destituída de verosimilhança, mas sempre haveria que passar essa conclusão pelo crivo das explicações que foram fornecidas, nomeadamente, pelo arguido AA. Mas estas explicações carecem de qualquer consistência, quando afirma que foi contratado para transportar vinho por pessoa que nem identificou. Tal como salienta o Tribunal a quo, não se alcançaria qualquer dificuldade em proceder a tal identificação. Na verdade é aberrante que quem é contratado para transporte não se assegure e saiba identificar com quem está a contratar, tal como não é crível que quem pretende contratar pessoa para o transporte de cocaína não o informe do que vai transportar. Essa versão poderia eventualmente fazer sentido se a mercadoria fosse dissimulada no transporte de vinho. O Tribunal a quo devidamente assinalou não só essas incongruências, até a circunstância de primeiramente o arguido ter afirmado que quem lhe solicitou a realização do transporte foi um amigo para depois aludir a uma pessoa que tinha o seu cartão, como também outras, sendo de um pormenor assinalável nessa análise."

[358] Acórdão do Supremo Tribunal de Justiça de 06 de outubro de 2010, proc. 936/08.JAPRT, 06-10-2010, Henriques Gaspar; e como se lê no Acórdão do Tribunal Constitucional nº 718/2014, de 28 de outubro de 2014, disponível em www.tribunalconstitucional.pt, "[O] tribunal a que, foi a ponderação da prova indiciária à luz de experiência comum para determinar a autoria do conduto imputada, funcionando a conduto processual do arguido como um "não favorecimento", em função de não informação dos nexos de referência prática comportados pelo indício, e não como um "desfavorecimento", concluindo inexistir qualquer questão de inconstitucionalidade de posse ao art. 343º do Código de Processo Penal.

[359] Explica-o Supremo Tribunal de Justiça no seu Acórdão de 07 de abril de 2011, proc. 936/08.0JAPRT.S1, Santos Cabral: *"[s]ó que em nosso entender os contra indícios produzidos não contêm qualquer potencialidade para colocar em causa a conclusão previamente extraída. Na verdade, e como se referiu, não são factos atirados a esmo que podem constituir uma base sólida para infirma a força da prova indiciária, mas somente aqueles contra indicio cuja força se imponha em função de regras de experiência.*
Significa o exposto que a decisão recorrida atribuiu aos contra indícios uma força que estes, efectivamente, não têm. E atribui essa força ao arrepio de regras de experiência normal de vida."

[360] *"Perante a matéria dos autos tal como entendemos não que não tem qualquer razoabilidade a consideração de que os contra indícios apresentados têm força suficiente para abalar a presunção feita pelo tribunal de que as armas se destinavam ao tráfico, também é certo que a consideração de que os*

7. Requisitos relativos à fixação do facto presumido como provado – a explicitação dos elementos da presunção na decisão

O facto presumido como prova suficiente é o ponto fulcral, pois, *"a inexistência de obstáculos à admissibilidade da prova indireta ou circunstancial mesmo para prova da factualidade típica em julgamento, não dispensa especiais cautelas em sede de valoração da prova, pois é pacífico o entendimento segundo o qual o princípio da livre convicção do juiz na apreciação das provas não representa a substituição genérica do sistema de provas legais pelo arbítrio. Daí que, particularmente no que respeita à prova indirecta, a insegurança dos indícios tenha de ser afastada por racionais cautelas na sua utilização."*[361]

O que analisaremos neste ponto é a perspetiva inversa àquela que até aqui temos tomado. O nosso estudo iniciou-se pelo indício em direcção ao facto desconhecido. Cumpre, agora, analisarmos o processo inverso, perante a sua livre apreciação, no uso dos factos provados, das regras de experiência e das regras de lógica e raciocínio, e cumprimento das formalidades legais atinentes à legalidade da prova, conclui o juiz pela veracidade de certos enunciados probatórios. Como explicitar a observância desses critérios na decisão? Quão extensiva deve ser a explicação? Mantendo em mente a função legitimadora das sentenças, é imperativo que a decisão seja apreensível pela comunidade jurídica. Tal necessidade reflete-se, inevitavelmente, na explicitação do uso da prova indiciária.

A dificuldade prende-se com o controlo dos requisitos que até aqui expusemos e com a questão da explicitar a prova indiciária como apta a preencher o grau de convicção penalmente exigível. Controlo esse que só é possível pela sua explanação na fundamentação da sentença que, com maior ênfase no que respeita à prova indiciária, é imprescindível.

7.1. Motivação da decisão no caso da prova indiciária

O princípio da livre apreciação da prova, enquanto liberdade do julgador em proferir um juízo científico não confundível com um ato arbitrário[362], como não poderia deixar de ser, tem a sua maior valência no que

---

indícios existentes em relação á pluralidade de infracções imputadas imputada são graves, precisos e concordantes." – cfr. Acórdão do Supremo Tribunal de Justiça, 07-04-2011, 936/08.0JAPRT.S1.
[361] Acórdão do Supremo Tribunal de Justiça de 23 de setembro de 2010, proc. 65/09.0JACBR.C1.S1, Fernando Fróis.
[362] NEVES, Rosa Vieira, *Livre apreciação da prova e a obrigação de fundamentação da convicção (na decisão final penal)*, Coimbra, Coimbra Editora, 2011, pág. 136.

respeita à valoração da prova, como cânone inspirador de valoração para a decisão de mérito.

Como tal, no que respeita à valoração da prova, o princípio fundamental é o da livre convicção, que deve ser explicitado pela apresentação do iter lógico que seguiu e que assim funciona como motivação. Na decisão haverá que definir a atendibilidade das fontes e o seu significado, o relevo que assumem quanto ao *thema probandum* e a sua eficácia probatória, assim como a concreta idoneidade para confirmar a veracidade do enunciado fáctico[363]. Especificações, aliás, essenciais para a sindicabilidade da matéria de facto em sede de recurso.

Como vimos, aquando da análise da jurisprudência espanhola nesta matéria, a preocupação com a garantia da tutela periodicional efetiva e o acerto material da decisão é tão vincada naquele sistema jurídico que a sua alegada violação legitima o recurso de amparo, mesmo que a decisão impugnada não seja passível de recurso com qualquer outro fundamento[364]. O recurso de amparo tem um cariz constitucional e permite a fiscalização de uma decisão que viola um direito ou garantia, ou até mesmo um princípio constitucionalmente consagrado naquele país. O direito português não prevê este tipo de recurso, o que vai suscitando alguma discussão sobre uma possível omissão em face do art. 204º CRP[365].

O dever de fundamentação da sentença vem previsto nos art. 97º, nº 5 do Código de Processo Penal, e deverá consubstanciar-se a) num elenco das provas carreadas para o processo; b) numa análise crítica e racional dos motivos que levaram a conferir relevância a determinadas provas e a negar importância a outras; c) numa concatenação racional e lógica das provas relevantes e dos factos investigados (o que permitirá arrolar e arrumar lógica e metodologicamente os factos provados e não provados); d) numa apreciação dos factos considerados assentes à luz do direito vigente como garantia da tutela judicial efetiva[366]. Como tal, deverá a fun-

---

[363] CONTE, Mario, GEMELLI, Maurizio, LICATA, Fabio, *Ob. Cit.*, pág. 239.
[364] MATTA, Paulo Saragoça da, *Ob. Cit.*, pág. 269.
[365] Para uma breve, mas esclarecedora, exposição sobre o recurso de amparo e a possibilidade da sua não previsão no ordenamento jurídico português poder deixar desprotegidos os direitos fundamentais que a Constituição visa consagrar e aplicar, veja-se ALEXANDRINO, José de Melo, *Sim ou não ao recurso de Amparo*, in *Julgar* nº 11, maio-agosto, Coimbra Editora, 2010.
[366] MATTA, Paulo Saragoça da, *Ob. Cit.*, pág. 265, estas necessidades de fundamentação indicadas pelo Autor são jurisprudencialmente citadas, vejam-se os Acórdãos do Supremo Tribunal de Justiça de 23 de fevereiro de 2011, proc. 241/08.2GAMTR.P1.S2, de 03 de

damentação de facto ser mais que a mera indicação dos factos provados, ou dos meios de prova apresentados, mostrando-se como uma autêntica exposição da articulação entre eles, assim, explicando o que motivou a decisão.

A fundamentação implica um exame crítico da prova[367] que contenha elementos que, em razão da experiência ou de critérios lógicos, construíram o substrato racional que conduziu a que a convicção do tribunal se formasse num determinado sentido, sendo suficiente quando se consiga conhecer das razões do julgador. Para tal, importa especificar cada prova, a valoração que lhe é dada e, ainda, apreciar toda a prova reunida no seu conjunto[368]. No momento em que seja cognoscível de modo claro e lógico termina o dever de fundamentação[369]. Portanto, impõe o Supremo Tribunal de Justiça, no seu acórdão de 13 de Outubro de 1992, que a sentença deverá referir os *"elementos objetivos de prova que permitam constatar se a decisão respeitou ou não a exigência de prova, por uma parte; e de indicar o iter formativo da convicção, isto é o aspecto valorativo cuja análise há-de permitir, em especial na prova indiciária, comprovar se o raciocínio foi lógico ou se foi irracional absurdo, por outra".*

---

setembro de 2008, proc. 241/08.2GAMTR.P1.S2, e de 19 de dezembro de 2007, proc. 07P4203, todos relatados por Santos Cabral, entre outros.

[367] Também o Supremo Tribunal de Justiça o impõe, por todos, o Ac 241/08.2GAMTR.P1.S2, 23-02-2011, Santos Cabral, *"[a] mesma fundamentação implica um exame crítico da prova que se situa nos limites propostos, ente outros, pelo Ac. do TC 680/98, e que já tinha adquirido foros de autonomia também a nível do Supremo Tribunal de Justiça com a consagração de um dever de fundamentação no sentido de que a sentença há-de conter também os elementos que, em razão da experiência ou de critérios lógicos, construíram o substrato racional que conduziu a que a convicção do tribunal se formasse num sentido, ou seja, um exame crítico sobe as provas que concorrem para a formação da convicção do tribunal num determinado sentido".*

[368] POÇAS, Sérgio, *Sentença Penal – Fundamentação De Facto*, in *Julgar*, nº 3, 2007, pág. 39 e 40.

[369] *"Não conforma tal conceito uma obrigação de explanação de todas as possibilidades teóricas de conceptualizar a forma como se desenrolou a dinâmica dos factos em determinada situação e muito menos de equacionar todas as perplexidades que assaltam a cada um dos intervenientes processuais, no caso o arguido (...)"*, segundo o Acórdão do Supremo Tribunal de Justiça de 23 de abril de 2011, proc. 241/08.2GAMTR.P1.S2, Relator Santos Cabral, sendo, pelo contrário, preferível considerar que a motivação será *"suficiente, sempre que com ela se consiga conhecer as razões do decisor. É evidente que o dever de fundamentação da decisão começa, e acaba, nos precisos termos que são exigidos pela exigência de tornar clara a lógica de raciocínio que foi seguida. Não conforma tal conceito uma obrigação de explanação de todas as possibilidades teóricas de conceptualizar a forma como se desenrolou a dinâmica dos factos em determinada situação e muito menos de equacionar todas as perplexidades que assaltam a cada um dos intervenientes processuais, no caso o arguido, perante os factos provados."*

Ora tudo isto deverá ser observado quanto à prova indiciária, mas não basta para que seja possível existir algum controlo sobre o efetivo cumprimento dos requisitos enunciados *supra*.

Vimos anteriormente que se indicam vários cuidados com a fundamentação da prova indiciária, precisar quais sejam levanta algumas dificuldades em encontrar um núcleo consistente entre tantas exigências.

Comecemos por aquilo que é a base da presunção. Os passos são sempre reconduzíveis aos mesmos que vimos *supra*, exigindo-se o maior rigor na individualização da prova pela observação das regras jurídicas e da precisão lógica, da sua verosimilhança e seguidamente da explicitação da apreciação crítica da prova, é esta avaliação crítica que deve ser especialmente cuidada[370].

Portanto, primeiramente, trata-se de uma questão de valoração da prova. A valoração da prova é um ato complexo e múltiplo. Como base da decisão a tomar, a reflexão sobre a força probatória dos vários elementos de prova terá de ser mais ponderada do que aquela convicção que se poderá formular à primeira impressão. Segundo Climent Duran, exige-se uma primeira valoração fundada nas provas ditas primárias e na sua comparação com os enunciados fácticos criados. Numa valoração secundária, compreende-se a verificabilidade de algumas das afirmações básicas das partes, depois de induzi-la racionalmente das afirmações instrumentais que previamente se reputaram provadas (prova de presunções). E uma valoração terciária, que supõe determinar as consequências que a falta de prova de alguma das afirmações contende[371].

Tanto na jurisprudência italiana como espanhola se prescreve um particular cuidado com a explicação na sentença do raciocínio por trás da prova indiciária. Comecemos por indicar que, neste ponto, já muito se disse no tratamento das exigências de fundamentação relativamente à doutrina italiana e espanhola. Para esses pontos remetemos.

[370] Relembrando o que já se referiu, diz o Acórdão do Supremo Tribunal de Justiça de 09 de fevereiro de 2012, proc.1/09.3FAHRT.L1.S1, Armindo Monteiro, *"[d]e carácter formal: a sua expressão na sentença em factos-base, plenamente comprovados, que vão servir de apoio à dedução ou inferência, a afirmação do raciocínio através do qual se chegou à convicção da verificação do facto punível e da participação do acusado nele; no plano substancial não se dispensa a plena comprovação dos factos indiciários por prova directa, de inequívoca natureza acusatória, devendo aqueles ser plurais ou únicos, mas, então, de especial força probatória, contemporâneos do facto, sendo vários devem estar interligados de modo a que se reforcem mutuamente."*
[371] Climent Duran, Carlos, *Ob.Cit.*, pág. 93.

Trata-se de uma verdadeira explicação, porque assim o exige a natureza da própria presunção, *"a forma como se explana aquela prova fundando a convicção do julgador tem de estar bem patente o que se torna ainda mais evidente no caso da prova indiciária pois que aqui, e para além do funcionamento de factores ligados a um segmento de subjectividade que estão inerentes aos princípios da imediação e oralidade, está, também, presente um factor objetivo, de rigor lógico que se consubstancia na existência daquela relação de normalidade, de causa para efeito, entre o indício e a presunção que dele se extrai."*[372] Tudo isto deverá resultar claramente da decisão.

Como vimos no número anterior, são muitas as exigências de fundamentação mesmo quando respeitam apenas à prova direta, terão de ser especificados dos factos dados como provados e depois explicado o porquê da sua atendibilidade. Quando os factos dados como provados são um facto base, antes de um facto presumido, a fundamentação deverá explanar ambos.

Como prescreve Vincenzo Russo, a fundamentação do raciocínio do juiz[373] deverá observar certas condições; em primeiro lugar deverá observar o máximo rigor na aquisição e individualização da prova, não apenas pelo respeito das regras jurídicas que a condicionam, mas, também, pela observação lógica de todas as situações que emergem do processo e poderão influi na busca da verdade em vista a uma decisão justa. Deverá, igualmente, refutar cada apriorístico juízo de inverosimilhança das circunstâncias e factos alegados, como deverá respeitar, aquando da valoração da prova, as leis de psicologia jurídica.

Tais prescrições, para assegurar a racionalidade do iter psicológico, prendem-se com o facto de a prova indiciária não oferecer uma certeza mas, tão-só, uma probabilidade. Isto pois, a prova indireta não permite ao juiz exprimir um juízo directo sobre a existência do facto a provar, mas de um objeto daquele diverso, a este ligado, indirectamente, pelo que deverá, com particular cuidado, apresentar a dedução do facto principal.

---

[372] Acórdão do Supremo Tribunal de Justiça de 07 de abril de 2011, proc. 936/08.0JAPRT.S1, Santos Cabral

[373] O qual, segundo o nº 1 do art. 192º do *Codice di Procedura Penal* intitulado "Valoração da prova", *"valora a prova dando conta na motivação dos resultados adquiridos e dos critérios adoptados"*.

III. CAPÍTULO

Ora, é exatamente porque a lei processual portuguesa não estipula quaisquer requisitos especiais para a prova indiciária[374] que se refere que o *"funcionamento e creditação desta estão dependentes da convicção do julgador que, sendo uma convicção pessoal, deverá ser sempre objetivável e motivável. Fundamentando-se a condenação na prova indiciária a interpretação da prova e a fixação dos factos concretos terá, também, como referência as regras gerais empíricas ou as máximas da experiência que o juiz tem de valorar nos diversos momentos de julgamento."*[375] Será pela fundamentação que se verificará se esta permite o conhecimento dos factos e não apenas suspeitas ou intuições.

Antes de mais, impõe-se que seja indicada a prova sobre o indício e seguidamente a dedução lógica[376], visto ser necessário um *"esforço acrescido na determinação sobre se o dever de fundamentação foi cumprido"*[377]. Ou seja, seguir os três passos essenciais da presunção: "em primeiro lugar a demonstração do facto base ou indício que, num segundo momento faz despoletarno raciocício do julgador uma regra de experiência que permite, num terceiro momento, inferir outro facto que será o facto sob julgamento" como o explana o Supremo Tribunal de Justiça no seu Acórdão de 06 de fevereiro de 2014, relatado por Armindo Monteiro.

Se, na avaliação da prova, é já difícil controlar o funcionamento de factores ligados a uma certa subjetividade inerente aos princípios da imediação e oralidade, na prova indiciária importa avaliar um factor objetivo,

---

[374] Acórdão do Supremo Tribunal de Justiça de 07 de abril de 2011, proc. 936/08.0JAPRT.S1, Santos Cabral, *"[a] nossa lei processual penal não exige quaisquer requisitos especiais para a prova indiciária, que depende da convicção do julgador – ainda que de uma convicção objectivável e motivável"*.

[375] Acórdão do Supremo Tribunal de Justiça de 09 de fevereiro de 2012, proc. 233/08.1PBGDM.P3.S1, Santos Cabral.

[376] Na valoração da prova indiciária devem distinguir-se, claramente, a prova dos indícios, por uma parte, e a dedução lógica, o juízo de relação necessária que há-de estabelecer-se entre o indicio e os factos que constituem elementos ou circunstancias do crime e que relevam para efeitos de determinação da responsabilidade penal do arguido e responsabilidade civil dos civilmente responsáveis, por outro – cfr. SILVA, Germano Marques, *Ob. Cit.*, pág. 102.

[377] *"Exemplo da situação imaginativa que exigirá um esforço acrescido na determinação sobre se o dever de fundamentação foi cumprido, surge quando se tenta densificar ou aferir concretamente o dever e a extensão da fundamentação das decisões condenatória que assentam a prova dos factos em meros indícios ou em factos instrumentais dos quais logicamente decorrem os facta probanda. Nestas situações apenas uma casuística apreciação de todos os elos da cadeia fundamentados poderá garantir que a decisão não se limita a emergir da injustificável convicção íntima do julgador"* – cfr. MATTA, Paulo Saragoça da, *Ob. Cit.*, pág. 267 e 278.

de rigor lógico, que se consubstancia na existência daquela relação de normalidade, causalidade, entre o indício e a presunção que dele se extrai.

Como tal, é necessário expressar tal convicção através de uma catalogação dos factos base ou indícios provados[378], e que se explicite a dedução ou inferência que levou o juiz a concluir pela condenação do arguido. Tal explicação poderá ser sintética, desde que clara, e é indispensável ao controlo da racionalidade da inferência[379].

Foquemos, ainda, sob pena de repetição, que apenas assim se assegura o controlo da decisão, na medida que a *"compreensão e a possibilidade de acompanhamento do percurso lógico e intelectual seguido na fundamentação de uma decisão sobre a matéria de facto, quando respeite a factos que só podem ter sido deduzidos ou adquiridos segundo as regras próprias das presunções naturais, constitui um elemento relevante para o exercício da competência de verificação da (in)existência dos vícios do art. 410º, nº 2, do CPP, especialmente do erro notório na apreciação da prova, referido na al. c). do citado normativo"*[380].

Nisto se consubstanciará a avaliação crítica da prova no caso da prova indiciária, o que assegura que, se o julgador não é capaz de explicar o porquê de considerar que um dado enunciado fáctico corresponde à verdade, este não poderá ser utilizado para que seja proferida uma decisão de caráter condenatório.

8. A livre apreciação da prova indiciária e o seu controlo em sede de recurso

É comum questionar a fiabilidade da prova indiciária em razão do controlo da arbitrariedade do julgador, razão porque releva catalogar requisitos que lhe asseguram a validade probatória. O que por si torna indis-

---

[378] Referimos que a jurisprudência apresenta esta "catalogação" como requisito de carácter formal, *"[o] indício, para servir de base probatória, tem como requisito de teor formal o facto de da sentença deverem constar os factos-base e a sua prova, os quais vão servir de base à dedução ou inferência, além de ali se explicitar o raciocínio através do qual se chegou à verificação do facto punível, explicitação essa necessária para controlar a racionalidade da inferência."* – cfr. Acórdão do Supremo Tribunal de Justiça de 26 de janeiro de 2011, proc. 417/09.5YRPTR.S2, Armindo Monteiro, e com o mesmo relator o Acórdão de 12 de setembro de 2007, proc. 07P4588.

[379] Acórdão do Supremo Tribunal de Justiça de 23 de fevereiro de 2011, proc. 241/08.2GAMTR.P1.S2, Santos Cabral.

[380] Acórdão do Supremo Tribunal de Justiça de 23 de fevereiro de 2011, proc. 241/08.2GAMTR.P1.S2, Santos Cabral.

pensável deixar algumas notas sobre o seu controlo. No entanto, há ainda a considerar em que medida é possível o efetivo controlo sobre a observação dos requisitos que enumeramos *supra*.

O direito de recurso é parte do direito de defesa e, desde a revisão constitucional de 1997, foi autonomizado como tal no art. 32º da Constituição. Comummente referido como dupla instância, ou duplo grau de jurisdição, assegura o efetivo controlo sobre as decisões judicias. No entanto, como não poderia deixar de ser, só o recurso por parte do arguido goza de tutela jurisdicional.

Ora o direito de recurso não é ilimitado[381], compreendem-se no art. 400º do Código de Processo Penal uma listagem de decisões que não são passíveis de serem recorridas.

Assim, uma das grandes limitações do recurso é a potencialidade de conhecer da matéria de direito e de matéria de facto, sendo que é matéria de direito aquela solução que, para ser alcançada, exigiu a aplicação de uma disposição legal, ainda que seja a sua mera interpretação. É matéria de facto aquela cuja decisão sobre a realidade se faça à margem da aplicação da lei, pois, a sua existência ou inexistência se afere sem o recurso a qualquer norma jurídica. Como tal, a apreciação da prova é, indubitavelmente uma questão de facto, portanto a verosimilhança que dela resulta é apreciada como tal.

---

[381] De acordo com uma antiga tradição portuguesa, as decisões condenatória finais em processo penal não transitavam em julgado sem que o processo fosse previamente reapreciado através de um segundo julgamento. Mesmo que as partes não apelassem o juiz era obrigado a fazê-lo oficiosamente "por parte da justiça". Esta regra, que poucas exceções admitia, terá tido a sua origem numa lei de D. Afonso IV, confirmada por D. João I, e incluída nas Ordenações Afonsinas onde passou com pequenas alterações para as Ordenações Manuelinas e Filipinas. A sua finalidade era assegurar o interesse público e o interesse de defesa do réu. Mesmo o código de 1929 espelhava esta conceção de recurso enquanto técnica de "refinamento jurisprudencial" ou para alcance de uma "melhor justiça" e, como tal, impunha-se ao Ministério Público que recorre-se, sempre, em face de decisões condenatórias que aplicassem penas iguais ou superiores a 8 anos de prisão. O código de 1987 rompeu com esta tradição. Os recursos passaram a ser um puro remédio jurídico. Assim, neste sentido, inexiste recursos obrigatórios por parte do Ministério Público, na aplicação do princípio do dispositivo expresso na sindicabilidade do recurso, no acolhimento da *reformatio in pejus* e na possibilidade de renúncia ao recurso em matéria de facto e de desistência – veja-se *O sistema de recursos em processo civil e em processo penal*, Relatório do Ministério da Justiça, Gabinete de Política Legislativa, Coimbra, Coimbra Editora, 2006, pág. 185 a187.

A consagração de um recurso unitário do tipo revista alargada que abrange questões de direito e casos de erro notório de apreciação de facto, ou análogos, desde que documentados na sentença recorrida, foi apenas "tendencial". Pois, por um lado, os Tribunais da Relação conhecem de toda a questão de facto para a qual disponham de poderes de cognição suficientes, enquanto o Supremo Tribunal de Justiça continua a conhecer apenas de direito, se bem que nos termos alargados referidos. Por outro lado só as Relações, não o Supremo Tribunal, podem determinar uma renovação parcial da prova, nos contados casos em que tal lhes pareça adequado a permitir um julgamento definitivo, evitando o reenvio do processo e a repetição do julgamento pela instância recorrida[382].

O Supremo Tribunal de Justiça conhece apenas de matéria de direito nos termos do art. 434º do Código de Processo Penal, daí que se preveja a possibilidade de um recurso *per saltum*. Salvo as exceções do art. 410º, nº 2 e 3 relativos à insuficiência da matéria de facto provada, a contradição insanável entre a fundamentação e a decisão (que releva particularmente para a avaliação do raciocínio inferencial), o erro notório na apreciação da prova, e a inobservância de qualquer requisito que seja cominado com a expressão "sob pena de nulidade" que não tenha sido sanada[383].

A possibilidade de recurso, no caso de prova indiciária em particular, resulta necessariamente da consagração do princípio da livre apreciação da prova enquanto discricionariedade limitada. Assim, sempre que esses limites se mostrem violados, será a decisão susceptível de recurso "*ainda que o tribunal* ad quem conheça, em princípio, apenas matéria de direito: solução acolhida expressamente no art. 410º, nº 2, do CPP, e que a doutrina denomina de «recurso de revista ampliada»"[384]. Assim, se a decisão, em face da prova, for inverosímil, o seu conhecimento é oficioso, por força do nº 2 do 410º, mesmo quando o recurso se encontre limitado à matéria de direito.

Este regime levanta algumas questões quanto ao controlo da prova indiciária pelos tribunais de recurso. Tratando-se esta de matéria de facto

---

[382] *O sistema de recursos em processo civil e em processo penal*, Boletim do Ministério da Justiça, Gabinete de Política Legislativa, Coimbra, Coimbra Editora, 2006, pág. 188.

[383] LEAL-HENRIQUES, Manuel e SANTOS, Manuel Simas, Manuel, *Recursos em processo penal*, 5ª ed., Lisboa, Rei dos Livros, 2002 pág. 159 e ss.

[384] Acórdão do Supremo Tribunal de Justiça de 19 de dezembro de 2007, proc. 07P4203, Santos Cabral.

poderá existir algum controlo formal sobre ela? Considerando ainda que o valor probatório da presunção se deixa à livre valoração do tribunal recorrido, será possível controlar o raciocínio que originou a presunção?

O Supremo Tribunal de Justiça entende que o controlo dos limites do princípio da livre apreciação da prova, ou nos termos mais recorrentemente utilizados, na livre convicção, pode ser efetuado enquanto matéria de direito, pelo menos parcialmente. Será matéria de direito quando a decisão recorrida tenha violado as regras que disciplinam a formação da livre convicção, nomeadamente, o grau de convicção imposto para a decisão, as proibições de prova[385] e a presunção de inocência, e quando seja violado o princípio *in dubio pro reo*.[386] Relativamente simples de aceitar tal afirmação porquanto, salvo o último princípio indicado, todos os outros constituem normas legais cuja violação não poderia deixar de ser uma questão de direito. Pelo que até agora vimos, a prova indiciária levanta sempre algumas questões quanto ao grau de convencimento e à potencial violação do princípio *in dubio pro reo*[387].

---

[385] Neste sentido, a obrigação processual penal de esclarecimento não rege de forma ilimitada, está restringida por um número de proibições de produção de prova (proibições de obtenção de prova) sendo elas: a) determinados factos não podem ser objeto de prática de prova (proibições de temas probatórios); b) determinados meios de prova não podem ser utilizados (proibição de meios de prova); c) na produção de prova não se pode fazer uso de certos meios (proibição de métodos probatórios) ou se pode; d) ordenar ou realizar a obtenção de provas só por determinadas pessoas (proibições probatórias relativas), conforme o indica ROXIN, Claus, *Ob. Cit.*, pág. 191.

[386] ALBUQUERQUE, Paulo Pinto, *Ob. Cit.*, pág. 356 e 357. Lê-se no Acórdão do Supremo Tribunal de Justiça de 24 de março de 1999, CJ, Ano VII, Tomo I, pág. 247, "*[a] violação deste princípio pressupõe um estado de dúvida no espírito do julgador, só podendo ser afirmada, quando, do texto da decisão recorrida, decorrer, por forma evidente, que o tribunal, na dúvida, optou por decidir contra o arguido*".

[387] "*O que vale por dizer que as presunções naturais não violam o princípio in dubio pro reo. Este princípio é que constitui o limite daquelas. No caso, o próprio recorrente aceita que a decisão recorrida não ficou em estado de dúvida, mas entende que deveria ter ficado, o que como vimos é agora insindicável pelo Tribunal de Revista. E, não se estabelecendo que o Tribunal ficou na dúvida, fica afastada a possibilidade de intervenção do Supremo Tribunal de Justiça, pois que lhe é vedado verificar o uso do princípio in dubio pro reo em sede de formação da livre convicção do tribunal. É que as dúvidas que as partes possam encontrar na decisão ou na sua interpretação da factualidade descrita e revelada nos autos não relevam nesta sede, já que o princípio in dubio pro reo é uma imposição dirigida ao juiz. Ora, num ponto fulcral para a tese sustentada pelo arguido: a legítima defesa, o Tribunal não teve por ilíquido, após a investigação esgotante a que procedeu, se o arguido ao disparar o fizera para se defender. Antes teve expressamente como não provado que aquele «s) agiu com o intuito de se defender, e com receio de que o Lourenço JCLC*

Não quer isto dizer que o Supremo Tribunal de Justiça tenha controlo sobre a formação da convicção probatória do julgador. Apenas que o processo lógico que a ela conduziu, objetivado e motivado, tem de ser controlado[388].

A sindicabilidade da eventual violação do princípio *in dubio pro reo* é controversa, na medida em que este respeita exclusivamente à avaliação da prova e, enquanto princípio da prova, deveria recair fora dos poderes de cognição do Supremo Tribunal de Justiça[389]. Salvo que, referindo-se ao princípio *in dubio pro reo*, *"[o] STJ apenas pode sindicar o uso desse princípio quando da sentença resultar que o tribunal chegou a um estado de dúvida e não a declarou* in malam partem *ou quando esse estado de dúvida não foi declarado por via de manifesto erro notório na apreciação da prova, visível a partir do texto da decisão recorrida, nos termos do art. 410º, nº, 2, al. c), do CPP"*[390].

A sindicabilidade desta questão nestes termos, pela sua qualificação como matéria de direito, garantiria a fiscalização pelos tribunais superiores do uso da prova indiciária nas decisões condenatórias, sem as limitações que se impõem para o recurso para o Supremo Tribunal de Justiça. Mas esta sua qualificação é questionável. E dependerá de uma tomada de posição relativamente a esta questão.

O Supremo Tribunal de Justiça tem vindo a considerar que as ilações retiradas da matéria de facto também partilham dessa natureza e, portanto, não são cognoscíveis por esse Tribunal, enquanto tribunal de revista, uma vez que o *"uso que as instâncias fazem das presunções judiciais não é sindicável pelo S.T.J."*[391] O que significaria que a matéria dada como provada com recurso à prova indiciária não poderá ser conhecida em recurso para o Supremo Tribunal de Justiça com base na violação do referido princípio.

---

disparasse contra ele um segundo tiro»." – cfr. Acórdão do Supremo Tribunal de Justiça de 11 de novembro de 2004, proc. 04P3182, Simas Santos.

[388] Acórdão do Supremo Tribunal de Justiça de 11 de julho de 2007, proc. 07P1416, Armindo Monteiro.

[389] LEAL-HENRIQUES, Manuel e SANTOS, Manuel Simas, *Recursos em processo penal...*, pág.164 e ss, veja-se o Acórdão do Supremo Tribunal de Justiça de 09 de fevereiro de 2012, proc. 233/08.1PBGDM.P3.S1, Santos Cabral.

[390] Acórdão do Supremo Tribunal de Justiça, de 09 de fevereiro de 2012, proc.1/09.3FAHRT.L1.S1, Armindo Monteiro.

[391] Acórdão do Supremo Tribunal de Justiça de 29 de fevereiro de 2000, proc. 00A093, Armando Lourenço.

III. CAPÍTULO

Diz o Supremo Tribunal de Justiça que *"[q]uando estão em causa factos julgados provados em resultado de prova indiciária, impõe-se uma motivação ainda mais exigente, de modo a demonstrar o exato iter do raciocínio desenvolvido, de modo a possibilitar ao tribunal de recurso o reexame do caminho seguido em ordem a verificar se está ou não em conformidade designadamente com as regras de experiência – matéria que cabe nos poderes de cognição do STJ."*[392] Como tal, pela apreciação das regras de experiência, a prova indiciária é sindicável perante o Supremo Tribunal de Justiça, e perante os Tribunais da Relação mesmo quando o recurso se limite à matéria da prova, pelo erro notório na apreciação da prova.

Assim, o Supremo Tribunal de Justiça pode, e deve, conhecer dos erros notórios relativos à prova *"[s]e em face das premissas que constituem a matéria de facto, o julgador ensaia um salto lógico no desconhecido dando por adquirido aquilo que não é suportável à face da experiência comum pode-se afirmar a existência do vício do erro notório. Mas existe igualmente erro notório na apreciação da prova quando se violam as regras sobre o valor da prova vinculada, as regras da experiência ou as legis artis"*[393], o que significa que a inferência formulada é sempre passível de controlo até ao Supremo Tribunal de Justiça por esta via.

Ora, o erro notório é uma insuficiência que resulta do texto e contexto da decisão recorrida, no seu todo, pela distorção de ordem lógica entre factos provados e não provados, ou pela sua ponderação manifestamente ilógica e arbitrária que não passaria despercebida ao homem médio[394].

---

[392] Acórdão do Supremo Tribunal de Justiça de 08 de junho de 2001, proc. 350/98.4TAOLH. S1, Sousa Fonte, leia-se, igualmente, porque esclarecedor, um excerto do Acórdão do Supremo Tribunal de Justiça de 17 de março de 2004, proc. 03P2612, Henriques Gaspar, *"[a] compreensão e a possibilidade de acompanhamento do percurso lógico e intelectual seguido na fundamentação de uma decisão sobre a matéria de facto, quando respeite a factos que só podem ter sido deduzidos segundo as regras próprias das presunções naturais, constitui elemento relevante para o exercício da competência de verificação da existência dos vícios do artigo 410º, nº 2, do Código de Processo Penal, especialmente o erro notório na apreciação da prova, referido na alínea c)"*.
[393] Acórdão do Supremo Tribunal de Justiça de 23 de fevereiro de 2011, proc. 241/08.2GAMTR.P1.S2, Santos Cabral, citando Simas Santos e Leal Henriques, *Código de Processo Penal Anotado...*, pág. 740.
[394] *"A compreensão e a possibilidade de acompanhamento do percurso lógico e intelectual seguido na fundamentação de uma decisão sobre a matéria de facto, quando respeite a factos que só podem ter sido deduzidos ou adquiridos segundo as regras próprias das presunções naturais, constitui um elemento relevante para o exercício da competência de verificação da existência dos vícios do art. 410º, nº 2, do CPP, especialmente do erro notório na apreciação da prova, referido na al. c). (...) O vício tem como consequência o reenvio do processo para novo julgamento nos termos do art. 426º, nº 1, do CPP,*

Dito isto, cumpre precisar que *"tal sindicância deverá ter sempre uma visão global da fundamentação sobre a prova produzida de forma a poder acompanhar todo o processo dedutivo seguido pela mesma decisão em relação aos factos concretamente impugnados"*[395], pelo que a apreciação de um concreto ponto cuja prova se tenha efetuada através de meios indiciários poderá não relevar.

9. Últimas considerações

Os critérios indicados pela jurisprudência portuguesa que admitidamente recorre à prova indiciária não são divergentes, apresentando poucas particularidades relativamente àquilo que para ela se prescreve nos tantas vezes referidos direitos espanhol e italiano. São, também, em virtude dessa adoção de requisitos do estrangeiro, bastante unânimes com aquelas discrepâncias já conhecidas, também elas importadas.

Tanto em Espanha, como em Itália, vimos que o caso da prova indiciária não viola a presunção de inocência, sem que se veja qualquer motivo para que a solução portuguesa seja diferente.

O que se exige é que a atividade probatória seja minuciosa, no sentido de que a prova indiciária, ainda que não menor, deva ser subsidiária. É uma preocupação com a busca da verdade material, no fundo. A prova direta levanta menos questões e é-lhe reconhecido um maior grau de probabilidade, como tal, não se deve a investigação bastar com indícios, por mais graves que sejam, se é possível e razoável adquirir meios de prova direta. A isto se refere a jurisprudência espanhola ao exigir uma *minima actividad probatoria*, exigência que se repete na jurisprudência italiana ao referir a preferencialidade da prova direta.

Em Portugal, na jurisprudência que foi estudada, à questão não parece ser dado grande relevo. A prova indiciária parece cumprir o *standard* de indícios suficientes necessário para submeter o arguido à fase do julgamento, o que parece significar, não apenas que a prova indiciária basta para fundamentar uma decisão condenatória, mas que esta cumpre aquele mínimo de investigação que deve ser observado em fase de inquérito ou de instrução. O que aliás teria de se verificar.

---

relativamente à parte do objeto do processo a que se referem os pontos concretos da matéria de facto provada e os pontos concretos dos factos não provados assim afectados." – cfr. Acórdão do Supremo Tribunal de Justiça de 06 de outubro de 2010, proc. 936/08.JAPRT, Henriques Gaspar.

[395] Acórdão do Supremo Tribunal de Justiça de 09 de fevereiro de 2012, proc. 233/08.1PBGDM.P3.S1, Santos Cabral.

Dito isto, a imprecisão que dá má fama ao termo presunção deve ser afastada por critérios que tornem a prova indiciária tão facilmente aceitável pelo intelecto que o seu valor probatório possa ser equiparado ao da prova direta.

Torna-se, então, necessário começar por provar que o indício existe. A jurisprudência italiana prefere referir este requisito como certeza, o indício deve ser certo, ou seja, demonstrado por prova direta. Ou, como se diz no país vizinho, simplesmente plenamente provado.

A questão da aceitabilidade de indícios cujo meio de prova seja um outro indício é controversa. Embora se argumente que, se o indício serve para fundar uma elemento de prova que poderá condenar um arguido, deveria servir para provar um outro indício, este parece um critério perigoso. A força da ilação e a vigência da regra de experiência sofrem com esta fragilidade e tornam o raciocínio mais complexo. Não é tanto esta complexidade que preocupa, mas a dificuldade de controlo que aumenta e a falibilidade da inferência que se torna mais e mais abstrata por só remotamente se referir a um dado certo. Como tal, e embora só marginalmente se refiram as decisões estudadas a esta problemática, proferindo-se contra, parece a mais indicada a recomendação de que seja inadmissível a prova do facto base da presunção através de um outro indício[396].

Vista a primeira necessidade de certeza, a jurisprudência portuguesa acolhe e renomeia outros tantos requisitos. Assim, quando deles tratamos indicamos que os indícios deveriam ser certos, independentes, incriminatórios, contemporâneos, graves, precisos e concordantes, o que aparenta ser pleonástico face à extensão e à densidade que aqueles requisitos já possuem nos seus ordenamentos de origem.

Vejamos que a certeza é uma necessidade e não apresenta qualquer dificuldade. Do mesmo modo parece a questão de serem incriminatórios. Se estamos a falar de prova que vá suportar uma condenação, estes não podem ser, ainda que apenas potencialmente, absolutórios.

A independência é um cuidado relevante. Os indícios devem ter valência em si mesmos para ser atendíveis. Mas será este um requisito

---

[396] Relembramos que, logo no início deste trabalho quando referimos a consagração legal de presunções judiciais no direito civil, se mencionou que a prova do facto base da presunção não está dispensada. Cuidando-se, com essa especificação, que a presunção fosse certa de modo a não lesar a parte agora onerada com ónus da prova após a sua inversão. Ora se o cuidado já é esse no processo civil, deverá ser reforçado no processo penal.

indispensável? Principalmente considerando que é a necessária conexão entre indícios que torna o facto presumido mais provável.

A contemporaneidade relaciona-se com a própria gravidade, sob pena de a conexão com o *thema probandum* ser meramente incidental. E é mais uma garantia de que os indícios apurados sejam conectados com o facto probando.

Para os italianos, os indícios devem ser graves, precisos e concordantes, já para os espanhóis devem obedecer a requisitos de circunstancialidade, interrelação e a existência de uma inferência lógica. Na verdade, requisitos coincidentes.

Vejamos, será grave o indício com elevada capacidade demonstrativa face ao *thema probandum*, e refere-se ao grau de probabilidade da regra de experiência, aumentando o grau de probabilidade do facto presumido ter-se verificado. O que se reconduz à conexão entre o facto base e o facto presumido, a circunstancialidade invocada em Espanha, como a exigência de um nexo que conecte material e diretamente o facto presumido e o seu agente, devendo tratar-se factos periféricos do facto a provar. Tudo isto é passível de ser "quantificado" pela inferência lógica, que, no fundo, é o que exige a jurisprudência espanhola ao especificar que o raciocínio dedutivo não poderá apresentar qualquer incoerência na inferência, ou, ser inconcludente por se mostrar excessivamente aberto, débil ou indeterminado.

É neste juízo de conexão, na inferência, que ambas as jurisprudências utilizam as regras de experiência, máximas de experiência ou regras do critério humano, com auxílio dos princípios da oportunidade, causalidade e da normalidade.

A concordância levanta a questão que já nos é conhecida da pluralidade de indícios. E significa que, em face desta, deverão os indícios convergir na mesma conclusão, o requisito da concordância refere-se à convergência entre dois ou mais elementos de prova no sentido de um único *factum probandum*. Ideia reconduzível ao requisito espanhol de interrelação que exige que os indícios se somem num mesmo sentido e que sejam parte de um momento coeso. O que impõe, necessariamente, que sejam concordantes.

A jurisprudência espanhola parece estar mais aberta à questão da aceitabilidade de um único indício do que a italiana em face da exigência legal da concordância. Isto é, a regra é a pluralidade, mas admite-se – como vimos também não é inédito na jurisprudência portuguesa – a fundamentação da decisão sobre a prova de dado facto através de um único indício se este for de particular poder demonstrativo. Claro está que o recurso a um indício único deverá ser excecional e exclusivo a um indício necessário, no sentido de se observar a gravidade e precisão referidas.

Vimos que, em ambos os ordenamentos, se mostram alguns cuidados com a fundamentação da sentença, com a devida e inevitável invocação da livre apreciação da prova. No fundo, demonstrando que todos estes requisitos foram cumpridos, o que compreende a prova do facto indiciante, a creditação da máxima de experiência, a fundamentação do juízo inferencial e a valoração do facto presumido.

Por fim, resta focar um ponto que foi referenciado no início deste capítulo: a distinção entre requisitos de admissão e critérios de valoração. Dissemos que estes nem sempre são simples de separar. Vejamos, por exemplo, no que respeita ao requisito da certeza, é inquestionável que este contende com a própria admissão do indício em juízo. Ainda que seja verdade que, caso se aceitassem os indícios mediatos, este critério serviria, também, para dar maior credibilidade aos indícios provados por meios diretos. No entanto, essa possibilidade não parece atendível, este é, indubitavelmente, um requisito de admissão.

Sob este mesmo ponto de vista, podemos referir o requisito do caráter incriminatório do indício. Este é um requisito que atua num momento anterior ao da valoração, isto é, antes de decidir o quão persuasivo é o facto presumido, há que confirmar que o indício, ele mesmo, tem uma natureza incriminatória. Que, em nada, depende do valor probatório a ser atribuído. Mas condiciona a sua admissibilidade através da sua potencial relevância lógica. Como tal, é um requisito de admissão.

Já o requisito da independência partilha desta mesma natureza, aferir se se estará diante um único indício ou vários em nada respeita à sua valoração. Aliás, não conseguir destrinçar indícios pode revelar que ele não é passível de análise lógica. Este é, também ele, um requisito de admissibilidade.

Aquando da análise do ordenamento italiano dissemos que o requisito da concordância, mais que uma questão de admissibilidade, contende com a avaliação dos indícios. Ou seja, a sua multiplicidade garantiria um maior valor probatório. No entanto, devemos também considerar que, se se considera que um único indício não serve como base à convicção judicial, ele funciona como critério de admissão, pois excluí, sem mais, o indício que não seja plural. Assim, quando o requisito seja imposto, é, antes do mais, um requisito de admissão. Por outro lado, num ordenamento que, como o português, admite o indício único, a concordância apresentar-se-á como critério valorativo. Pois, diante de vários indícios, estes serão probatoriamente eficazes se apontarem num único e inequívoco facto probando. Resta notar que também a certeza do indício funciona como requisito da admissão que serve para a assegurar a força probatória do facto presumido, sem que isso obste à sua classificação como critério de admissão.

No ordenamento italiano, a gravidade funciona como critério de admissão, ou por outra, de exclusão. Se o indício não for grave, não é admissível. Sendo certo que a gravidade se afere pela sua conexão com o *thema probandum*. Portanto, se considerarmos, não a valoração que o juiz venha a fazer sobre o facto presumido, mas, meramente, o quão estreita é a ligação entre estes último e o facto base, a gravidade funcionará como requisito de admissão. Saliente-se que, como se referiu, a gravidade aparece, na jurisprudência portuguesa, como decorrência do convencimento do juiz. E, na medida em que a lei portuguesa permite a admissão apenas da prova relevante, à partida se excluem os indícios levianos e inconsequentes. O que permitiria até concluir que, no que respeita à prova incriminatória, independentemente da sua tipologia, esta deve ser grave.

É, também, de origem italiana o requisito da precisão, na sua origem, um critério de exclusão. À semelhança da gravidade, na precisão pretende-se que a relação com o facto probando não seja apenas próxima, mas seja também perto do exclusiva. Isto é, do facto base não deve ser possível realizar múltiplas inferências igualmente verosímeis. À semelhança da gravidade, este poderia parecer um critério de valoração, pois, em larga medida, depende da valoração que o juiz faça e, mesmo, da sua apreciação sobre alternativas igualmente válidas. No entanto, consideremos que só as provas relevantes são admissíveis, isto é, que um indício que, aprioristicamente, não tenha uma conexão com o facto probando, simplesmente não será prova relevante nos mesmos padrões que afetariam uma prova direta.

Existem ainda critérios relativos à inferência que caracteriza a prova por presunções. Nomeadamente que a premissa maior seja uma regra de experiência e que o raciocínio do qual resulta o facto presumido se apresente como um nexo direto, preciso e conciso, ainda que não existam contra-indícios. Assim, a aplicação da regra de experiência respeita à própria configuração deste tipo de prova. Se o raciocínio inferencial for direto, preciso e conciso, não está relacionado com a questão prévia de admitir o facto base, mas, sim, com a avaliação da força probatória enquanto credibilidade da lógica por trás do facto presumido.

Já a imposição de um cuidadosa motivação na sentença, em observância de todos estes critérios em nada contende com a valoração, apenas com a necessidade de fundamentação da sentença sob pena desta ser nula; trata-se de uma questão de validade de decisão judicial. Um requisito processual, comum a todos os meios de prova.

Tendo em conta todas as questões analisadas e o uso da prova indiciária pelos tribunais portuguesas, não há razão para negar a utilizabilidade da prova indiciária ou apontar-lhe um reduzido valor probatório se observados estes critérios. Apenas se restringe a sua utilização pela observação destes requisitos e pela sua explanação na sentença.

IV. Capítulo

Conclusões

I

Independentemente das muitas questões que se possam levantar quanto à natureza da verdade, à cognoscibilidade dos factos e à transposição destes dois elementos para o processo penal, estes são pontos dos quais não pode a aplicação do direito penal abnegar-se.

Não descurando a relevância de tais preocupações, quer-nos parecer que a decisão pela adoção de uma conceção que admite o conhecimento da verdade e sua transposição narrativa para o processo é o único modo de assegurar a finalidade última do processo penal.

Pois, é inegável que um processo penal que não abra mão da presunção de inocência, da busca da verdade material e de uma certa conceção de justiça, tem de assumir que há como provar a veracidade de uma dada narrativa dos factos.

Este parece ser o único modo de garantir que o procedimento tem uma finalidade e que essa finalidade se adequa às necessidades de protecção dos bens jurídicos essenciais da sociedade.

II

O processo penal português presta, por estas razões, particular atenção ao direito probatório, cuja relevância é transversal ao todo do procedimento, desde a abertura do inquérito à decisão proferida, importa que todos os factos, jurídica e logicamente, relevantes sejam validamente transpostos para o processo. Num primeiro momento a tipologia da prova não releva, apenas se deverá avaliar se o concreto meio de prova traz algum conhecimento ao processo e se foi validamente produzido ou admitido.

III

No entanto, não só certos factos são de difícil conhecimento pela sua própria natureza (pense-se no paradigmático exemplo dos factos internos), como se depara nesta área o direito com o particular interesse de um dos intervenientes, o arguido, em fazer desaparecer as provas dos factos puníveis. Com a agravante de, por norma, ser o arguido o primeiro a aceder às provas, encontrando-se, portanto, em melhores condições para o fazer.

Note-se, ainda, que cada vez mais se depara a sociedade com o fenómeno da ciminalidade organizada, a qual inclui na sua organização os mais minuciosos cuidados para garantir que inexistem provas de qualquer atividade ilícita a ela conexa.

Face a isto, a prova indiciária configura-se como um meio indispensável ao processo penal, não apenas como complemento da prova direta mas, essencialmente, como único meio para demonstrar certos factos. Sem este tipo de prova criar-se-ia um amplo espaço de impunidade que deixaria a sociedade, e os bens jurídicos que considera mais importantes, vulnerável.

IV

Notada a sua relevância prática, diga-se que a prova indiciária não é uma novidade no direito português.

Desde a utilização, que não é contestada, das presunções judiciais, à avaliação da prova segundo as regras de experiência, à própria natureza do raciocínio humano tudo se baseia numa lógica do tipo inferencial.

Princípios como o da causalidade, normalidade e oportunidade, ainda que se revistam de particular relevância no que respeita à prova indiciária, são transversais a todas as áreas do conhecimento.

Como tal, a prova por presunções judiciais não é apenas tolerada no sistema jurídico português: é mesmo consagrada no art. 349º do Código Civil, sendo neste ramo do direito comum pacífico o seu uso. Sendo um tipo de prova aceite no direito civil é, por isso mesmo, harmoniosa com o restante do sistema, não se encontrando nem na Constituição da República Portuguesa, nem no Código de Processo Penal, qualquer obstáculo ao seu uso no direito processual penal. O que significa que inexiste qualquer obstáculo à sua admissão de acordo com o princípio de livre admissibilidade da prova no processo penal.

V

Em grande parte, a questão prende-se com um certo preconceito relativamente ao termo presunção. Preconceito esse que não deveria assolar aqueles que diariamente tratam com o direito e compreendem o conceito jurídico de presunção. Depreendendo que a sua natureza frágil é passível de controlo. Para além dessa possibilidade, há ainda a considerar que a presunção é afastada, não apenas por prova direta, mas pela existência de contra-indícios. O que, em conjugação com o *standard of proof* penal e o princípio in *dubio pro reo*, garantirá que a convicção judicial firmada em prova indiciária há-de ser tão sólida como aquela fundada em prova direta.

VI

Este tipo de prova é utilizado como fundamento de decisões condenatório em ordenamentos jurídicos próximos do português, razão pela qual a jurisprudência nacional vai construindo um paradigma de estabilidade no uso deste tipo de prova com base nessas experiências estrangeiras.

Na verdade, pelos exemplos encontrados na jurisprudência nacional, parece verificar-se uma completa importação dos elementos oriundos de tais ordenamentos, retifiquemos: importa-se a enunciação dos requisitos, nem sempre o todo da sua significação. Criando a questão de saber se tal se deve à qualidade das soluções neles criadas ou se se trata de uma certa inatividade crítica que possa criar deficiências no modo como a prova indiciária é tratada entre nós.

VII

Vimos que do direito processual italiano se importam os requisitos legais, isto é, o tratamento da prova indiciária já na vigência do *Códice di Procedura Penale* de 1988. Como tal, encontram-se decisões que impõe que para serem atendíveis e possuírem valor probatório os indícios deverão ser graves, precisos e concordantes.

Há ainda que considerar que apesar destes serem os requisitos previstos na lei, e como aliás se impõe, a jurisprudência italiana e a sua doutrina densificam estes requisitos com cuidados complementares que não são, também, transportados para o processo penal português. Nas decisões que citamos vimos que se repete a letra da lei, mas, por regra (sempre existem exceções), por aí se finda a importação.

VIII

É a jurisprudência espanhola que mais enfaticamente afirma que a prova indiciária pode, na ausência de prova direta, suportar uma decisão condenatória. Não se querendo com isto dizer que o mesmo não se passe no caso italiano, acontece que ali a questão é menos controversa devido à previsão normativa. Portanto, a jurisprudência espanhola vê-se na necessidade de reiterar que a presunção de inocência é afastada pela prova indiciária mediante a observação de uma *minima actividad probatoria* (de modo a que a prova indiciária não seja utilizada como modo de suprir uma deficiente atividade de busca da verdade essencialmente nas fases preliminares) e a observância de uma série de requisitos que, com supreendente uniformidade, vão sendo apontados pela jurisprudência do Tribunal Supremo e do Tribunal Constitucional.

Requisitos que foram referidos no nosso segundo capítulo e que, *brevitatis causa*, não repetimos. Esta pequena nota para frisar que a jurisprudência portuguesa invoca, com uma considerável frequência, os requisitos de admissibilidade. Já não a preocupação com a sua conexão com o princípio de inocência.

IX

Na pesquisa jurisprudencial que se empreendeu a resposta à questão de admitir a prova indiciária como prova legal, e probatoriamente eficaz, parece ser uniformemente positiva. São algumas as decisões que consideram que existe algum tipo de nulidade na prova indiciária, não pelo seu recurso em abstrato, mas pela sua força probatória no caso concreto caso (em melhores termos, por um – notório – erro na sua avaliação), o que não revela um problema abstratamente atinente à sua admissão mas, antes, um particular controlo do seu concreto uso. O que poderá até confortar algumas vozes que se levantem contra a suposta arbitrariedade que a prova indiciária poderá compreender.

X

A admissibilidade da prova indiciária decorre expressamente do já referido art. 125º do Código de Processo Penal do qual, *a contrario*, resulta que a prova da factualidade típica não tem de se fazer por meio de prova direta. Prescrição que aliada ao princípio da livre apreciação da prova, enquanto critério de busca da verdade, impõe a admissão de qualquer meio de prova cuja validade, eficácia, produção ou assunção sejam passíveis de controlo e sejam eficazes.

XI

O primeiro critério para qualquer meio de prova admitido em juízo é a sua relevância. Isto é, os factos que integrem o *thema probandum*. Trata-se de um critério de relevância normativa, segundo o art. 124º do Código de Processo Penal, que deverá manter-se a par de um critério de relevância lógica que engloba. Ou seja, não concernem à previsão normativa mas permitem, por meios mediatos, obter um conhecimento sobre os factos relevantes.

Como tal, e antes de tudo o mais, os indícios serão admitidos se considerados como relevantes. Reflectindo nesta questão, notar-se-á que tal poderá indiciar que outra entidade que não o julgador (no caso da prova ser submetida pelo Ministério Público ou assistente) que venha a fundar a sua convicção na prova indiciária reconheceu a ligação entre o facto base e o facto probando. Uma ideia elementar que sempre serve para sublinhar que este raciocínio de tipo indutivo, que caracteriza a prova indiciária, é tão natural e verosímil que é tendencialmente apreendido por quem com ele contacte.

XII

Se a aceitabilidade é pacífica, também o são as recomendações de particular cuidado, ainda que vindos de terras de Itália e Espanha. Sejam elas com a admissibilidade, sejam com a valoração, na maioria das vezes de modo algo indistinto. Refira-se que estes cuidados não resultam de qualquer limitação legal à admissibilidade, desde que não seja prova proibida pode ser apreciada ou de qualquer receio da insegurança que possa advir da presunção. Mas, antes, da particular configuração da prova em questão como presunção que impõe que se acautele o controlo do valor que lhe venha a ser livremente atribuído de modo, precisamente, a evitar qualquer fragilidade.

XIII

Toda a convicção judicial que fundamente uma decisão condenatória deverá ser aferida para lá da dúvida razoável. O que compreende o sentido subjetivo de íntima e livre convicção do julgador, e um sentido objetivo que impõe que tal juízo de verdade se funda em regras de lógica, experiência e bom senso. Acima de todo o mais, que tal convicção seja objetivada de modo a garantir que é compreensível e aceitável, na expressão repetida na jurisprudência: que seja objetivável e motivável. O que traz à colação a questão da capacidade demonstrativa, representativa e, acima de tudo, persuasiva da prova indiciária.

XIV

Tal capacidade é assegurada, antes do mais, pela observância de uma série de requisitos de admissão e valoração. E assim o escrevemos porque, como tivemos oportunidade de focar, muitos dos requisitos têm um carácter ambíguo. Funcionando simultaneamente como critério de admissão e, num momento posterior, como critério de valoração influindo no valor probatório reconhecido a um dado facto presumido ou mesmo à credibilidade da prova indiciária que o demonstra enquanto meio de prova.

XV

Assim, a jurisprudência portuguesa, como a espanhola e a italiana (que apesar de não o estatuir na lei não o admite a jurisprudência de outro modo), exige que o indício seja certo. Provado através de prova direta.

As presunções têm uma estrutura própria, nomeadamente um facto base que funciona como premissa menor, uma regra de experiência que será a premissa maior e, finalmente, uma conclusão obtida através do raciocínio inferencial do tipo indutivo que será o facto presumido que integra, este sim, o *thema probandum*. São três componentes que não são compartimentáveis, isto é, é imperativo que se identifique o facto base e o facto presumido, mas o racicínio inferencial que os une com base na regra de experiência deverá ser tão sólido que tornará o elemento cognoscitivo composto por estes elementos uno.

De modo a assegurar que esta estrutura não se ergue do nada, a jurisprudência exige que o facto base seja provado através de um tipo de prova que não exige um particular cuidado de construção lógica. Requisito de ordem material que é de aplaudir pois assegura a verificação do primeiro elemento da prova indiciária. Tem o inegável carácter de requisito de admissão.

XVI

Provado o indício, este é admissível se for inequivocamente acusatório.

A presunção é quanto mais credível, quantas menos inferências retiradas do facto base sejam verosimíveis. No caso desses múltiplos factos base serem todos num mesmo sentido de incriminação, a prova indiciária torna-se frágil mas, hipoteticamente, continua passível de formular um dado conhecimento probatório na sua leitura com todas as provas produzidas (sublinhemos que, enquanto em Itália se diz que os indícios devem ser concordantes entre si, entre nós se vai referindo que também é de valorar a concordância com outros meios de prova direta). No entanto, exigir que o indício seja preciso de modo a excluir inferências múltiplas, é já um requisito bastante difundido na jurisprudência nacional.

Como tal, estabelecer que o indício utilizável é aquele que seja inequivocamente acusatório é um requisito de admissão, pois, serve para aferir da relevância lógica do indício.

XVII

Seguidamente, devem os indícios ser contemporâneos, independentes e interrelacionados. Tudo isto serve mesmo interesse que o requisito anterior: assegurar que a ligação que se fará com o facto presumido não é mera coincidência mas se estabelece numa relação de necessidade.

Um indício contemporâneo à prática do crime relevará mais, à partida, face àquele que o anteceda (pensemos no exemplo da organização necessária para transporte de estupefacientes, a organização que assegurará esses meios é necessariamente prévia ao efetivo transporte que, por vezes, nem se chega a prova. Nada disto impede que se considere provado o tráfico). Mas, sobretudo, o que se parece exigir é que, sendo múltiplos, os indícios sejam entre si contemporâneos, pois, existindo num dado recorte de espaço e de tempo vários factos indiciantes de uma mesma realidade – e, por isso, relacionados – essa realidade, enquanto *thema probandum*, é mais provável de efetivamente existir.

Por isso, interessa não apenas estabelecer que os indícios se reportam a um mesmo período de tempo como delimitá-los na sua individualidade. Aceitando que a existência de vários indícios é algo positivo, pois aumenta o valor probatório da presunção, a verdade é que nem sempre esses indícios são independentes entre si, verificando-se o curioso fenómeno da falsa multiplicação de indícios. Com este requisito é exatamente isso que se pretende evitar, num momento anterior à valoração ambiciona-se assegurar que não se estará a sobrevalorizar a capacidade probatória que resultará da inferência.

XVIII

A gravidade é, na experiência italiana, um requisito ora indicado como critério de admissão, ora como critério de valoração. Dualismo que se mantém na sua transposição para o direito português. Pois, primeiramente, é grave o indício que tenha um elevado grau de conexão com o facto presumido que se pretende provar. Por outro, importa o juízo que se faça dessa conexão de acordo com a livre convicção do julgador.

Resumindo, é um critério cujo relevo importa em dois momentos distintos: naquele primeiro momento de transpor o patamar de relevância de modo a ser admitido, e, seguidamente, de modo a transpor um patamar de convicção relativo ao *standard of proof*, de modo a fundamentar uma decisão condenatória.

XIX

O requisito da precisão, face à tradição italiana que o prescreve enquanto critério de admissão, costuma ser invocado de seguida.

É, então, preciso o indício necessário, ou o mais próximo desse grau. Pois, permitirá menos ilações e, segundo se diz, aproximará o seu valor daquele reconhecido à prova direta.

O critério para aferir a precisão é a força lógica e verosímil que não admitiria outra conclusão passível de ser aceite como verdadeira. Pelo que os requisitos de contemporaneidade, independência e interrelação servem este mesmo propósito de assegurar que o facto presumido será consequência ou efeito do facto base.

XX

O último dos requisitos do art. 192º, nº 2 do *Codice di Procedura Penale* é a concordância. E se a discussão italiana se acalmou com a imposição legal deste requisito – cujo caráter de valoração é sublinhado pela doutrina daquele país – em Espanha, aceita-se com naturalidade os indícios únicos cuja capacidade demonstrativa ou persuasiva seja significativa.

No fundo, se aceitarmos – como parece ser, entre nós, o caso – o indício único se veemente, a concordância é um requisito eventual. Se o indício é único, não pode ser concordante com outros indícios, mas deverá sê-lo com as provas diretas, tratando de vários indícios, estes serão necessariamente concordantes. A concordância aparece-nos, então, com o mesmo sentido do requisito da interrelação de indícios.

Diremos que semanticamente o conceito é mais denso, pois indicia que não apenas deve ser estabelecida uma relação entre os indícios, esta relação deve convergir num mesmo sentido.

XXI

Findos os requisitos que se referem ao facto base, ou ao relacionamento entre eles no caso de vários, há que referir o passo seguinte, a premissa maior da presunção, a regra de experiência. Tal como os factos notórios, dispensam prova, são conhecimentos generalizados decorrentes do próprio facto de viver obtido através da generalização com base no *id quod plerumque accidt*, com invocação do princípio da normalidade e causalidade, permitem concluir, com uma confiança elevada no resultado, que ante a presença de certos factos, um outro conjunto de factos que, por norma e em regra, os acompanha se verificou.

Trata-se, no fundo, de um juízo de probabilidade e verosimilhança, um certo grau de certeza, baseado ora em leis científicas, ora em regras de comportamento humano. É com o princípio da oportunidade, enquanto base de discricionariedade da seleção da norma de experiência, que importa indicar alguns cuidados. A norma de experiência deve ser clara, aceitável, óbvia e resultar da motivação vertida na sentença.

XXII

A jurisprudência espanhola diz que se deve verificar a existência de uma inferência. A jurisprudência portuguesa diz que a inferência deverá ditar um nexo directo, preciso e conciso.

Estas preocupações com a fiabilidade do raciocínio indutivo são as que menos reflexo parecem ter nas decisões proferidas, ou pelo menos para as quais se encontraram menos exemplos, talvez porque tão intrínsecas à natureza da própria presunção, são difíceis de verificar a tal minúcia (que nem sempre é exigível).

Ao referir este requisito, que é mais de ordem lógica do que que qualquer outra natureza (pois inexistindo não estamos a lidar com uma presunção), esta-se a invocar os procedimentos lógicos e os juízos de avaliação que uniram o facto base, a regra de experiência e o facto presumido numa unidade coerente. Uma vez que a prova por presunções compreende estes procedimentos e juízos dependendo, de modo quase exclusivo, do intelecto de quem a formula, impõe-se um particular cuidado com a explicitação desses elementos. Em particular deste que se funda na discricionariedade do julgador, ainda que limitada pela lógica e pela experiência.

XXIII

O requisito seguinte não contende nem com os indícios, nem com a premissa maior, mas sim, com a prova contrária.

A jurisprudência portuguesa vai notando, a par com a espanhola, que importa que estes não existam, ou por outra, que não sejam tão credíveis como a prova indiciária já formulada.

Temos duas situações possíveis. Na primeira, o contra-indício simplesmente afasta a aplicação da regra de experiência e, portanto, retira toda a eficácia probatória à prova indiciária. Na segunda, o contra-indício faz prova sobre um facto incompatível com aquele que a prova indiciária demonstra. Ora a inexistência de contra-indícios seria preferível do ponto de vista da certeza da sentença condenatória, em bom rigor da prova direta também. Aliás, em qualquer situação sempre seria preferível que não existisse prova contrária, esta não é uma característica única à prova indiciária.

Existindo indícios e contra-indícios teremos uma de duas situações: a) uns são mais convincentes que outros e o julgador formula a sua convicção nesse sentido; b) o julgador chega a um impasse por considerar ambos os elementos probatórios igualmente persuasivo e decide-se, em razão do princípio *in dubio pro reo*, pela absolvição.

XXIV

Resta apenas falar de um requisito formal: a motivação da sentença. Esta deverá refletir o cumprimento de todos os requisitos que foram enumerados. Pelo menos daqueles aplicados ao caso concreto e sob o vocábulo escolhido.

A fundamentação das decisões judiciais é imprescindível à constitucionalidade do princípio da livre apreciação da prova, e dependendo tanto a prova indiciária dele é particularmente relevante. São muitos os Acordãos que se encontram em que se admite o uso da prova indiciária, se refere várias referências doutrinais e jurisprudenciais que o admitem, sem no passo seguinte, explicitar-se em que se consubstancia. Ainda que esta deva ser uma preocupação a ter em primeira instância.

Na decisão condenatória haverá de se refletir os factos base ou indícios provados (considerando que aquilo que se dará como provado é o facto presumido), a inferência que levou o juiz a concluir pela condenação do arguido, assim explicando como surgiu no processo a prova de um facto que não resulta diretamente de qualquer dos meios de prova admitidos. Tal explicação poderá ser sintética, desde que clara, e é indispensável ao controlo da racionalidade da inferência.

XV

São estes elementos que garantirão que a prova indiciária é passível de controlo, seja por aquele caráter fundamentador do poder judicial que cumpre à sentença de explicar à comunidade jurídica a motivação de uma dada decisão, seja pelo seu efetivo controlo em sede de recurso. Controlo que é possível pela previsão do erro notório na apreciação da prova

XVI

Os critérios indicados pela jurisprudência portuguesa não parecem apresentar particularidades de relevo face aos indicados nos processos penais espanhol e italiano, parecendo limitar-se a combiná-los.

Como tal, a prova indiciária é metodologicamente válida, probatoriamente eficaz, e não viola qualquer princípio ou norma do processo penal. Alcançando o *standard of proof*, a prova indiciária afasta a presunção de inocência e poderá fundamentar uma decisão condenatória na ausência de elementos de prova direta, face à qual tem caráter subsidiário.

XVII

Na pesquisa efetuada, e considerando os seus resultados, as críticas feitas no sentido da inadmissibilidade da prova indiciária não parecem atendíveis. O que se encontrou foram muitas vozes que se levantam, à qual nos juntamos, defendendo que a sua eficácia probatória não é, em abstrato, menor que a da prova direta.

Impõe-se que os tribunais observem estes requisitos – sob a nomenclatura que preferirem – e, acima de tudo, que não se limitem à sua enumeração[397]. Isto não apenas para garantir que a prova indiciária se produz e é valorada de modo legal e logicamente válido, mas, também, de modo a garantir que, da parte das decisões judiciais, a comunidade jurídica não tem porque temer uma lógica que não percebe – e consequentemente custa aceitar. De modo a que a prova indiciária seja aceite com a naturalidade com que é encarada noutros países.

Trata-se, sobretudo, de garantir que nunca os tribunais se cansem de assegurar, de um modo cada vez mais claro, que a prova na qual fundam as suas convicções é a "melhor" prova que se encontra à sua disposição, independentemente da sua tipologia.

---

[397] Notemos que nos deparamos com um certo "copy & pase" nos acórdãos analisados – citamos em alguns casos esse aspeto, tentando ilustrar, sem fartar, o fenómeno. Do que no ponto de vista teórico poderia ser aceitável: os pressuposto de admissibilidade e quem os defende serão sempre os mesmos. Já do ponto de vista da concreta decisão, não será uma apreciação cuidada, se a decisão se bastar nessa enunciação teórica sem a necessária articulação com os factos *sub iudice*.

BIBLIGRAFIA

ALBUQUERQUER, Paulo Pinto, *Comentário do código de processo penal à luz da constituição da república e da convenção europeia dos direitos do homem*, 4ª ed. act.., Lisboa, Universidade Católica, 2011

ALEXANDRINO, José de Melo, *Sim ou não ao recurso de Amparo*, in *Julgar*, nº 11, maio-agosto, Coimbra Editora, 2010

ANDRADE, Manuel da Costa, *Sobre as proibições de prova em processo Penal.*, Coimbra, Coimbra Editora, 1992

ASENCIO MELLADO, José María: *Prueba prohibida y prueba preconstituida*, Madrid, Trivium, 1989

CABRAL, José Santos, *Prova indiciária e as novas formas de criminalidade*, in Julgar, nº 17, janeiro-abril, 2012

CALHEIROS, Maria Clara, *Prova e Verdade no Processo Judicial, Aspecto Epistemológicos e Metodológicos*, in *Revista do Ministério Público*, nº 114, Ano 29, 2008

CALHEIROS, Maria Clara, *Verdade, Prova e Narração*, in *Revista do CEJ*, 2º Semestre, nº 10, 2008

CANOTILHO, Gomes e MOREIRA, Vital, *Constituição da República Portuguesa Anotada*, Coimbra, Coimbra Editora, 2007

CARULLI, Nicola, *Il giudizio di primo grado ed. lit. Andrea Antonio Dalia*, Nápoles, Jovene Editori, 1991

CHIAVARIO, Mario, *Diritto processuale penale: profilo istituzionale*, 4ª ed., Turim, UTET, 2009

CLIMENT DURAN, Carlos, *La prueba penal: doctrina y jurisprudencia*, Valença, Tirant lo Blanch, 1999

CORREIA, João Conde, *Contributo para a análise da inexistência e das nulidades processuais penais*, Coimbra Editora, 1999

COSTA, José de Faria, *Direito Penal e Globalização – Reflexões ão locais e pouco globais*, Coimbra, Coimbra Editora, 2010

Costa, José de Faria, *Linhas de Direito Penal e de Filosofia: alguns cruzamentos reflexivos*, Coimbra, Coimbra Editora, 2005

Comoglio, Luigi Paolo, *Prove ed Accertamento dei Fatti nel Nuovo CPP*, in *Rivista Italiana di Diritto e Procedura Penale*, Milão, nº 1, 1990

Conte, Mario, Gemelli, Maurizio, Licata, Fabio, *Le prove penali*, Milão, Giuffrè, 2011

Cordon Aguilar, *Prova indiciaria y presunción de inocencia en el processo penal*, Instituto Vasco Derecho Procesal, San Sebastián, 2012

Del Molino, Maria Soledad: *La presunción de inocencia como derecho constitucional*", Revista de Derecho Procesal nº 3, 1993

Dias, Jorge Figueiredo, *Direito Processual Penal*, I Volume, Coimbra, Coimbra Editora, Reimpressão da 1ª Edição de 1974, 2004

Dias, José Figueiredo, *Sobre os Sujeitos Processuais no Novo Código de Processo Penal*, in Jornadas de direito processual penal: o novo código de processo penal, Coimbra, Almedina, 1988, reimp. 1997

Duarte, Rui Pinto, *"Convicções Crenças" nas Decisões Judiciais*, in *Themis*, ano IV, nº 6, 2005

Ferrajoli, Luigi, *Diritto e ragione – Teoria del garantismo penale*, Bari, Laterza, 2009

Ferreira, Manuel Cavaleiro de, *Curso de Processo Penal II*, Lisboa, 1955-1958

Ferrer Beltran, Jordi, *Prova e verità nel diritto*, Bolonha, Il Mulino, 2004

Gascón Abellán, Marina, *Los hechos en el derecho – Bases argumentales de la prueba»*, Madrid, Marcial Pons, 1999.

Gomes, Joaquim Correia, *A Motivação Judicial em Processo Penal e as suas Garantias Constitucionais*, Julgar, nº 6, 2008, pág. 80

Gouveia, Mariana França, *A prova*, in *Themis: Revista de Direito*, Ed. Esp., 2008

Guerra, Paulo, *Julgar no reino da prova dos afectos e dos pudores*, in *Julgar*, Lisboa, nº 1, 2º sem., 2004

Jaén Vallejo, Manuel, *La presunción de Inocencia en la Jurisprudencia Constitucional*, Madrid, Akal Editorial, 1987

Leal-Henriques, Manuel, e Santos, Manuel Simas, *Código de Processo Civil Anotado: doutrina, legislação, jurisprudência, Vol I*, 3ª edição, Lisboa, Editora Rei dos Livros, 2008

Leal-Henriques, Manuel e Santos, Manuel Simas, *Recursos em processo penal*, Lisboa, Rei dos Livros, 5ª ed., 2002

Leone, Giovanni, *Manuale di diritto processuale penale*, Nápoles, 13ª ed., Jovene Editori, 1988

Linhares, José Manuel Aroso, *Regras de experiência e liberdade objectiva do juízo de prova*, in *Boletim da*

Faculdade de Direito, Suplemento 31, Coimbra, 1988

MACEWAN, Jenny, *Evidence and the Adversarial Process: the modern law*, Oxford, Hart Publishing, 2ª Ed., 1998

MALATESTA, Nicola Framarino Dei, *La lógica delle prove in criminal*, Turim, UTET, 1895

MATTA, Paulo Saragoça da, *A livre apreciação da prova e o dever de fundamentação da sentença*, in *Jornadas de direito processual penal e direitos fundamentais*, coordenação de Maria Fernanda Palma, Coimbra, Almedina, 2004

MARTIN, Hanibal, MOUNTFORD, Lisa, *The law of criminal and civil evidence: principles and practice*, Harlow, Longman, 2002

MENDES, João Castro, *O Conceito de Prova em Processo Civil*, Lisboa, Ática, 1961

MESQUITA, Paulo Dá, *A Prova do Crime e o que se disse antes do julgamento: estudo sobre a prova no processo penal português, à luz do sistema norte-americano*, Coimbra, Coimbra Editora, 2011

MESQUITA, Paulo Dá, *Processo Penal, Prova e Sistema Judiciário*, Coimbra, Coimbra Editora, 2010

MIRANDA ESTRAMPES, Manuel, *La mínima actividad probatoria en el proceso penal*, Barcelona, Bosch, 1997

MIRANDA, Jorge e MEDEIROS, Rui, *Constituição Portuguesa Anotada*, Tomo I, 2ª Edição, Coimbra, Coimbra Editora, 2010

MITTERMAIER, Karl Joseph Anton, *Tratado de la prueba en materia criminal: o exposicion comparada de los principios en materia criminal y sus diversas aplicaciones en Alemania, Francia, Inglaterra, etc.*, trad. e actualiz. Antonio Quintano Ripolles, 9ª ed., Madrid, Instituto Editorial Reus, 1959

MONTAÑES PARDO, Miguel Angel, *La presunción de inocencia: análisis doctrinal y jurisprudencial*, , Navarra, Editorial Aranzadi, 1999

MONTE, Mário Ferreira, *Um olhar sobre o futuro do Direito Processual Penal – razões para uma reflexão*, in *Que futuro para o direito processual penal: simpósio em homenagem a Jorge de Figueiredo Dias*, por ocasião dos 20 anos do código de processo penal português, Coimbra, Coimbra Editora, 2009

MONTEIRO, Fernando Conde, *Algumas reflexões epistemológicas sobre o direito penal*, in *Estudos em homenagem ao Prof. Doutor Jorge de Figueiredo Dias*, vol. 2, 2009

MUÑOZ SABATÉ, Lluís, *Fundamentos de Prueba Judicial Civil L.E.C. 1/2000*, J.M Bosch Editor, Barcelona, 2001

MURPHY, Peter, *Murphy on evidence*, 7ª ed, Londres, Blackstone, 2000

NEVES, António Castanheira, *Questão-de-facto, questão-de-direito: ou,*

O problema metodológico de juridicidade (ensaio de uma reposição crítica), Livraria Almedina, 1967

NEVES, Rosa Vieira, *Livre apreciação da prova e a obrigação de fundamentação da convicção (na decisão final penal)*, Coimbra, Coimbra Editora, 2011

OLIVEIRA, Francisco da Costa, *Defesa criminal activa: guia da sua prática forense*, Coimbra, Almedina, 2006

PASTOR ALCOY, Francisco, *Prueba de indicios, credibilidad del acusado y presunción de Inocência*, Valência, Tirant lo Blanch, 2003

POÇAS, Sérgio, *Sentença Penal – Fundamentação De Facto*, Julgar, nº 3, 2007

RAGUÉS I VALLÉS, Ramón, *El dolo y su prueba en el proceso penal*, Barcelona, Bosch, 1999

RANGEL, Rui Manuel Freitas, *O ónus da Prova no Processo Civil*, 2ª ed. rev. ampl., Coimbra, Almedina, 2002,

RANGEL, Rui Manuel de Freitas, *Registo da Prova: A Motivação das Sentenças Civis no Âmbito da Reforma do Processo Civil e as Garantias Fundamentais do Cidadão*, Lisboa, Lex, 1996

REIS, José Alberto, *Código de processo civil anotado – vol II,,* 4ª ed., Coimbra, Coimbra Editora, 1985

ROBERTS, Paul, ZUCKERMAN, Adrian, *Criminal evidence*, Oxford, Oxford University Press, 2004

ROSONI, Isabella, *Quae singula non prosunt collecta iuvant : la teoria della prova indiziaria nell'età medievale e moderna*, Milão, Giuffrè, 1995

ROXIN, Claus, *Derecho procesal penal*, trad. Gabriela E. Córdoba, Daniel R. Pastor, 2ª reimp., Buenos Aires, Editores del Puerto, 2003

RUSSO, Vincenzo, *La prova indiziaria e il giusto processo: l'art. 192 C.P.P. e la legge 63/2001*, Nápoles, Jovene Editori, 2001

SCAPINI, Nevio, *La prova per indizi nel vigente sistema del processo penale*, Milão, Giuffrè

SEIÇA, António Alberto Medina de, *Legalidade da Prova e Reconhecimentos Atípicos em Processo Penal: Notas à Margem de Jurisprudência Quase Constante*, in Separata de *Liber Discipulorum para Jorge Figueiredo Dias*, Coimbra, Coimbra Editora, 2003

SERRA DOMÍNGUEZ, Manuel, *De las presunciones*, in *Comentarios al Código civil y compilaciones forales*, ALBALADEJO, Manuel (dir.), tomo XVI, vol. 2, Editorial Revista de Derecho Privado, Madrid, 1991

SILVA, Eduardo Araujo da, *Crime organizado: procedimento probatório*, São Paulo, Atlas, 2003

SILVA, Germano Marques da, *Curso de Processo Penal*, II Vol., 5ª Ed., Lisboa, Verbo, 2011

SILVA, Germano Marques da, *Sobre a Liberdade no Processo Penal*, in *Liber discipulorum para Jorge de Figueiredo*

Dias, Coimbra, Coimbra Editora, 2003

SIMÕES, Euclides Dâmaso, *Prova Indiciária (Contributos Para O Seu Estudo E Desenvolvimento Em Dez Sumários E Um Apelo Premente)*, Revista Julgar, N° 2

SOUSA, Miguel Teixeira de, *Estudos sobre o Novo Processo Civil*, Lex, 2ª Edição, Lisboa, 1997

SUMMERS, Sarah J., *Fair trials: the european criminal procedural tradition and the European Court of Human Rights*, Oxford, Hart Publishing, 2007, pág.. 97.

TARUFFO, Michele, *Consideraciones sobre prueba y verdad. Derechos y Libertades*, in *Revista del Instituto Bartolomé de las Casas*, Universidad Carlos III de Madrid, ano VII, jan.-dez. 2002

TARUFFO, Michele, *La prueba de los hechos*, Madrid, Trotta, 2002

TARUFFO, Michele, *La Semplice Verità: il giudice e la costruzione dei fatti*, Bari, Laterza, 2009

TEIXEIRA, Carlos Adérito, *"Indícios Suficientes": parâmetro de raciona-lidade e "instancia" de legitimação concreta do poder-dever de acusar*, in Julgar, n° 1, 2° Semestre, 2004

TONINI, Paolo, *La prova penale*, 4ª ed., Pádua, Cedam, 2000

UBERTIS, Giulio, dir.; colab. Alfredo Avanzini.[et al.], *La conoscenza del fatto nel processo penale*, Milão, Giuffrè, 1992

UBERTIS, Giulio, *La prova penale: profili giuridici ed epistemologici*, Turim, UTET, 1999

VARELA, Antunes, BEZERRA, Miguel e NORA, Sampaio, *Manual de Processo Civil*, Coimbra, Coimbra Editora, 1985

VAZ, Alexandra Mário Pessoa, *Direito Processual Civil do Antigo ao novo Código*, 2° Ed., Coimbra, Almedina, 2002

VÁZQUEZ SOTELO, José Luis, *Presunción de inocência del imputado e intima convicción del tribunal*, Barcelona, Bosch, 1984

VEGAS TORRES, Jaime, *Presunción de inocencia y prueba en el proceso penal*, Madrid, La Ley, 1993

ÍNDICE

I. CAPÍTULO — 15
1. Verdade, factos e prova — 15
   1.1. A verdade — 16
   1.2. Os factos — 21
2. Prova — 28
   2.1. Direito à prova — 28
   2.2. A prova na legislação portuguesa — 30
   2.3. A prova legalmente admissível por vinculação ao Thema Probandum — 36
   2.4. Tipologia da prova — 40
      2.4.1. A prova direta e indireta — 41
      2.4.2. Prova indiciária: conceitos afins — 42
      2.4.3. Prova indireta: prova por presunções, circunstancial, crítica ou indiciária — 44
   2.5. Prova por presunção na legislação portuguesa — 46
   2.6. Admissibilidade constitucional da prova indiciária no direito processual penal — 48
3. Indícios — 53
   3.1. A relação entre facto-base e facto presumido — 57

II. CAPÍTULO — 59
I. A Prova Indiciária – excursão no Direito Processual Penal Italiano — 60
   1. Considerações preliminares — 60
   2. A prova indiciária à luz do Codice di Procedura Penale de 1930 — 61

2.1. A ligação entre o indício e o factum probandum ... 63
   2.2. A certeza do indício ... 63
      2.2.1 Indício mediato ... 64
   2.3. Máximas de experiência ... 65
   2.4. Concordância enquanto requisito essencial ou eventual ... 68
   3. O Codice di Procedura Penale de 1988 ... 69
      3.1. A legitimidade constitucional do art. 192º, nº 2 do Codice di Procedura Penale de 1988 ... 70
   4. Indícios "graves, precisos e concordantes" ... 73
      4.1. Gravidade ... 75
      4.2. Precisão ... 76
      4.3. Concordância ... 77
         4.3.2. Indício único ... 78
II. A Prova Indiciária – excursão no Direito Processual Penal Espanhol ... 80
   1. Considerações preliminares ... 80
   2. A admissibilidade constitucional da prova indiciária ... 82
      2.1. A presunção de inocência ... 83
      2.2. "Mínima actividade probatória" ... 87
   3. Requisitos de admissibilidade da prova indiciária fixados pelo Tribunal Constitucional e pelo Supremo Tribunal ... 90
      3.1. Os indícios devem estar plenamente provados ... 91
      3.2. Concorrência de uma pluralidade de indícios – indício único ... 93
      3.3. Existência de raciocínio dedutivo ... 95
      3.4. Circunstancialidade ... 96
      3.5. Interrelação ... 97
      3.6. Expressão na motivação de como se chegou à inferência e fundamentação do enlace ... 97
   III. Aproveitabilidade das experiências estrangeiras – primeiras considerações ... 102

III. CAPÍTULO ... 107
   1. Prova indiciária e o direito processual penal português ... 107
   2. O princípio da livre apreciação da prova enquanto convicção e a prova indiciária ... 108
      2.1. Livre apreciação da prova ... 108

2.2. O grau de convicção na decisão condenatória
e o *Standard of proof* – a capacidade persuasiva
da prova indiciária   115
3. Nota prévia à análise jurisprudencial   120
4. Critérios de admissibilidade e valoração da prova indiciária   124
5. Requisitos relativos ao indício   128
   5.1. Certeza do indício   128
   5.2. Caráter incriminatório do indício   130
   5.3. Circunstancialidade e Contemporaneidade   131
   5.4. Independência e interrelação   131
   5.5. Gravidade   132
   5.6. Precisão   133
   5.7. Concordância: pluralidade e indício único   135
6. Requisitos relativos à inferência   140
   6.1. Regras de experiência   140
   6.2. Fiabilidade do raciocínio – existência de um nexo
        directo, preciso e conciso   144
   6.3. A inexistência de contra-indícios   147
7. Requisitos relativos à fixação do facto presumido
   como provado – a explicitação dos elementos da presunção
   na decisão   150
   7.1. Motivação da decisão no caso da prova indiciária
8. A livre apreciação da prova indiciária e o seu controlo
   em sede de recurso   156
9. Últimas considerações   162

IV. CAPÍTULO   169
Conclusões   169

BIBLIOGRAFIA   181